作风建设法规汇编

ZUOFENG JIANSHE FAGUI HUIBIAN

法律出版社法规中心　编

法律出版社
LAW PRESS · CHINA
—— 北京 ——

图书在版编目（CIP）数据

作风建设法规汇编 / 法律出版社法规中心编. -- 北京：法律出版社，2025. -- ISBN 978-7-5244-0222-0

Ⅰ. D261.3;D922.110.9

中国国家版本馆 CIP 数据核字第 20255LP178 号

作风建设法规汇编
ZUOFENG JIANSHE FAGUI HUIBIAN

法律出版社法规中心 编

责任编辑 张红蕊
装帧设计 李 瞻

出版发行 法律出版社
编辑统筹 法规出版分社
责任校对 陶玉霞
责任印制 耿润瑜
经　　销 新华书店

开本 A5
印张 9.625　　**字数** 360 千
版本 2025 年 5 月第 1 版
印次 2025 年 5 月第 1 次印刷
印刷 三河市龙大印装有限公司

地址：北京市丰台区莲花池西里 7 号（100073）
网址：www.lawpress.com.cn
投稿邮箱：info@lawpress.com.cn
举报盗版邮箱：jbwq@lawpress.com.cn

销售电话：010-83938349
客服电话：010-83938350
咨询电话：010-63939796

书号：ISBN 978-7-5244-0222-0　　**定价**：29.00 元

凡购买本社图书，如有印装错误，我社负责退换。电话：010-83938349

目　　录

一、综　　合

·党规党纪·

二、公务差旅

·党规党纪·

·法律法规·

三、公 务 用 车

四、会 议 培 训

五、办 公 用 房

六、示范达标

·党规党纪·

七、廉洁自律

·党规党纪·

·法律法规·

八、形式主义、官僚主义

九、党纪政务处分

附录 典型案例

一、综　　合

·党规党纪·

中国共产党章程

中国共产党第二十次全国代表大会部分修改，2022 年 10 月 22 日通过

总　　纲

中国共产党是中国工人阶级的先锋队，同时是中国人民和中华民族的先锋队，是中国特色社会主义事业的领导核心，代表中国先进生产力的发展要求，代表中国先进文化的前进方向，代表中国最广大人民的根本利益。党的最高理想和最终目标是实现共产主义。

中国共产党以马克思列宁主义、毛泽东思想、邓小平理论、“三个代表”重要思想、科学发展观、习近平新时代中国特色社会主义思想作为自己的行动指南。

马克思列宁主义揭示了人类社会历史发展的规律，它的基本原理是正确的，具有强大的生命力。中国共产党人追求的共产主义最高理想，只有在社会主义社会充分发展和高度发达的基础上才能实现。社会主义制度的发展和完善是一个长期的历史过程。坚持马克思列宁主义的基本原理，走中国人民自愿选择的适合中国国情的道路，中国的社会主义事业必将取得最终的胜利。

以毛泽东同志为主要代表的中国共产党人，把马克思列宁主义的基本原理同中国革命的具体实践结合起来，创立了毛泽东思想。毛泽东思想是马克思列宁主义在中国的运用和发展，是被实践证明了的关于中国革命和建设的正确的理论原则和经验总结，是中国共产党集体智慧的结晶。在毛泽东思想指引下，中国共产党领导全国各族人民，经过长期的反对帝国主义、封建主义、官僚资本主义的革命斗争，取得了新民主主义革命的胜利，建立了人民民主专政的中华人民共和国；新中国成立以后，顺利地进行了社会主义改造，完成了从新民主主义到社会主义的过渡，确立了社会主义基本制度，发展了社会主义的经济、政治和文化。

十一届三中全会以来，以邓小平同志为主要代表的中国共产党人，总结新中国成立以来正反两方面的经验，解放思想，实事求是，实现全党工作中心向经济建设的转移，实行改革开放，开辟了社会主义事业发展的新时期，逐步形成了建设中国特色社会主义的路线、方针、政策，阐明了在中国建设社会主义、巩固和发展社会主义的基本问题，创立了邓小平理论。邓小平理论是马克思列宁主义的基本原理同当代中国实践和时代特征相结合的产物，是毛泽东思想在新的历史条件下的继承和发展，是马克思主义在中国发展的新阶段，是当代中国的马克思主义，是中国共产党集体智慧的结晶，引导着我国社会主义现代化事业不断前进。

十三届四中全会以来，以江泽民同志为主要代表的中国共产党人，在建设中国特色社会主义的实践中，加深了对什么是社会主义、怎样建设社会主义和建设什么样的党、怎样建设党的认识，积累了治党治国新的宝贵经验，形成了"三个代表"重要思想。"三个代表"重要思想是对马克思列宁主义、毛泽东思想、邓小平理论的继承和发展，反映了当代世界和中国的发展变化对党和国家工作的新要求，是加强和改进党的建设、推进我国社会主义自我完善和发展的强大理论武器，是中国共产党集体智慧的结晶，是党必须长期坚持的指导思想。始终做到"三个代表"，是我们党的立党之本、执政之基、力量之源。

十六大以来，以胡锦涛同志为主要代表的中国共产党人，坚持以邓小平理论和"三个代表"重要思想为指导，根据新的发展要求，深刻认识和回答了新形势下实现什么样的发展、怎样发展等重大问题，形成了以人为本、全面协调可持续发展的科学发展观。科学发展观是同马克思列宁主义、毛泽东思想、邓小平理论、"三个代表"重要思想既一脉相承又与时俱进的科学理论，是马克思主义关于发展的世界观和方法论的集中体现，是马克思主义中国化重大成果，是中国共产党集体智慧的结晶，是发展中国特色社会主义必须长期坚持的指导思想。

十八大以来，以习近平同志为主要代表的中国共产党人，坚持把马克思主义基本原理同中国具体实际相结合、同中华优秀传统文化相结合，科学回答了新时代坚持和发展什么样的中国特色社会主义、怎样坚持和发展中国特色社会主义等重大时代课题，创立了习近平新时代中国特色社会主义思想。习近平新时代中国特色社会主义思想是对马克思列宁主义、毛泽东思想、邓小平理论、"三个代表"重要思想、科学发展观的继承和发展，是当代中国马克思主义、二十一世纪马克思主义，是中华文化和中国精神的时代精华，是党和人民实践经验和集体智慧的结晶，是中国特色社会主义理论体系的重要组成部分，是全党全国人民为实现中华民族伟大复兴而奋斗的行动指南，必须长期坚持并不断发展。在习近平新时代中国特色社会主义思想指导下，中国共产党领导全国各族人民，统揽伟大斗争、伟大工程、伟大事业、伟大梦想，推动中国特色社会主义进入了新时代，实现第一个百年奋斗目标，开启了实现第二个百年奋斗目标新征程。

改革开放以来我们取得一切成绩和进步的根本原因，归结起来就是：开辟了中国特色社会主义道路，形成了中国特色社会主义理论体系，确立了中国特色社会主义制度，发展了中国特色社会主义文化。全党同志要倍加珍惜、长期坚持和不断发展党历经艰辛开创的这条道路、这个理论体系、这个制度、这个文化，高举中国特色社会主义伟大旗帜，坚定道路自信、理论自信、制度自信、文化自信，发扬斗争精神，增强斗争本领，贯彻党的基本理论、基本路线、基本方略，为实现推进现代化建设、完成祖国统一、维护世界和平与促进共同发展这三大历史任务，实现第二个百年奋斗目标、实现中华民族伟大复兴的中国梦而奋斗。

中国共产党自成立以来，始终把为中国人民谋幸福、为中华民族谋复兴作为自己的初心使命，历经百年奋斗，从根本上改变了中国人民的前途命运，开辟了实现中华民族伟大复兴的正确道路，展示了马克思主义的强大生命力，深刻影响了世界历史进程，锻造了走在时代前列的中国共产党。经过长期实践，积累了坚持党的领导、坚持人民至上、坚持理论创新、坚持独立自主、坚持中国道路、坚持胸怀天下、坚持开拓创新、坚持敢于斗争、坚持统一战线、坚持自我革命的宝贵历史经验，这是党和人民共同创造的精神财富，必须倍加珍惜、长期坚持，并在实践中不断丰富和发展。

我国正处于并将长期处于社会主义初级阶段。这是在原本经济文化落后的中国建设社会主义现代化不可逾越的历史阶段，需要上百年的时间。我国的社会主义建设，必须从我国的国情出发，走中国特色社会主义道路，以中国式现代化全面推进中华民族伟大复兴。在现阶段，我国社会的主要矛盾是人民日益增长的美好生活需要和不平衡不充分的发展之间的矛盾。由于国内的因素和国际的影响，阶级斗争还在一定范围内长期存在，在某种条件下还有可能激化，但已经不是主要矛盾。我国社会主义建设的根本任务，是进一步解放生产力，发展生产力，逐步实现社会主义现代化，并且为此而改革生产关系和上层建筑中不适应生产力发展的方面和环节。必须坚持和完善公有制为主体、多种所有制经济共同发展，按劳分配为主体、多种分配方式并存，社会主义市场经济体制等基本经济制度，鼓励一部分地区和一部分人先富起来，逐步实现全体人民共同富裕，在生产发展和社会财富增长的基础上不断满足人民日益增长的美好生活需要，促进人的全面发展。发展是我们党执政兴国的第一要务。必须坚持以人民为中心的发展思想，把握新发展阶段，贯彻创新、协调、绿色、开放、共享的新发展理念，加快构建以国内大循环为主体、国内国际双循环相互促进的新发展格局，推动高质量发展。各项工作都要把有利于发展社会主义社会的生产力，有利于增强社会主义国家的综合国力，有利于提高人民的生活水平，作为总的出发点和检验标准，尊重劳动、尊重知识、尊重人才、尊重创造，做到发展为了人民、发展依靠人民、发展成果由人民共享。必须按照中国特色社会主义事业“五位一体”总体布局和“四个全面”战略布局，统筹推进经济建设、政治建设、文化建设、社会建设、生态文明建设，协调推进全面建设社会主义现代化国家、全面深化改革、全面依法治国、全面从严治党。新时代新征程，经济和社会发展的战略目标是，到二〇三五年基本实现社会主义现代化，到本世纪中叶把我国建成社会主义现代化强国。

中国共产党在社会主义初级阶段的基本路线是：领导和团结全国各族人民，以经济建设为中心，坚持四项基本原则，坚持改革开放，自力更生，艰苦创业，为把我国建设成为富强民主文明和谐美丽的社会主义现代化强国而奋斗。

中国共产党在领导社会主义事业中，必须坚持以经济建设为中心，其他各项工作都服从和服务于这个中心。要实施科教兴国战略、人才强国战略、创新驱动发展战略、乡村振兴战略、区域协调发展战略、可持续发展战略、军民融合发展战略，充分发挥科学技术作为第一生产力的作用，充分发挥人才作为第一资源的作用，充分发挥创新作为引领发展第一动力的作用，依靠科技进步，提高劳动者素质，促进国民经济更高质量、更有效率、更加公平、更可持续、更为安全发展。

坚持社会主义道路、坚持人民民主专政、坚持中国共产党的领导、坚持马克思列宁主义毛泽东思想这四项基本原则，是我们的立国之本。在社会主义现代化建设的整个过程中，必须坚持四项基本原则，反对资产阶级自由化。

坚持改革开放，是我们的强国之路。只有改革开放，才能发展中国、发展社会主义、发展马克思主义。要全面深化改革，完善和发展中国特色社会主义制度，推进国家治理体系和治理能力现代化。要从根本上改革束缚生产力发展的经济体制，坚持和完善社会主义市场经济体制；与此相适应，要进行政治体制改革和其他领域的改革。要坚持对外开放的基本国策，吸收和借鉴人类社会创造的一切文明成果。改革开放应当大胆探索，勇于开拓，提高改革决策的科学性，更加注重改革的系统性、整体性、协同性，在实践中开创新路。

中国共产党领导人民发展社会主义市场经济。毫不动摇地巩固和发展公有制经济，毫不动摇地鼓励、支持、引导非公有制经济发展。发挥市场在资源配置中的决定性作用，更好发挥政府作用，建立完善的宏观调控体系。统筹城乡发展、区域发展、经济社会发展、人与自然和谐发展、国内发展和对外开放，调整经济结构，转变经济发展方式，推进供给侧结构性改革。促进新型工业化、信息化、城镇化、农业现代化同步发展，建设社会主义新农村，走中国特色新型工业化道路，建设创新型国家和世界科技强国。

中国共产党领导人民发展社会主义民主政治。坚持党的领导、人民当家作主、依法治国有机统一，走中国特色社会主义政治发展道路、中国特色社会主义法治道路，扩大社会主义民主，建设中国特色社会主义法治体系，建设社会主义法治国家，巩固人民民主专政，建设社会主义政治文明。坚持和完善人民代表大会制度、中国共产党领导的多党合作和政治协商制度、民族区域自治制度以及基层群众自治制度。发展更加广泛、更加充分、更加健全的全过程人民民主，推进协商民主广泛多层制度化发展，切实保障人民管理国家事务和社会事务、管理经济和文化事业的权利。尊重和保障人权。广开言路，建立健全民主选举、民主协商、民主决策、民主管理、民主监督的制度和程序。完善中国特色社会主义法律体系，加强法律实施工作，实现国家各项工作法治化。

中国共产党领导人民发展社会主义先进文化。建设社会主义精神文明，实行依法治国和以德治国相结合，提高全民族的思想道德素质和科学文化素质，为改革开放和社会主义现代化建设提供强大的思想保证、精神动力和智力支持，建设社会主义文化强国。加强社会主义核心价值体系建设，坚持马克思主义指导思想，树立中国特色社会主义共同理想，弘扬以爱国主义为核心的民族精神和以改革创新为核心的时代精神，培育和践行社会主义核心价值观，倡导社会主义荣辱观，增强民族自尊、自信和自强精神，抵御资本主义和封建主义腐朽思想的侵蚀，扫除各种社会丑恶现象，努力使我国人民成为有理想、有道德、有文化、有纪律的人民。对党员要进行共产主义远大理想教育。大力发展教育、科学、文化事业，推动中华优秀传统文化创造性转化、创新性发展，继承革命文化，发展社会主义先进文化，提高国家文化软实力。牢牢掌握意识形态工作领导权，不断巩固马克思主义在意识形态领域的指导地位，巩固全党全国人民团结奋斗的共同思想基础。

中国共产党领导人民构建社会主义和谐社会。按照民主法治、公平正义、诚信友爱、充满活力、安定有序、人与自然和谐相处的总要求和共同建设、共同享有的原则，以保障和改善民生为重点，解决好人民最关心、最直接、最现实的利益问题，使发展成果更多更公平惠及全体人民，不断增强人民群众获得感，努力形成全体人民各尽其能、各得其所而又和谐相处的局面。加强和创新社会治理。严格区分和正确处理敌我矛盾和人民内部矛盾这两类不同性质的矛盾。加强社会治安综合治理，依法坚决打击各种危害国家安全和利益、危害社会稳定和经济发展的犯罪活动和犯罪分子，保持社会长期稳定。坚持总体国家安全观，统筹发展和安全，坚决维护国家主权、安全、发展利益。

中国共产党领导人民建设社会主义生态文明。树立尊重自然、顺应自然、保护自然的生态文明理念，增强绿水青山就是金山银山的意识，坚持节约资源和保护环境的基本国策，坚持节约优先、保护优先、自然恢复为主的方针，坚持生产发展、生活富裕、生态良好的文明发展道路。着力建设资源节约型、环境友好型社会，实行最严格的生态环境保护制度，形成节约资源和保护环境的空间格局、产业结构、生产方式、生活方式，为人民创造良好生产生活环境，实现中华民族永续发展。

中国共产党坚持对人民解放军和其他人民武装力量的绝对领导，贯彻习近平强军思想，加强人民解放军的建设，坚持政治建军、改革强军、科技强军、人才强军、依法治军，建设一支听党指挥、能打胜仗、作风优良的人民军队，把人民军队建设成为世界一流军队，切实保证人民解放军有效履行新时代军队使命任务，充分发挥人民解放军在巩固国防、保卫祖国和参加社会主义现代化建设中的作用。

中国共产党维护和发展平等团结互助和谐的社会主义民族关系，积极培养、选拔少数民族干部，帮助少数民族和民族地区发展经济、文化和社会事业，铸牢中华民族共同体意识，实现各民族共同团结奋斗、共同繁荣发展。全面贯彻党的宗教工作基本方针，团结信教群众为经济社会发展作贡献。

中国共产党同全国各民族工人、农民、知识分子团结在一起，同各民主党派、无党派人士、各民族的爱国力量团结在一起，进一步发展和壮大由全体社会主义劳动者、社会主义事业的建设者、拥护社会主义的爱国者、拥护祖国统一和致力于中华民族伟大复兴的爱国者组成的最广泛的爱国统一战线。不断加强全国人民包括香港特别行政区同胞、澳门特别行政区同胞、台湾同胞和海外侨胞的团结。全面准确、坚定不移贯彻“一个国家、两种制度”的方针，促进香港、澳门长期繁荣稳定，坚决反对和遏制“台独”，完成祖国统一大业。

中国共产党坚持独立自主的和平外交政策，坚持和平发展道路，坚持互利共赢的开放战略，统筹国内国际两个大局，积极发展对外关系，努力为我国的改革开放和现代化建设争取有利的国际环境。在国际事务中，弘扬和平、发展、公平、正义、民主、自由的全人类共同价值，坚持正确义利观，维护我国的独立和主权，反对霸权主义和强权政治，维护世界和平，促进人类进步，推动构建人类命运共同体，推动建设持久和平、普遍安全、共同繁荣、开放包容、清洁美丽的世界。在互相尊重主权和领土完整、互不侵犯、互不干涉内政、平等互利、和平共处五项原则的基础上，发展我国同世界各国的关系。不断发展我国同周边国家的睦邻友好关系，加强同发展中国家的团结与合作。遵循共商共建共享原则，推进"一带一路"建设。按照独立自主、完全平等、互相尊重、互不干涉内部事务的原则，发展我党同各国共产党和其他政党的关系。

中国共产党要领导全国各族人民实现第二个百年奋斗目标、实现中华民族伟大复兴的中国梦，必须紧密围绕党的基本路线，坚持和加强党的全面领导，坚持党要管党、全面从严治党，弘扬坚持真理、坚守理想，践行初心、担当使命，不怕牺牲、英勇斗争，对党忠诚、不负人民的伟大建党精神，加强党的长期执政能力建设、先进性和纯洁性建设，以改革创新精神全面推进党的建设新的伟大工程，以党的政治建设为统领，全面推进党的政治建设、思想建设、组织建设、作风建设、纪律建设，把制度建设贯穿其中，深入推进反腐败斗争，全面提高党的建设科学化水平，以伟大自我革命引领伟大社会革命。坚持立党为公、执政为民，发扬党的优良传统和作风，不断提高党的领导水平和执政水平，提高拒腐防变和抵御风险的能力，不断增强自我净化、自我完善、自我革新、自我提高能力，不断增强党的阶级基础和扩大党的群众基础，不断提高党的创造力、凝聚力、战斗力，建设学习型、服务型、创新型的马克思主义执政党，使我们党始终走在时代前列，成为领导全国人民沿着中国特色社会主义道路不断前进的坚强核心。党的建设必须坚决实现以下六项基本要求：

第一，坚持党的基本路线。全党要用邓小平理论、"三个代表"重要思想、科学发展观、习近平新时代中国特色社会主义思想和党的基本路线统一思想，统一行动，并且毫不动摇地长期坚持下去。必须把改革开放同四项基本原则统一起来，全面落实党的基本路线，反对一切"左"的和右的错误倾向，要警惕右，但主要是防止"左"。必须提高政治判断力、政治领悟力、政治执行力，增强贯彻落实党的理论和路线方针政策的自觉性和坚定性。

第二，坚持解放思想，实事求是，与时俱进，求真务实。党的思想路线是一切从实际出发，理论联系实际，实事求是，在实践中检验真理和发展真理。全党必须坚持这条思想路线，积极探索，大胆试验，开拓创新，创造性地开展工作，不断研究新情况，总结新经验，解决新问题，在实践中丰富和发展马克思主义，推进马克思主义中国化时代化。

第三，坚持新时代党的组织路线。全面贯彻习近平新时代中国特色社会主义思想，以组织体系建设为重点，着力培养忠诚干净担当的高素质干部，着力集聚爱国奉献的各方面优秀人才，坚持德才兼备、以德为先、任人唯贤，为坚持和加强党的全面领导、坚持和发展中国特色社会主义提供坚强组织保证。全党必须增强党组织的政治功能和组织功能，培养选拔党和人民需要的好干部，培养和造就大批堪当时代重任的社会主义事业接班人，聚天下英才而用之，从组织上保证党的基本理论、基本路线、基本方略的贯彻落实。

第四，坚持全心全意为人民服务。党除了工人阶级和最广大人民群众的利益，没有自己特殊的利益。党在任何时候都把群众利益放在第一位，同群众同甘共苦，保持最密切的联系，坚持权为民所用、情为民所系、利为民所谋，不允许任何党员脱离群众，凌驾于群众之上。我们党的最大政治优势是密切联系群众，党执政后的最大危险是脱离群众。党风问题、党同人民群众联系问题是关系党生死存亡的问题。党在自己的工作中实行群众路线，一切为了群众，一切依靠群众，从群众中来，到群众中去，把党的正确主张变为群众的自觉行动。

第五，坚持民主集中制。民主集中制是民主基础上的集中和集中指导下的民主相结合。它既是党的根本组织原则，也是群众路线在党的生活中的运用。必须充分发扬党内民主，尊重党员主体地位，保障党员民主权利，发挥各级党组织和广大党员的积极性创造性。必须实行正确的集中，牢固树立政治意识、大局意识、核心意识、看齐意识，坚定维护以习近平同志为核心的党中央权威和集中统一领导，保证全党的团结统一和行动一致，保证党的决定得到迅速有效的贯彻执行。加强和规范党内政治生活，增强党内政治生活的政治性、时代性、原则性、战斗性，发展积极健康的党内政治文化，营造风清气正的良好政治生态。党在自己的政治生活中正确地开展批评和自我批评，在原则问题上进行思想斗争，坚持真理，修正错误。努力造成又有集中又有民主，又有纪律又有自由，又有统一意志又有个人心情舒畅生动活泼的政治局面。

第六，坚持从严管党治党。全面从严治党永远在路上，党的自我革命永远在路上。新形势下，党面临的执政考验、改革开放考验、市场经济考验、外部环境考验是长期的、复杂的、严峻的，精神懈怠危险、能力不足危险、脱离群众危险、消极腐败危险更加尖锐地摆在全党面前。要把严的标准、严的措施贯穿于管党治党全过程和各方面。坚持依规治党、标本兼治，不断健全党内法规体系，坚持把纪律挺在前面，加强组织性纪律性，在党的纪律面前人人平等。强化全面从严治党主体责任和监督责任，加强对党的领导机关和党员领导干部特别是主要领导干部的监督，不断完善党内监督体系。深入推进党风廉政建设和反腐败斗争，以零容忍态度惩治腐败，一体推进不敢腐、不能腐、不想腐。

中国共产党的领导是中国特色社会主义最本质的特征，是中国特色社会主义制度的最大优势，党是最高政治领导力量。党政军民学，东西南北中，党是领导一切的。党要适应改革开放和社会主义现代化建设的要求，坚持科学执政、民主执政、依法执政，加强和改善党的领导。党必须按照总揽全局、协调各方的原则，在同级各种组织中发挥领导核心作用。党必须集中精力领导经济建设，组织、协调各方面的力量，同心协力，围绕经济建设开展工作，促进经济社会全面发展。党必须实行民主的科学的决策，制定和执行正确的路线、方针、政策，做好党的组织工作和宣传教育工作，发挥全体党员的先锋模范作用。党必须在宪法和法律的范围内活动。党必须保证国家的立法、司法、行政、监察机关，经济、文化组织和人民团体积极主动地、独立负责地、协调一致地工作。党必须加强对工会、共产主义青年团、妇女联合会等群团组织的领导，使它们保持和增强政治性、先进性、群众性，充分发挥作用。党必须适应形势的发展和情况的变化，完善领导体制，改进领导方式，增强执政能力。共产党员必须同党外群众亲密合作，共同为建设中国特色社会主义而奋斗。

第一章　党　　员

第一条　年满十八岁的中国工人、农民、军人、知识分子和其他社会阶层的先进分子，承认党的纲领和章程，愿意参加党的一个组织并在其中积极工作、执行党的决议和按期交纳党费的，可以申请加入中国共产党。

第二条　中国共产党党员是中国工人阶级的有共产主义觉悟的先锋战士。

中国共产党党员必须全心全意为人民服务，不惜牺牲个人的一切，为实现共产主义奋斗终身。

中国共产党党员永远是劳动人民的普通一员。除了法律和政策规定范围内的个人利益和工作职权以外，所有共产党员都不得谋求任何私利和特权。

第三条　党员必须履行下列义务：

（一）认真学习马克思列宁主义、毛泽东思想、邓小平理论、“三个代表”重要思想、科学发展观、习近平新时代中国特色社会主义思想，学习党的路线、方针、政策和决议，学习党的基本知识和党的历史，学习科学、文化、法律和业务知识，努力提高为人民服务的本领。

（二）增强“四个意识”、坚定“四个自信”、做到“两个维护”，贯彻执行党的基本路线和各项方针、政策，带头参加改革开放和社会主义现代化建设，带动群众为经济发展和社会进步艰苦奋斗，在生产、工作、学习和社会生活中起先锋模范作用。

（三）坚持党和人民的利益高于一切，个人利益服从党和人民的利益，吃苦在前，享受在后，克己奉公，多做贡献。

（四）自觉遵守党的纪律，首先是党的政治纪律和政治规矩，模范遵守国家的法律法规，严格保守党和国家的秘密，执行党的决定，服从组织分配，积极完成党的任务。

（五）维护党的团结和统一，对党忠诚老实，言行一致，坚决反对一切派别组织和小集团活动，反对阳奉阴违的两面派行为和一切阴谋诡计。

（六）切实开展批评和自我批评，勇于揭露和纠正违反党的原则的言行和工作中的缺点、错误，坚决同消极腐败现象作斗争。

（七）密切联系群众，向群众宣传党的主张，遇事同群众商量，及时向党反映群众的意见和要求，维护群众的正当利益。

（八）发扬社会主义新风尚，带头实践社会主义核心价值观和社会主义荣辱观，提倡共产主义道德，弘扬中华民族传统美德，为了保护国家和人民的利益，在一切困难和危险的时刻挺身而出，英勇斗争，不怕牺牲。

第四条 党员享有下列权利：

（一）参加党的有关会议，阅读党的有关文件，接受党的教育和培训。

（二）在党的会议上和党报党刊上，参加关于党的政策问题的讨论。

（三）对党的工作提出建议和倡议。

（四）在党的会议上有根据地批评党的任何组织和任何党员，向党负责地揭发、检举党的任何组织和任何党员违法乱纪的事实，要求处分违法乱纪的党员，要求罢免或撤换不称职的干部。

（五）行使表决权、选举权，有被选举权。

（六）在党组织讨论决定对党员的党纪处分或作出鉴定时，本人有权参加和进行申辩，其他党员可以为他作证和辩护。

（七）对党的决议和政策如有不同意见，在坚决执行的前提下，可以声明保留，并且可以把自己的意见向党的上级组织直至中央提出。

（八）向党的上级组织直至中央提出请求、申诉和控告，并要求有关组织给以负责的答复。

党的任何一级组织直至中央都无权剥夺党员的上述权利。

第五条 发展党员，必须把政治标准放在首位，经过党的支部，坚持个别吸收的原则。

申请入党的人，要填写入党志愿书，要有两名正式党员作介绍人，要经过支部大会通过和上级党组织批准，并且经过预备期的考察，才能成为正式党员。

介绍人要认真了解申请人的思想、品质、经历和工作表现，向他解释党的纲领和党的章程，说明党员的条件、义务和权利，并向党组织作出负责的报告。

党的支部委员会对申请入党的人，要注意征求党内外有关群众的意见，进行严格的审查，认为合格后再提交支部大会讨论。

上级党组织在批准申请人入党以前，要派人同他谈话，作进一步的了解，并帮助他提高对党的认识。

在特殊情况下，党的中央和省、自治区、直辖市委员会可以直接接收党员。

第六条　预备党员必须面向党旗进行入党宣誓。誓词如下：我志愿加入中国共产党，拥护党的纲领，遵守党的章程，履行党员义务，执行党的决定，严守党的纪律，保守党的秘密，对党忠诚，积极工作，为共产主义奋斗终身，随时准备为党和人民牺牲一切，永不叛党。

第七条　预备党员的预备期为一年。党组织对预备党员应当认真教育和考察。

预备党员的义务同正式党员一样。预备党员的权利，除了没有表决权、选举权和被选举权以外，也同正式党员一样。

预备党员预备期满，党的支部应当及时讨论他能否转为正式党员。认真履行党员义务，具备党员条件的，应当按期转为正式党员；需要继续考察和教育的，可以延长预备期，但不能超过一年；不履行党员义务，不具备党员条件的，应当取消预备党员资格。预备党员转为正式党员，或延长预备期，或取消预备党员资格，都应当经支部大会讨论通过和上级党组织批准。

预备党员的预备期，从支部大会通过他为预备党员之日算起。党员的党龄，从预备期满转为正式党员之日算起。

第八条　每个党员，不论职务高低，都必须编入党的一个支部、小组或其他特定组织，参加党的组织生活，接受党内外群众的监督。党员领导干部还必须参加党委、党组的民主生活会。不允许有任何不参加党的组织生活、不接受党内外群众监督的特殊党员。

第九条　党员有退党的自由。党员要求退党，应当经支部大会讨论后宣布除名，并报上级党组织备案。

党员缺乏革命意志，不履行党员义务，不符合党员条件，党的支部应当对他进行教育，要求他限期改正；经教育仍无转变的，应当劝他退党。劝党员退党，应当经支部大会讨论决定，并报上级党组织批准。如被劝告退党的党员坚持不退，应当提交支部大会讨论，决定把他除名，并报上级党组织批准。

党员如果没有正当理由，连续六个月不参加党的组织生活，或不交纳党费，或不做党所分配的工作，就被认为是自行脱党。支部大会应当决定把这样的党员除名，并报上级党组织批准。

第二章　党的组织制度

第十条　党是根据自己的纲领和章程，按照民主集中制组织起来的统一整体。党的民主集中制的基本原则是：

（一）党员个人服从党的组织，少数服从多数，下级组织服从上级组织，全党各个组织和全体党员服从党的全国代表大会和中央委员会。

（二）党的各级领导机关，除它们派出的代表机关和在非党组织中的党组外，都由选举产生。

（三）党的最高领导机关，是党的全国代表大会和它所产生的中央委员会。党的地方各级领导机关，是党的地方各级代表大会和它们所产生的委员会。党的各级委员会向同级的代表大会负责并报告工作。

（四）党的上级组织要经常听取下级组织和党员群众的意见，及时解决他们提出的问题。党的下级组织既要向上级组织请示和报告工作，又要独立负责地解决自己职责范围内的问题。上下级组织之间要互通情报、互相支持和互相监督。党的各级组织要按规定实行党务公开，使党员对党内事务有更多的了解和参与。

（五）党的各级委员会实行集体领导和个人分工负责相结合的制度。凡属重大问题都要按照集体领导、民主集中、个别酝酿、会议决定的原则，由党的委员会集体讨论，作出决定；委员会成员要根据集体的决定和分工，切实履行自己的职责。

（六）党禁止任何形式的个人崇拜。要保证党的领导人的活动处于党和人民的监督之下，同时维护一切代表党和人民利益的领导人的威信。

第十一条 党的各级代表大会的代表和委员会的产生，要体现选举人的意志。选举采用无记名投票的方式。候选人名单要由党组织和选举人充分酝酿讨论。可以直接采用候选人数多于应选人数的差额选举办法进行正式选举。也可以先采用差额选举办法进行预选，产生候选人名单，然后进行正式选举。选举人有了解候选人情况、要求改变候选人、不选任何一个候选人和另选他人的权利。任何组织和个人不得以任何方式强迫选举人选举或不选举某个人。

党的地方各级代表大会和基层代表大会的选举，如果发生违反党章的情况，上一级党的委员会在调查核实后，应作出选举无效和采取相应措施的决定，并报再上一级党的委员会审查批准，正式宣布执行。

党的各级代表大会代表实行任期制。

第十二条 党的中央和地方各级委员会在必要时召集代表会议，讨论和决定需要及时解决的重大问题。代表会议代表的名额和产生办法，由召集代表会议的委员会决定。

第十三条 凡是成立党的新组织，或是撤销党的原有组织，必须由上级党组织决定。

在党的地方各级代表大会和基层代表大会闭会期间，上级党的组织认为有必要时，可以调动或者指派下级党组织的负责人。

党的中央和地方各级委员会可以派出代表机关。

第十四条 党的中央和省、自治区、直辖市委员会实行巡视制度，在一届任期内，对所管理的地方、部门、企事业单位党组织实现巡视全覆盖。

中央有关部委和国家机关部门党组（党委）根据工作需要，开展巡视工作。

党的市（地、州、盟）和县（市、区、旗）委员会建立巡察制度。

第十五条 党的各级领导机关，对同下级组织有关的重要问题作出决定时，在通常情况下，要征求下级组织的意见。要保证下级组织能够正常行使他们的职权。凡属应由下级组织处理的问题，如无特殊情况，上级领导机关不要干预。

第十六条 有关全国性的重大政策问题，只有党中央有权作出决定，各部门、各地方的党组织可以向中央提出建议，但不得擅自作出决定和对外发表主张。

党的下级组织必须坚决执行上级组织的决定。下级组织如果认为上级组织的决定不符合本地区、本部门的实际情况，可以请求改变；如果上级组织坚持原决定，下级组织必须执行，并不得公开发表不同意见，但有权向再上一级组织报告。

党的各级组织的报刊和其他宣传工具，必须宣传党的路线、方针、政策和决议。

第十七条 党组织讨论决定问题，必须执行少数服从多数的原则。决定重要问题，要进行表决。对于少数人的不同意见，应当认真考虑。如对重要问题发生争论，双方人数接近，除了在紧急情况下必须按多数意见执行外，应当暂缓作出决定，进一步调查研究，交换意见，下次再表决；在特殊情况下，也可将争论情况向上级组织报告，请求裁决。

党员个人代表党组织发表重要主张，如果超出党组织已有决定的范围，必须提交所在的党组织讨论决定，或向上级党组织请示。任何党员不论职务高低，都不能个人决定重大问题；如遇紧急情况，必须由个人作出决定时，事后要迅速向党组织报告。不允许任何领导人实行个人专断和把个人凌驾于组织之上。

第十八条 党的中央、地方和基层组织，都必须重视党的建设，经常讨论和检查党的宣传工作、教育工作、组织工作、纪律检查工作、群众工作、统一战线工作等，注意研究党内外的思想政治状况。

第三章 党的中央组织

第十九条 党的全国代表大会每五年举行一次，由中央委员会召集。中央委员会认为有必要，或者有三分之一以上的省一级组织提出要求，全国代表大会可以提前举行；如无非常情况，不得延期举行。

全国代表大会代表的名额和选举办法，由中央委员会决定。

第二十条 党的全国代表大会的职权是：

（一）听取和审查中央委员会的报告；

（二）审查中央纪律检查委员会的报告；

（三）讨论并决定党的重大问题；

(四)修改党的章程；

(五)选举中央委员会；

(六)选举中央纪律检查委员会。

第二十一条 党的全国代表会议的职权是：讨论和决定重大问题；调整和增选中央委员会、中央纪律检查委员会的部分成员。调整和增选中央委员及候补中央委员的数额，不得超过党的全国代表大会选出的中央委员及候补中央委员各自总数的五分之一。

第二十二条 党的中央委员会每届任期五年。全国代表大会如提前或延期举行，它的任期相应地改变。中央委员会委员和候补委员必须有五年以上的党龄。中央委员会委员和候补委员的名额，由全国代表大会决定。中央委员会委员出缺，由中央委员会候补委员按照得票多少依次递补。

中央委员会全体会议由中央政治局召集，每年至少举行一次。中央政治局向中央委员会全体会议报告工作，接受监督。

在全国代表大会闭会期间，中央委员会执行全国代表大会的决议，领导党的全部工作，对外代表中国共产党。

第二十三条 党的中央政治局、中央政治局常务委员会和中央委员会总书记，由中央委员会全体会议选举。中央委员会总书记必须从中央政治局常务委员会委员中产生。

中央政治局和它的常务委员会在中央委员会全体会议闭会期间，行使中央委员会的职权。

中央书记处是中央政治局和它的常务委员会的办事机构；成员由中央政治局常务委员会提名，中央委员会全体会议通过。

中央委员会总书记负责召集中央政治局会议和中央政治局常务委员会会议，并主持中央书记处的工作。

党的中央军事委员会组成人员由中央委员会决定，中央军事委员会实行主席负责制。

每届中央委员会产生的中央领导机构和中央领导人，在下届全国代表大会开会期间，继续主持党的经常工作，直到下届中央委员会产生新的中央领导机构和中央领导人为止。

第二十四条 中国人民解放军的党组织，根据中央委员会的指示进行工作。中央军事委员会负责军队中党的工作和政治工作，对军队中党的组织体制和机构作出规定。

第四章 党的地方组织

第二十五条 党的省、自治区、直辖市的代表大会，设区的市和自治州的代表大会，县(旗)、自治县、不设区的市和市辖区的代表大会，每五年举行一次。

党的地方各级代表大会由同级党的委员会召集。在特殊情况下，经上一级委员会批准，可以提前或延期举行。

党的地方各级代表大会代表的名额和选举办法，由同级党的委员会决定，并报上一级党的委员会批准。

第二十六条 党的地方各级代表大会的职权是：

(一)听取和审查同级委员会的报告；

(二)审查同级纪律检查委员会的报告；

(三)讨论本地区范围内的重大问题并作出决议；

(四)选举同级党的委员会，选举同级党的纪律检查委员会。

第二十七条 党的省、自治区、直辖市、设区的市和自治州的委员会，每届任期五年。这些委员会的委员和候补委员必须有五年以上的党龄。

党的县(旗)、自治县、不设区的市和市辖区的委员会，每届任期五年。这些委员会的委员和候补委员必须有三年以上的党龄。

党的地方各级代表大会如提前或延期举行，由它选举的委员会的任期相应地改变。

党的地方各级委员会的委员和候补委员的名额，分别由上一级委员会决定。党的地方各级委员会委员出缺，由候补委员按照得票多少依次递补。

党的地方各级委员会全体会议，每年至少召开两次。

党的地方各级委员会在代表大会闭会期间，执行上级党组织的指示和同级党代表大会的决议，领导本地方的工作，定期向上级党的委员会报告工作。

第二十八条 党的地方各级委员会全体会议，选举常务委员会和书记、副书记，并报上级党的委员会批准。党的地方各级委员会的常务委员会，在委员会全体会议闭会期间，行使委员会职权；在下届代表大会开会期间，继续主持经常工作，直到新的常务委员会产生为止。

党的地方各级委员会的常务委员会定期向委员会全体会议报告工作，接受监督。

第二十九条 党的地区委员会和相当于地区委员会的组织，是党的省、自治区委员会在几个县、自治县、市范围内派出的代表机关。它根据省、自治区委员会的授权，领导本地区的工作。

第五章 党的基层组织

第三十条 企业、农村、机关、学校、医院、科研院所、街道社区、社会组织、人民解放军连队和其他基层单位，凡是有正式党员三人以上的，都应当成立党的基层组织。

党的基层组织，根据工作需要和党员人数，经上级党组织批准，分别设立党的基层委员会、总支部委员会、支部委员会。基层委员会由党员大会或代表大会选举产生，总支部委员会和支部委员会由党员大会选举产生，提出委员候选人要广泛征求党员和群众的意见。

第三十一条　党的基层委员会、总支部委员会、支部委员会每届任期三年至五年。基层委员会、总支部委员会、支部委员会的书记、副书记选举产生后，应报上级党组织批准。

第三十二条　党的基层组织是党在社会基层组织中的战斗堡垒，是党的全部工作和战斗力的基础。它的基本任务是：

（一）宣传和执行党的路线、方针、政策，宣传和执行党中央、上级组织和本组织的决议，充分发挥党员的先锋模范作用，积极创先争优，团结、组织党内外的干部和群众，努力完成本单位所担负的任务。

（二）组织党员认真学习马克思列宁主义、毛泽东思想、邓小平理论、“三个代表”重要思想、科学发展观、习近平新时代中国特色社会主义思想，推进“两学一做”学习教育、党史学习教育常态化制度化，学习党的路线、方针、政策和决议，学习党的基本知识，学习科学、文化、法律和业务知识。

（三）对党员进行教育、管理、监督和服务，提高党员素质，坚定理想信念，增强党性，严格党的组织生活，开展批评和自我批评，维护和执行党的纪律，监督党员切实履行义务，保障党员的权利不受侵犯。加强和改进流动党员管理。

（四）密切联系群众，经常了解群众对党员、党的工作的批评和意见，维护群众的正当权利和利益，做好群众的思想政治工作。

（五）充分发挥党员和群众的积极性创造性，发现、培养和推荐他们中间的优秀人才，鼓励和支持他们在改革开放和社会主义现代化建设中贡献自己的聪明才智。

（六）对要求入党的积极分子进行教育和培养，做好经常性的发展党员工作，重视在生产、工作第一线和青年中发展党员。

（七）监督党员干部和其他任何工作人员严格遵守国家法律法规，严格遵守国家的财政经济法规和人事制度，不得侵占国家、集体和群众的利益。

（八）教育党员和群众自觉抵制不良倾向，坚决同各种违纪违法行为作斗争。

第三十三条　街道、乡、镇党的基层委员会和村、社区党组织，统一领导本地区基层各类组织和各项工作，加强基层社会治理，支持和保证行政组织、经济组织和群众性自治组织充分行使职权。

国有企业党委（党组）发挥领导作用，把方向、管大局、保落实，依照规定讨论和决定企业重大事项。国有企业和集体企业中党的基层组织，围绕企业生产经营开展工作。保证监督党和国家的方针、政策在本企业的贯彻执行；支持股东会、董事会、监事会和经理（厂长）依法行使职权；全心全意依靠职工群众，支持职工代表大会开展工作；参与企业重大问题的决策；加强党组织的自身建设，领导思想政治工作、精神文明建设、统一战线工作和工会、共青团、妇女组织等群团组织。

非公有制经济组织中党的基层组织，贯彻党的方针政策，引导和监督企业遵守国家的法律法规，领导工会、共青团等群团组织，团结凝聚职工群众，维护各方的合法权益，促进企业健康发展。

社会组织中党的基层组织，宣传和执行党的路线、方针、政策，领导工会、共青团等群团组织，教育管理党员，引领服务群众，推动事业发展。

实行行政领导人负责制的事业单位中党的基层组织，发挥战斗堡垒作用。实行党委领导下的行政领导人负责制的事业单位中党的基层组织，对重大问题进行讨论和作出决定，同时保证行政领导人充分行使自己的职权。

各级党和国家机关中党的基层组织，协助行政负责人完成任务，改进工作，对包括行政负责人在内的每个党员进行教育、管理、监督，不领导本单位的业务工作。

第三十四条　党支部是党的基础组织，担负直接教育党员、管理党员、监督党员和组织群众、宣传群众、凝聚群众、服务群众的职责。

第六章　党 的 干 部

第三十五条　党的干部是党的事业的骨干，是人民的公仆，要做到忠诚干净担当。党按照德才兼备、以德为先的原则选拔干部，坚持五湖四海、任人唯贤，坚持事业为上、公道正派，反对任人唯亲，努力实现干部队伍的革命化、年轻化、知识化、专业化。

党重视教育、培训、选拔、考核和监督干部，特别是培养、选拔优秀年轻干部。积极推进干部制度改革。

党重视培养、选拔女干部和少数民族干部。

第三十六条　党的各级领导干部必须信念坚定、为民服务、勤政务实、敢于担当、清正廉洁，模范地履行本章程第三条所规定的党员的各项义务，并且必须具备以下的基本条件：

（一）具有履行职责所需要的马克思列宁主义、毛泽东思想、邓小平理论、“三个代表”重要思想、科学发展观的水平，带头贯彻落实习近平新时代中国特色社会主义思想，努力用马克思主义的立场、观点、方法分析和解决实际问题，坚持讲学习、讲政治、讲正气，经得起各种风浪的考验。

（二）具有共产主义远大理想和中国特色社会主义坚定信念，坚决执行党的基本路线和各项方针、政策，立志改革开放，献身现代化事业，在社会主义建设中艰苦创业，树立正确政绩观，做出经得起实践、人民、历史检验的实绩。

（三）坚持解放思想，实事求是，与时俱进，开拓创新，认真调查研究，能够把党的方针、政策同本地区、本部门的实际相结合，卓有成效地开展工作，讲实话，办实事，求实效。

（四）有强烈的革命事业心和政治责任感，有实践经验，有胜任领导工作的组织能力、文化水平和专业知识。

（五）正确行使人民赋予的权力，坚持原则，依法办事，清正廉洁，勤政为民，以身作则，艰苦朴素，密切联系群众，坚持党的群众路线，自觉地接受党和群众的批评和监督，加强道德修养，讲党性、重品行、作表率，做到自重、自省、自警、自励，反对形式主义、官僚主义、享乐主义和奢靡之风，反对特权思想和特权现象，反对任何滥用职权、谋求私利的行为。

（六）坚持和维护党的民主集中制，有民主作风，有全局观念，善于团结同志，包括团结同自己有不同意见的同志一道工作。

第三十七条 党员干部要善于同党外干部合作共事，尊重他们，虚心学习他们的长处。

党的各级组织要善于发现和推荐有真才实学的党外干部担任领导工作，保证他们有职有权，充分发挥他们的作用。

第三十八条 党的各级领导干部，无论是由民主选举产生的，或是由领导机关任命的，他们的职务都不是终身的，都可以变动或解除。

年龄和健康状况不适宜于继续担任工作的干部，应当按照国家的规定退、离休。

第七章 党的纪律

第三十九条 党的纪律是党的各级组织和全体党员必须遵守的行为规则，是维护党的团结统一、完成党的任务的保证。党组织必须严格执行和维护党的纪律，共产党员必须自觉接受党的纪律的约束。

第四十条 党的纪律主要包括政治纪律、组织纪律、廉洁纪律、群众纪律、工作纪律、生活纪律。

坚持惩前毖后、治病救人，执纪必严、违纪必究，抓早抓小、防微杜渐，按照错误性质和情节轻重，给以批评教育、责令检查、诫勉直至纪律处分。运用监督执纪“四种形态”，让“红红脸、出出汗”成为常态，党纪处分、组织调整成为管党治党的重要手段，严重违纪、严重触犯刑律的党员必须开除党籍。

党内严格禁止用违反党章和国家法律的手段对待党员，严格禁止打击报复和诬告陷害。违反这些规定的组织或个人必须受到党的纪律和国家法律的追究。

第四十一条　对党员的纪律处分有五种：警告、严重警告、撤销党内职务、留党察看、开除党籍。

留党察看最长不超过两年。党员在留党察看期间没有表决权、选举权和被选举权。党员经过留党察看，确已改正错误的，应当恢复其党员的权利；坚持错误不改的，应当开除党籍。

开除党籍是党内的最高处分。各级党组织在决定或批准开除党员党籍的时候，应当全面研究有关的材料和意见，采取十分慎重的态度。

第四十二条　对党员的纪律处分，必须经过支部大会讨论决定，报党的基层委员会批准；如果涉及的问题比较重要或复杂，或给党员以开除党籍的处分，应分别不同情况，报县级或县级以上党的纪律检查委员会审查批准。在特殊情况下，县级和县级以上各级党的委员会和纪律检查委员会有权直接决定给党员以纪律处分。

对党的中央委员会委员、候补委员，给以警告、严重警告处分，由中央纪律检查委员会常务委员会审议后，报党中央批准。对地方各级党的委员会委员、候补委员，给以警告、严重警告处分，应由上一级纪律检查委员会批准，并报它的同级党的委员会备案。

对党的中央委员会和地方各级委员会的委员、候补委员，给以撤销党内职务、留党察看或开除党籍的处分，必须由本人所在的委员会全体会议三分之二以上的多数决定。在全体会议闭会期间，可以先由中央政治局和地方各级委员会常务委员会作出处理决定，待召开委员会全体会议时予以追认。对地方各级委员会委员和候补委员的上述处分，必须经过上级纪律检查委员会常务委员会审议，由这一级纪律检查委员会报同级党的委员会批准。

严重触犯刑律的中央委员会委员、候补委员，由中央政治局决定开除其党籍；严重触犯刑律的地方各级委员会委员、候补委员，由同级委员会常务委员会决定开除其党籍。

第四十三条　党组织对党员作出处分决定，应当实事求是地查清事实。处分决定所依据的事实材料和处分决定必须同本人见面，听取本人说明情况和申辩。如果本人对处分决定不服，可以提出申诉，有关党组织必须负责处理或者迅速转递，不得扣压。对于确属坚持错误意见和无理要求的人，要给以批评教育。

第四十四条　党组织如果在维护党的纪律方面失职，必须问责。

对于严重违犯党的纪律、本身又不能纠正的党组织，上一级党的委员会在查明核实后，应根据情节严重的程度，作出进行改组或予以解散的决定，并报再上一级党的委员会审查批准,正式宣布执行。

第八章 党的纪律检查机关

第四十五条 党的中央纪律检查委员会在党的中央委员会领导下进行工作。党的地方各级纪律检查委员会和基层纪律检查委员会在同级党的委员会和上级纪律检查委员会双重领导下进行工作。上级党的纪律检查委员会加强对下级纪律检查委员会的领导。

党的各级纪律检查委员会每届任期和同级党的委员会相同。

党的中央纪律检查委员会全体会议,选举常务委员会和书记、副书记,并报党的中央委员会批准。党的地方各级纪律检查委员会全体会议,选举常务委员会和书记、副书记,并由同级党的委员会通过,报上级党的委员会批准。党的基层委员会是设立纪律检查委员会,还是设立纪律检查委员,由它的上一级党组织根据具体情况决定。党的总支部委员会和支部委员会设纪律检查委员。

党的中央和地方纪律检查委员会向同级党和国家机关全面派驻党的纪律检查组,按照规定向有关国有企业、事业单位派驻党的纪律检查组。纪律检查组组长参加驻在单位党的领导组织的有关会议。他们的工作必须受到该单位党的领导组织的支持。

第四十六条 党的各级纪律检查委员会是党内监督专责机关,主要任务是:维护党的章程和其他党内法规,检查党的路线、方针、政策和决议的执行情况,协助党的委员会推进全面从严治党、加强党风建设和组织协调反腐败工作,推动完善党和国家监督体系。

党的各级纪律检查委员会的职责是监督、执纪、问责,要经常对党员进行遵守纪律的教育,作出关于维护党纪的决定;对党的组织和党员领导干部履行职责、行使权力进行监督,受理处置党员群众检举举报,开展谈话提醒、约谈函询;检查和处理党的组织和党员违反党的章程和其他党内法规的比较重要或复杂的案件,决定或取消对这些案件中的党员的处分;进行问责或提出责任追究的建议;受理党员的控告和申诉;保障党员的权利。

各级纪律检查委员会要把处理特别重要或复杂的案件中的问题和处理的结果,向同级党的委员会报告。党的地方各级纪律检查委员会和基层纪律检查委员会要同时向上级纪律检查委员会报告。

各级纪律检查委员会发现同级党的委员会委员有违犯党的纪律的行为,可以先进行初步核实,如果需要立案检查的,应当在向同级党的委员会报告的同时向上一级纪律检查委员会报告;涉及常务委员的,报告上一级纪律检查委员会,由上一级纪律检查委员会进行初步核实,需要审查的,由上一级纪律检查委员会报它的同级党的委员会批准。

第四十七条　上级纪律检查委员会有权检查下级纪律检查委员会的工作，并且有权批准和改变下级纪律检查委员会对于案件所作的决定。如果所要改变的该下级纪律检查委员会的决定，已经得到它的同级党的委员会的批准，这种改变必须经过它的上一级党的委员会批准。

党的地方各级纪律检查委员会和基层纪律检查委员会如果对同级党的委员会处理案件的决定有不同意见，可以请求上一级纪律检查委员会予以复查；如果发现同级党的委员会或它的成员有违犯党的纪律的情况，在同级党的委员会不给予解决或不给予正确解决的时候，有权向上级纪律检查委员会提出申诉，请求协助处理。

第九章　党　　组

第四十八条　在中央和地方国家机关、人民团体、经济组织、文化组织和其他非党组织的领导机关中，可以成立党组。党组发挥领导作用。党组的任务，主要是负责贯彻执行党的路线、方针、政策；加强对本单位党的建设的领导，履行全面从严治党责任；讨论和决定本单位的重大问题；做好干部管理工作；讨论和决定基层党组织设置调整和发展党员、处分党员等重要事项；团结党外干部和群众，完成党和国家交给的任务；领导机关和直属单位党组织的工作。

第四十九条　党组的成员，由批准成立党组的党组织决定。党组设书记，必要时还可以设副书记。

党组必须服从批准它成立的党组织领导。

第五十条　在对下属单位实行集中统一领导的国家工作部门和有关单位的领导机关中，可以建立党委，党委的产生办法、职权和工作任务，由中央另行规定。

第十章　党和共产主义青年团的关系

第五十一条　中国共产主义青年团是中国共产党领导的先进青年的群团组织，是广大青年在实践中学习中国特色社会主义和共产主义的学校，是党的助手和后备军。共青团中央委员会受党中央委员会领导。共青团的地方各级组织受同级党的委员会领导，同时受共青团上级组织领导。

第五十二条　党的各级委员会要加强对共青团的领导，注意团的干部的选拔和培训。党要坚决支持共青团根据广大青年的特点和需要，生动活泼地、富于创造性地进行工作，充分发挥团的突击队作用和联系广大青年的桥梁作用。

团的县级和县级以下各级委员会书记，企业事业单位的团委员会书记，是党员的，可以列席同级党的委员会和常务委员会的会议。

第十一章 党徽党旗

第五十三条 中国共产党党徽为镰刀和锤头组成的图案。

第五十四条 中国共产党党旗为旗面缀有金黄色党徽图案的红旗。

第五十五条 中国共产党的党徽党旗是中国共产党的象征和标志。党的各级组织和每一个党员都要维护党徽党旗的尊严。要按照规定制作和使用党徽党旗。

中共中央关于加强和改进党的作风建设的决定

2001年9月26日中国共产党第十五届中央委员会第六次全体会议通过

中国共产党第十五届中央委员会第六次全体会议,分析了进入新世纪党面临的新形势新任务,着重研究了加强和改进党的作风建设的若干重大问题,作出如下决定。

一、加强和改进党的作风建设的极端重要性和紧迫性

我国已进入全面建设小康社会、加快推进社会主义现代化的新的发展阶段,党面临着许多新情况新考验。随着冷战结束、经济发展和科技进步,国际环境发生重大变化,世界多极化和经济全球化曲折发展,综合国力竞争日趋激烈,各种矛盾错综复杂,各种思潮相互激荡,敌对势力加紧对我国进行渗透和破坏活动。随着改革开放的深入和社会主义市场经济的发展,国内环境发生重大变化,社会经济成分、组织形式、就业方式、利益关系和分配方式日益多样化,新事物新问题层出不穷。随着党和国家事业的发展,党的队伍状况发生重大变化,新党员大幅度增加,干部队伍新老交替不断进行,一大批年轻干部走上领导岗位。这些深刻变化既带来机遇,也带来挑战。

面对复杂的国内外环境,党要团结和带领全国各族人民,继续推进现代化建设,完成祖国统一,维护世界和平与促进共同发展,就必须始终代表中国先进生产力的发展要求,代表中国先进文化的前进方向,代表中国最广大人民的根本利益,围绕提高党的领导水平和执政水平、提高拒腐防变和抵御风险能力这两大历史性课题,全面推进党的建设新的伟大工程。这样,党就能在世界形势深刻变化的历史进程中始终走在时代前列,在应对国内外各种风险考验的历史进程中始终成为全国人民的主心骨,在建设有中国特色社会主义的历史进程中始终成为坚强的领导核心。

作风建设是党的建设的重要组成部分。我们党历来高度重视作风建设,在长期革命和建设的实践中，形成并坚持发扬了理论联系实际、密切联系群众、批评与自我批评等优良作风。这是党的工人阶级先锋队性质和全心全意为人民服务宗旨的体现，是中国共产党区别于其他政党的显著标志，也是党千锤百炼更坚强的重要原因。

现在，党的作风总的是好的。十一届三中全会以来，我们党重新确立了解放思想、实事求是的思想路线，形成了社会主义初级阶段的基本路线，制定了一系列符合我国国情和人民利益的大政方针，党的精神面貌焕然一新。广大党员积极投身建设有中国特色社会主义的伟大事业，在发扬党的优良传统的基础上，立足国情、面向世界，锐意改革、致力发展，发扬民主、依法办事，给作风建设注入新的活力。我国改革开放和现代化建设取得举世瞩目的成就，同广大党员为党和人民的事业发挥忘我奋斗和无私奉献的先锋模范作用是密不可分的。

党的作风方面也存在一些亟待解决的问题。主要是：在一些地方、部门和领导干部中，教条主义、本本主义滋长，形式主义、官僚主义盛行，弄虚作假、虚报浮夸严重，独断专行、软弱涣散问题突出，以权谋私、贪图享乐现象蔓延。这些问题，归根到底都是脱离实际、脱离群众的，其消极影响和后果不可低估。历史和现实一再告诉我们，执政党不注重作风建设，听任不正之风侵蚀党的肌体，就会损害党群关系和干群关系，甚至失去民心，丧失政权。

对党的作风状况要有清醒的全面的估计，看不到主流，悲观失望，是错误的；看不到问题的严重性，丧失警惕，不下大气力加紧解决，是危险的。

党的作风方面存在的问题，有其复杂而深刻的社会根源和思想根源。党长期执政，党内一些人产生了脱离群众、固步自封等倾向。我国处在社会主义初级阶段，实行改革开放，发展社会主义市场经济，许多方面的制度还不完善。资产阶级腐朽思想和封建残余思想侵蚀着党的队伍。有的地方和部门治党不严，思想政治建设和组织建设抓得不紧，管理和监督不力。一些党员干部放松世界观改造，理想信念动摇，革命意志衰退，经受不住权力、金钱、美色的考验。这些因素的存在，使党的作风建设的任务十分艰巨。

执政党的党风，关系党的形象，关系人心向背，关系党和国家的生死存亡。全党同志要居安思危，增强忧患意识，充分认识加强和改进党的作风建设，是全面贯彻党的基本理论、基本路线、基本纲领和实践“三个代表”重要思想的迫切需要，是开创改革开放和现代化建设新局面的必然要求，是党永远立于不败之地的重要保证。全党要坚持讲学习、讲政治、讲正气，在推进党的思想建设、组织建设的同时，把加强和改进党的作风建设放在更加突出的位置，切实抓紧抓好。

二、加强和改进党的作风建设的指导思想和主要任务

在新的发展阶段,加强和改进党的作风建设的指导思想和总体要求是:坚持马克思列宁主义、毛泽东思想、邓小平理论的指导,按照“三个代表”重要思想,紧紧围绕经济建设这个中心和改革发展稳定的大局,坚持党要管党、从严治党,以进一步密切党同人民群众的联系为核心,以保持党的先进性、纯洁性和增强党的创造力、凝聚力、战斗力为目标,发扬优良传统,加强思想教育,推进制度建设,解决突出问题,努力把党的作风建设提高到一个新的水平。

加强和改进党的作风建设,核心问题是保持党同人民群众的血肉联系。马克思主义执政党的最大危险,就是脱离群众。人民群众是我们党的力量源泉和胜利之本。失去了人民群众的拥护和支持,党的事业和一切工作就无从谈起。党要经受住长期执政、改革开放和发展社会主义市场经济的考验,就必须始终密切联系群众。在任何时候任何情况下,与人民群众同呼吸共命运的立场不能变,全心全意为人民服务的宗旨不能忘,坚信群众是真正英雄的历史唯物主义观点不能丢。

党的作风建设既是一项长期而艰巨的任务,又是一项现实而紧迫的工作。必须把总体要求同阶段性目标结合起来。当前和今后一个时期,要抓住重点,集中解决党的思想作风、学风、工作作风、领导作风和干部生活作风方面的突出问题。主要任务是:坚持解放思想、实事求是,反对因循守旧、不思进取;坚持理论联系实际,反对照抄照搬、本本主义;坚持密切联系群众,反对形式主义、官僚主义;坚持民主集中制原则,反对独断专行、软弱涣散;坚持党的纪律,反对自由主义;坚持清正廉洁,反对以权谋私;坚持艰苦奋斗,反对享乐主义;坚持任人唯贤,反对用人上的不正之风。全党要进行卓有成效的工作,全面贯彻这“八个坚持、八个反对”,进一步开拓创新、知难而进,关心群众、真抓实干,艰苦奋斗、拒腐防变,使党的作风有新的明显进步,使党群关系和干群关系有新的明显改善,使广大群众看到实效,增强信心。

三、坚持解放思想、实事求是,反对因循守旧、不思进取

加强和改进党的作风建设,必须把思想作风建设摆在第一位。坚持解放思想、实事求是的思想路线和思想作风,是党顺应时代进步潮流、永葆先进性的根本要求。全党必须从我国社会主义初级阶段的实际出发,从不断发展变化的国际形势出发,求真务实,锐意进取,努力开拓马克思主义理论发展的新境界,开创党和国家事业发展的新局面。

解放思想、实事求是永无止境。世界在变化,我国改革和建设在推进,人民群众的伟大实践在发展,迫切要求我们进一步解放思想、实事求是。如果党不能始终站在时代前列和实践前沿,党的思想理论就不能发展,党的事业就不

能前进,我们就有被时代淘汰的危险。现在,一些党员干部不认真学习领会和贯彻党的理论路线和方针政策,不注意汲取群众创造的新鲜经验,不尊重客观规律,思想严重脱离实际。有的习惯于单凭老方式老办法想问题、做工作,缺乏主动性和创造性;有的习惯于凭主观意志办事,盲目蛮干,随意性和片面性严重。这种精神状态和思想作风,必须坚决改变。

解放思想、实事求是,就是要毫不动摇地贯彻以经济建设为中心、坚持四项基本原则、坚持改革开放的基本路线,按照实践是检验真理的唯一标准,坚持用"三个有利于"判断各方面工作的是非得失,自觉地把思想认识从那些不合时宜的观念、做法和体制的束缚中解放出来,从对马克思主义错误的和教条式的理解中解放出来,从主观主义和形而上学的桎梏中解放出来,使我们的思想和行动更加符合客观实际,使党的路线方针政策更加符合社会主义初级阶段的国情;就是要按照马克思主义的实践观点和发展观点,研究新情况,解决新问题,正确认识和妥善处理生产力与生产关系、经济基础与上层建筑的矛盾,不断把各项改革推向前进;就是要以宽广的眼光观察当今世界和当代中国,以与时俱进的思想观念和奋发有为的精神状态开展工作,不断推动理论创新、制度创新和科技创新。

解放思想、实事求是,必须把坚持马克思主义基本理论同丰富和发展马克思主义统一起来。要坚持马克思列宁主义、毛泽东思想、邓小平理论这个一脉相承的科学体系,坚持辩证唯物主义和历史唯物主义的世界观、方法论,坚持反映人类社会发展规律的基本原理和基本观点。马克思主义具有与时俱进的理论品质,是不断发展的科学,不能不顾历史条件和现实情况,拘泥于经典作家在特定历史条件下、针对具体情况提出的某些个别论断和具体行动纲领。要树立强烈的创新意识,总结新鲜经验,积极进行理论概括,正确回答实践中迫切需要解决的问题,不断推进马克思主义的中国化,丰富和发展马克思主义,增强马克思主义的说服力和战斗力。

解放思想、实事求是,必须坚决克服各种错误思想倾向的干扰,坚持有"左"反"左",有右反右。右主要是否定四项基本原则,搞资产阶级自由化;"左"主要是思想僵化,把改革开放说成是引进和发展资本主义。在新的形势下,"左"和右都会有新的表现。全党同志应保持清醒头脑,要警惕右,但主要是防止"左"。

要在全党进一步造成鼓励解放思想、实事求是的生动局面。深入进行马克思主义发展史的教育,特别要用我们党不断推进理论创新的实践教育广大党员干部。坚持开展党的思想路线的教育、基本国情和基本路线的教育、国际国内形势的教育。学习和研究问题,鼓励敞开思想,各抒己见,用摆事实、讲道理的方法开展讨论。提倡勤于思考、勇于探索、敢于创新，做到重实际、说实话、办实事、求实效。努力在全党形成认真学习的风气、民主讨论的风气、积极探索的风气和求真务实的风气。

四、坚持理论联系实际，反对照抄照搬、本本主义

理论联系实际，是党一贯坚持的马克思主义学风，是党具有旺盛创造力的关键所在。大力弘扬这一学风，提高全党的马克思主义理论水平和解决实际问题的能力，是加强和改进党的作风建设的一项基础性工作。全党同志必须联系实际刻苦学习，做到理论与实际、学习与运用、言论与行动相统一，创造性地开展工作。

加强马克思主义理论学习，努力掌握和运用马克思主义的立场、观点、方法，始终是全党一项重要的政治任务。要坚持用马克思列宁主义、毛泽东思想、邓小平理论武装全党，深入学习"三个代表"重要思想，不断深化对共产党执政规律、社会主义建设规律、人类社会发展规律的认识，在改造客观世界的同时不断改造主观世界，牢固树立正确的世界观、人生观、价值观。要把学习理论与总结实践经验结合起来，与学习党的历史、中国历史和世界历史结合起来，与学习当代经济、科技、文化等知识结合起来。领导干部特别是走上新岗位的领导干部，要认真学习和掌握与本职工作相关的方针政策和法律法规。对世界各国一切科学的新经验、新思想、新成果，都要积极研究和借鉴，但不能脱离国情照抄照搬。领导干部特别是中央委员和省部级干部要做学习的表率，打牢马克思主义理论功底，坚定理想信念，提高政治敏锐性和政治鉴别力，增强工作的原则性、系统性、预见性和创造性。坚决纠正轻视理论、忽视学习、放松世界观改造的倾向。

学习的目的全在于应用。全党同志特别是领导干部要开动脑筋，以改革开放、现代化建设和我们正在做的事情为中心，着眼于马克思主义的运用，着眼于对现实问题的理论思考，着眼于新的实践和发展，切实解决本地区、本部门存在的实际问题。对党的路线方针政策和中央的工作部署，要坚决贯彻执行，结合本地区、本部门的具体实际创造性地开展工作。领导干部要加深对中国国情的了解，努力把握经济社会发展规律，增强驾驭全局、应对风险的能力。要把学习情况特别是运用理论解决实际问题的能力，作为考核干部的重要内容。坚决反对照抄照搬、照本宣科的本本主义倾向。

学习制度化是加强学习的有力保证。要建立理论学习的领导责任制，严格督促检查。建立健全党委中心组学习制度、领导干部在职自学制度和干部理论学习考核制度。重点抓好领导干部特别是年轻干部的学习。认真落实县以上党政领导干部定期脱产进修和新进领导班子成员到党校、行政学院和其他干部培训机构学习的规定。按照提高理论素养、树立世界眼光、培养战略思维、加强党性修养、增强解决实际问题能力的要求,改进教学方法,提高培训质量,培养良好学风。

大力加强调查研究工作。各级党政领导机关要建立健全调查研究制度,制定和落实调研计划。省部级领导干部每年应至少抽出一个月时间,市(地)县党政领导干部每年要有两个月以上时间,深入基层调研,总结经验,探索规律,指导工作,解决问题。调查研究要改进方法,提高质量,努力了解真实情况,掌握第一手材料。县以上党政主要领导干部要自己动手,撰写有情况、有分析、有见解的调研报告。省、自治区、直辖市和中央各部门的主要负责同志,每年要向中央报送调研材料和决策建议。

五、坚持密切联系群众,反对形式主义、官僚主义

密切联系群众是党的优良作风和政治优势。一切为了群众,一切依靠群众,从群众中来,到群众中去,集中起来,坚持下去,是党的根本工作路线。全党必须始终不渝地贯彻党的群众路线,广泛深入地动员和组织群众,把党的方针政策落到实处,坚定不移地维护和实现最广大人民的根本利益。

当前,坚持党的群众路线,密切联系群众,必须坚决克服形式主义、官僚主义。形式主义的要害是,贪图虚名,不务实效,劳民伤财。官僚主义的要害是,脱离群众,脱离实际,做官当老爷。官僚主义引发形式主义,形式主义助长官僚主义,已经成为影响我们事业发展的一大祸害。

克服形式主义、官僚主义的顽症,要从加强教育、提高觉悟入手,从领导机关和领导干部做起。主观主义、个人主义、"官本位"意识,是形式主义、官僚主义的思想根源,必须坚决克服。各级领导机关和领导干部要牢固树立我们的权力是人民赋予的观点,为人民谋利益是共产党人全部活动的出发点和归宿的观点。在一切工作中,都要坚持尊重社会发展规律与尊重人民历史主体地位的一致性,坚持为崇高理想奋斗与为最广大人民谋利益的一致性,坚持完成党的各项工作任务与实现人民利益的一致性,端正对群众的态度,增进对群众的感情,提高贯彻党的群众路线的自觉性。

密切联系群众,最重要的是要体察民情,了解民意,集中民智,珍惜民力,诚心诚意为群众谋利益。各级干部要倾听群众呼声,关心群众疾苦,把群众的安危冷暖时刻放在心上,维护人民群众的经济、政治、文化权益,努力为群众办实事。对工作和生活遇到困难的群众,要格外关注,重点帮助。要深入基层,加强工作指导,善于在新的条件下做好群众工作。要到工作形势好的地方去总结经验,更要到问题较多、矛盾尖锐的地方去同干部群众一起解决问题。要引导和支持先富地区先富群众进一步发展,更要关心和帮助贫困地区贫困群众脱贫致富。要锐意改革，大胆进取，又要注意使改革的力度、发展的速度同人民群众的承受程度相适应。要宣传教育群众，更要学习人民的高尚品格和聪明才智。深入群众要讲求实效，不要增加基层和群众的负担，坚决反对搞花架子。

勤政为民，真抓实干，是密切联系群众的根本要求。党员干部要增强事业心和责任心，坚持科学态度和求实精神，兢兢业业地做好工作，年轻干部尤其要在实践中经受考验，把精力用在勤勤恳恳为人民服务上。要埋头苦干，扎实工作，坚持讲真话、报实情，力戒浮躁浮夸。要把抓落实作为推进各项工作的关键环节，把中央的决策和部署变为各级党组织和广大群众的实际行动。要爱惜人力、财力、物力，着力解决国家和人民群众的当务之急，反对搞华而不实和脱离实际的"形象工程"、"政绩工程"。正确认识和评价干部政绩，建立和完善科学的考核标准，坚决刹住弄虚作假、欺上瞒下、追名逐利的歪风。涉及群众切身利益的决策，要充分听取群众意见。不准向下级提出不切实际的要求，不准强迫命令，严禁欺压百姓，切实解决作风粗暴、办事不公的问题。

健全联系群众的制度，是新形势下坚持党的群众路线的重要课题。要拓宽反映社情民意的渠道。党政领导机关要坚持群众接待日制度，领导干部要亲自处理来信来访。坚持领导机关干部到基层特别是贫困地区锻炼和帮助工作的制度。通过深化改革，进一步解决因机构重叠、职能交叉而造成的推诿扯皮、效率低下等问题。提高直接面对群众的基层单位和各级领导机关的服务质量。

改进领导方式和工作方法。下决心精简会议和文件，改进会风和文风。从中央做起，压缩会议费用，控制会议规模，提高会议质量，减少文件简报。党政领导干部不参加各种名目的应酬性庆贺、剪彩和迎来送往活动。领导干部下基层要轻车简从，减少陪同，不准超标准接待。

六、坚持民主集中制原则，反对独断专行、软弱涣散

民主集中制是党的根本组织制度和领导制度。充分发扬民主，维护集中统一，是加强和改进党的作风建设的重要环节。必须在全党特别是领导干部中进一步加强民主集中制教育，建立健全并严格执行民主集中制的具体制度，坚持和完善党内政治生活的各项准则，实行民主基础上的集中与集中指导下的民主相结合，努力造成又有集中又有民主，又有纪律又有自由，又有统一意志又有个人心情舒畅的生动活泼的政治局面。

发展党内民主，充分发挥广大党员和各级党组织的积极性主动性创造性，是党的事业兴旺发达的重要保证。要保障党员民主权利，拓宽党内民主渠道，使党员对党内事务有更多的了解和参与，加强对党的领导机关和领导干部的

监督。党组织工作中的重大问题都应力求组织广大党员讨论,充分听取意见。建立有效机制,保证基层党员和下级党组织的意见及时反映给上级党组织。上级党组织应充分听取党员和下级党组织的意见,集思广益,改进工作。通过发展党内民主,积极推动人民民主的发展。

集体领导、民主集中、个别酝酿、会议决定,是党委内部议事和决策的基本制度,必须认真执行。集体领导、民主集中是党的领导的最高原则,个别酝酿、会议决定是重要的方法和程序。要充分发挥党的代表大会和党的委员会全体会议的作用。重大问题必须提交党委常委会集体讨论决定,涉及全局和长远的问题还应提交党的委员会全体会议讨论决定。积极推进决策科学化、民主化,提高党委的决策水平和工作效率。讨论决定问题,要充分发扬民主,广泛听取意见,严格执行规定程序。违反决策程序造成重大失误的,要追究领导责任。党的委员会应努力掌握适应新形势新任务要求的领导艺术、领导方式和领导方法。党委书记要成为执行民主集中制的表率,胸怀全局,作风民主,多谋善断,知人善任,做好团结协调工作。党委成员要增强全局观念,切实履行职责,积极参与集体领导,落实集体领导下的个人分工负责制。领导干部不论职位高低,都不允许凌驾于组织之上,独断专行,都不允许违背集体决定自行其是,擅自行动。坚决克服议而不决、决而不行、内耗严重等软弱涣散现象。

总揽全局、协调各方,是中央和地方各级党委在同级各种组织中发挥核心领导作用的基本原则,必须始终坚持。党委要把坚持党的领导同发扬人民民主、严格依法办事、尊重客观规律有机地统一起来,善于协调关系,凝聚力量,调动各方面积极性,支持同级各种组织依照法律和各自章程开展工作,充分发挥作用。各级人大、政府、政协和人民团体以及其他组织中的党组织和党员干部,都要增强党的观念,坚决贯彻执行党的路线方针政策和党委的决定。坚持和完善人民代表大会制度和共产党领导的多党合作、政治协商制度,坚决抵制西方多党制和三权鼎立等政治模式的影响。

党和国家的集中统一,是全国各族人民的根本利益所在,必须坚决维护。国际环境的深刻变化,改革开放和社会主义市场经济的深入发展,对维护党和国家的集中统一提出了新的要求。要坚持个人服从组织、少数服从多数、下级组织服从上级组织、全党服从党的全国代表大会和中央委员会的原则。“四个服从”最重要的是全党服从中央。党和国家的指导思想、奋斗目标、大政方针和法律制度以及重要工作部署,全党全国必须统一。各地方、各部门都要在大局下行动。改革体制、建立制度、制定政策、决定重大事项,既要发扬民主,调动各方面积极性,又要坚决维护党和国家的集中统一,防止和纠正分散主义倾向。不允许把自己管理的地方、部门和单位,搞成不听党的统一指挥、不受组织约束和群众监督的"领地"。不允许有令不行、有禁不止，搞"上有政策、下有对策"，搞地方和部门保护主义。不允许制定与中央政策和国家法律法规相抵触的规定。不论什么人，不论哪一级组织，违反和破坏民主集中制都应受到严肃批评和处理。

七、坚持党的纪律，反对自由主义

纪律严明是贯彻党的路线、维护党的团结统一、完成党的任务的重要保证。我们党是靠革命理想和铁的纪律组织起来的马克思主义政党，只有纪律严明，才能步调一致地前进。全党必须自觉遵守和维护党的纪律，同一切违反党的纪律的行为作坚决斗争。

政治纪律是党的最重要的纪律。党的各级组织和全体党员必须坚持党的基本路线，自觉同党中央保持高度一致，维护中央权威，保证中央政令畅通。对党的决议和政策如有不同意见，在坚决执行的前提下，可以声明保留，并且可以向党的上级组织直至中央提出，但不得公开发表同中央决定相反的意见。坚决反对阳奉阴违，搞当面一套、背后一套的两面派行为。不允许编造、传播政治谣言及丑化党和国家形象的言论。禁止参与各种非法组织和非法活动。党的组织、宣传、群众、财经、外事、保密工作等方面的纪律，全党都要严格遵守。

批评与自我批评，是我们党抵御各种政治灰尘和腐朽思想侵蚀、纠正自身错误、解决党内矛盾、维护党的纪律的有效方法，也是我们党光明磊落、富有生命力的重要体现。全党同志必须正确运用这一武器，开展积极的思想斗争，坚持真理，修正错误，惩前毖后，治病救人。进一步健全党内生活制度，开好民主生活会。借鉴"三讲"教育开门整风的经验，经常听取群众对领导工作和领导干部的意见，接受群众评议。领导班子要经常开展批评与自我批评，进行开诚布公的谈心活动，做到知无不言，言无不尽，言者无罪，闻者足戒。发现问题，及早提醒，及时纠正。领导干部要坚持党性原则，积极宣传党的路线方针政策，勇于揭露和纠正工作中的缺点与错误，反对明哲保身、怕得罪人的好人主义；要正确对待不同意见，不得压制批评，更不准打击报复。

坚持纪律面前人人平等，严格执行党的纪律。党的各级组织要担负起维护和执行党的纪律的政治责任，定期向上级党委报告执行纪律的情况。任何党员违反党的纪律，都要给予批评教育或纪律处分；对公开发表反对党的基本理论、基本路线、基本纲领的言论，经教育不改的，要清除出党。对有案不查、有纪不依，甚至替违纪违法者说情开脱、袒护包庇的，要坚决纠正和查处。党的各级纪律检查机关要加强对遵守和执行纪律情况的监督检查。

全体党员要增强纪律观念和法制观念，自觉用党纪国法规范自己的行为。

遵守党的章程和纪律，是党的各级组织和每个共产党员应尽的义务与责任。依法治国是党领导人民治理国家的基本方略，党的各级组织都必须在宪法和法律的范围内活动。党员干部要努力学习和掌握党章党规和国家法律法规，做遵纪守法和依法办事的模范。

八、坚持清正廉洁，反对以权谋私

立党为公、执政为民，是党的性质和宗旨决定的，是党的作风建设的根本目的。党员干部廉洁从政，直接关系人心向背和党的执政地位的巩固。必须围绕为人民掌好权、用好权这个根本问题，坚持标本兼治、综合治理，注重从源头上预防和解决腐败问题，进一步推进党风廉政建设。

加强理想信念和廉洁从政的教育。党员干部要坚定共产主义的远大理想，坚定建设有中国特色社会主义的信念，牢记全心全意为人民服务的宗旨，正确对待权力、地位和自身利益，做人民的公仆。要在思想上解决好参加革命是为什么、现在当干部应该做什么、将来身后留点什么的问题，自觉抵制各种剥削阶级腐朽思想的侵蚀，增强拒腐防变的能力。领导干部要以身作则，廉洁自律，管好自己，管好配偶、子女和身边工作人员，管好分管地区、部门和单位的党风廉政建设。大力宣传清正廉洁、克己奉公、敢于同腐败现象作斗争的党员干部的模范事迹，弘扬正气。深刻剖析典型腐败案件，进行警示教育。

保证党的各级干部为人民掌好权、用好权，必须加强党内监督。切实保障党员享有党章规定的批评权、检举权、申诉权和控告权等权利，充分发挥党员的民主监督作用。建立健全党内民主监督的程序和制度，健全定期报告工作和廉洁从政情况的制度。中央和各省、自治区、直辖市党委要逐步建立巡视制度，把下一级领导班子特别是主要负责人的廉政勤政情况作为重要内容，进行监督检查。改革和完善党的纪律检查体制。纪律检查机关对派出机构实行统一管理。加强纪律检查机关的内部监督。抓紧制定中国共产党党内监督条例。

拓宽民主渠道，依靠广大群众，把权力运行置于有效监督之下。积极推行政务公开、厂务公开、村务公开和民主评议、质询听证等民主形式，充分发挥以城乡基层群众性自治组织和职工代表大会为基本形式的基层民主的作用。健全举报制度，认真办理举报事项，保障举报人的合法权益。进一步加强法律监督、群众监督，发挥民主党派的监督作用和舆论监督的作用，推动党风廉政建设。

建立结构合理、配置科学、程序严密、制约有效的权力运行机制，保证权力沿着制度化和法制化的轨道运行，是防止以权谋私的根本举措。改革行政审批制度，规范行政审批行为。深化财税、投融资、金融体制改革，规范财经秩序，加强资金监管。推行和完善部门预算、国库集中收付、政府采购、招投标等制度。出台重大的改革措施和政策，制定有关法律和法规，要周密论证，把预防腐败寓于决策之中。认真落实党风廉政建设责任制，对发生重大案件和对重大案件不及时查处的地方和单位，不仅要追究直接责任人的责任，还要根据具体情况追究有关领导的责任。

党的各级组织和领导干部必须旗帜鲜明地反对腐败。坚决查处以权谋私案件，严惩腐败分子。重点查处党政领导机关、行政执法机关、司法机关、经济管理部门和县（处）级以上领导干部中贪污受贿、徇私枉法、买官卖官的案件。严肃查处基层干部中的违纪违法案件特别是侵害国家、集体和群众利益的案件。集中力量查处大案要案，不管涉及谁，不论职位多高、权力多大，都要一查到底，依纪依法严厉惩处，绝不手软。党内绝不允许有腐败分子的藏身之地。要以党风廉政建设和反腐败斗争的实际成果取信于人民。

九、坚持艰苦奋斗，反对享乐主义

艰苦奋斗是党的优良传统，是党团结和带领人民实现国家富强、民族振兴的强大精神力量，对抵御各种腐朽思想侵蚀、保持党和国家政权永不变质具有重大意义。全党同志必须始终与人民同甘共苦，为实现宏伟目标不懈奋斗。

坚持艰苦奋斗，就要发扬不畏艰难、奋力拼搏、克己奉公、甘于奉献的革命精神。领导干部要吃苦在前，享受在后，带领群众创造美好生活。办一切事情都要遵循勤俭节约、艰苦创业的原则，量力而行，精打细算，讲求实效。领导机关和领导干部的工作条件只能随着经济发展而逐步改善，要把资金更多地用于发展经济和改善人民生活。反对讲排场，比阔气，铺张浪费。

要树立革命的人生观，养成良好的生活作风，始终保持共产党人的高尚情操和革命气节。领导干部的生活作风不是小事。一些干部道德操守不佳，行为不检点，影响党的形象和威信。一些人走上腐化堕落、违法犯罪的道路，往往是从贪图安逸、追求享乐开始的。党员干部要加强思想道德修养，培养积极向上的生活情趣，做到自重、自省、自警、自励。要自觉抵御拜金主义、享乐主义、极端个人主义的侵蚀，做到一身正气，一尘不染，以共产党人的高风亮节和人格力量影响和带动群众。

改革完善管理体制和制度，刹住奢侈享乐之风。禁止用公款大吃大喝、游山玩水和进行高消费娱乐，禁止巧立名目出国旅游。不得违反规定修建楼堂馆所，违者坚决没收，并追究领导责任。强化预算管理和审计监督，经费按预算支出，不得随意追加。加强财政专户管理，逐步实行预算内外资金统管的财政综合预算。清理和取消"小金库"，严禁设立账外账。坚决执行党政机关与所办经营性经济实体脱钩的规定。执收执罚部门都要严格执行收支两条线制度。上级机关不得向下级机关、党政机关不得向企事业单位以各种方式转移费用负担。按照公开、规范的原则,进一步改革完善福利待遇制度和公务活动接待制度。

十、坚持任人唯贤,反对用人上的不正之风

坚持任人唯贤,是加强和改进党的作风建设的组织保证。用什么人,不用什么人,对党的作风建设具有重要的导向作用。必须全面贯彻干部队伍革命化、年轻化、知识化、专业化的方针和德才兼备的原则,加快干部人事制度改革步伐,完善制度,健全机制,坚持用好的作风选人、选作风好的人。

坚持党管干部原则,改进干部管理方法。进一步扩大干部工作中的民主,落实群众对干部选拔任用的知情权、参与权、选择权和监督权。扩大民主推荐、民意测验和民主评议的范围,改进方法,提高质量。认真推行党政领导干部任前公示制和任职试用期制。市(地)、县(市)党委、政府领导班子正职的拟任人选和推荐人选,逐步做到由上一级党委常委会提名,党的委员会全体会议审议,进行无记名投票表决;在全会闭会期间,可由党委常委会作出决定,在决定前要征求全委会成员的意见。各级党委决定其他干部的任免,也要在充分酝酿和协商的基础上进行表决。坚持公开、平等、竞争、择优的原则,促进干部奋发工作,能上能下。积极推行公开选拔、竞争上岗等措施,完善干部交流、轮岗和回避制度。抓紧建立健全党政领导职务任期制度和领导干部的引咎辞职、责令辞职制度。制定不称职干部的具体认定标准,加大调整不称职干部的力度。

加强对干部选拔任用工作的监督,是选贤任能的关键。认真执行并进一步完善党政领导干部选拔任用工作制度,对干部的推荐提名、考察考核、讨论决定等各个环节实行全过程监督。完善干部考核制度和方法,逐步实行干部考察预告制度和差额考察制度。发挥群众监督的作用,凡是群众反映的内容具体、情节严重的问题,要认真调查核实。逐步建立健全干部选拔任用工作责任追究制度,对用人失察失误造成严重后果的要追究责任。

要把干部在作风方面的表现作为选拔任用的重要依据。对那些认真贯彻执行党的路线方针政策、开拓进取、实绩突出、清正廉洁、群众拥护的干部,要委以重任。对那些脱离群众、脱离实际、搞形式主义和官僚主义的人,作风飘浮、不干实事、弄虚作假的人,因循守旧、照抄照搬、不思进取的人,作风霸道、不顾大局、闹不团结的人,任人唯亲、拉帮结伙、跑官要官的人,贪图享乐、铺张浪费、以权谋私的人,不仅不能提拔使用,而且要严肃批评教育,直至作出组织处理和纪律处分。

各级党委及其组织部门必须严格遵循干部工作原则。坚持任人唯贤,不

准任人唯亲；坚持五湖四海，不准搞团团伙伙；坚持公道正派，不准拉关系、徇私情；坚持集体讨论决定，不准个人或少数人说了算；坚持按程序办事，不准临时动议。考察干部要全面深入，既要看工作实绩，也要看品德作风，既要了解在本单位的表现，也要了解在社会生活方面的情况。要敢于反映真实情况，自觉抵制用人上的不正之风，以坚强的党性、优良的作风为党和人民把好选人用人关。

十一、加强对作风建设的领导

适应新形势新任务的要求，大力加强和改进党的作风建设，是中央的一项重大决策。各级党委要把加强和改进党的作风建设摆上重要议程，坚决贯彻落实中央部署。

加强和改进党的作风建设，要服务大局，整体推进，从严要求，标本兼治。要紧紧围绕经济建设这个中心，把党的作风建设同思想建设、组织建设结合起来，带动和促进政风、行业风气和社会风气建设。坚持一靠教育，二靠制度，严格要求、严格教育、严格管理、严格监督，从源头上预防和治理各种不良作风。要继承和发扬党的优良传统，积极探索党的作风建设的新路子，努力培育符合时代要求的新的作风，大力弘扬和展示新时期共产党人的风范。

各级党组织要抓紧落实本决定精神。明令禁止的，要立即停止；能够做到的，要马上去办；需要统筹兼顾逐步解决的，要创造条件积极推进。各级领导干部要身体力行，尽快从文山会海中解脱出来，从繁杂的应酬中摆脱出来，深入实际，深入群众，切实解决存在的突出问题和群众生产生活中的困难。中央有关部门要对精简会议和文件、简化公务接待、严禁用公款吃喝旅游、停止形式主义的达标评比、改进会议和领导干部活动的新闻报道等进一步制定具体办法。各地区、各部门要根据各自实际，在加强学习和教育、密切联系群众、深入调查研究、深化干部人事制度改革、完善监督机制和各类责任追究制度、健全党委工作规范等方面，采取有力措施，加大工作力度，认真加以实施，并进行经常性的督促检查，确保本决定各项要求落到实处。中央要派出工作组，对落实情况进行检查。

领导机关、领导班子、领导干部要在作风建设中起表率作用。要求全党做到的，中央和各级领导机关要首先做到；要求下级做到的，上级要首先做到，一级带一级，一级抓一级，作出榜样，抓出成效。要把贯彻本决定精神同学习贯彻江泽民同志在庆祝中国共产党成立八十周年大会上的讲话精神结合起来，抓好落实。坚持党委统一领导、部门各负其责、依靠群众支持和参与的领导体制和工作机制，协调一致，齐抓共管，进一步在全党和全社会形成健康向上的良好风气。

中国人民解放军和中国人民武装警察部队党的作风建设工作，由中央军委按照本决定精神作出部署。

当前，我国经济繁荣，民族团结，社会稳定，正处在全面发展的重要时期。我们党有科学的理论和正确的路线，有八十年奋斗积累的优良作风和宝贵经验，特别是改革开放以来的新鲜经验，有全党同志加强和改进作风建设的迫切愿望和共同努力，有人民群众的信任和支持，我们完全有信心有能力把党的作风建设提高到一个新的水平。

中央号召，全党紧密团结在以江泽民同志为核心的党中央周围，高举邓小平理论伟大旗帜，认真实践"三个代表"重要思想，以新的精神风貌，开拓进取，扎实工作，夺取建设有中国特色社会主义事业的更大胜利！

中国共产党党内监督条例

2016年10月27日中国共产党第十八届中央委员会第六次全体会议通过

第一章　总　　则

第一条　为坚持党的领导，加强党的建设，全面从严治党，强化党内监督，保持党的先进性和纯洁性，根据《中国共产党章程》，制定本条例。

第二条　党内监督以马克思列宁主义、毛泽东思想、邓小平理论、"三个代表"重要思想、科学发展观为指导，深入贯彻习近平总书记系列重要讲话精神，围绕统筹推进"五位一体"总体布局和协调推进"四个全面"战略布局，尊崇党章，依规治党，坚持党内监督和人民群众监督相结合，增强党在长期执政条件下自我净化、自我完善、自我革新、自我提高能力，确保党始终成为中国特色社会主义事业的坚强领导核心。

第三条　党内监督没有禁区、没有例外。信任不能代替监督。各级党组织应当把信任激励同严格监督结合起来，促使党的领导干部做到有权必有责、有责要担当，用权受监督、失责必追究。

第四条　党内监督必须贯彻民主集中制，依规依纪进行，强化自上而下的组织监督，改进自下而上的民主监督，发挥同级相互监督作用。坚持惩前毖后、治病救人，抓早抓小、防微杜渐。

第五条　党内监督的任务是确保党章党规党纪在全党有效执行，维护党的团结统一，重点解决党的领导弱化、党的建设缺失、全面从严治党不力，党的观念淡漠、组织涣散、纪律松弛、管党治党宽松软问题，保证党的组织充分履行职能、发挥核心作用，保证全体党员发挥先锋模范作用，保证党的领导干部忠诚干净担当。

党内监督的主要内容是：

（一）遵守党章党规，坚定理想信念，践行党的宗旨，模范遵守宪法法律情况；

（二）维护党中央集中统一领导，牢固树立政治意识、大局意识、核心意识、看齐意识，贯彻落实党的理论和路线方针政策，确保全党令行禁止情况；

（三）坚持民主集中制，严肃党内政治生活，贯彻党员个人服从党的组织，少数服从多数，下级组织服从上级组织，全党各个组织和全体党员服从党的全国代表大会和中央委员会原则情况；

（四）落实全面从严治党责任，严明党的纪律特别是政治纪律和政治规矩，推进党风廉政建设和反腐败工作情况；

（五）落实中央八项规定精神，加强作风建设，密切联系群众，巩固党的执政基础情况；

（六）坚持党的干部标准，树立正确选人用人导向，执行干部选拔任用工作规定情况；

（七）廉洁自律、秉公用权情况；

（八）完成党中央和上级党组织部署的任务情况。

第六条 党内监督的重点对象是党的领导机关和领导干部特别是主要领导干部。

第七条 党内监督必须把纪律挺在前面，运用监督执纪“四种形态”，经常开展批评和自我批评、约谈函询，让“红红脸、出出汗”成为常态；党纪轻处分、组织调整成为违纪处理的大多数；党纪重处分、重大职务调整的成为少数；严重违纪涉嫌违法立案审查的成为极少数。

第八条 党的领导干部应当强化自我约束，经常对照党章检查自己的言行，自觉遵守党内政治生活准则、廉洁自律准则，加强党性修养，陶冶道德情操，永葆共产党人政治本色。

第九条 建立健全党中央统一领导，党委（党组）全面监督，纪律检查机关专责监督，党的工作部门职能监督，党的基层组织日常监督，党员民主监督的党内监督体系。

第二章 党的中央组织的监督

第十条 党的中央委员会、中央政治局、中央政治局常务委员会全面领导党内监督工作。中央委员会全体会议每年听取中央政治局工作报告，监督中央政治局工作，部署加强党内监督的重大任务。

第十一条　中央政治局、中央政治局常务委员会定期研究部署在全党开展学习教育,以整风精神查找问题、纠正偏差;听取和审议全党落实中央八项规定精神情况汇报,加强作风建设情况监督检查;听取中央纪律检查委员会常务委员会工作汇报;听取中央巡视情况汇报,在一届任期内实现中央巡视全覆盖。中央政治局每年召开民主生活会,进行对照检查和党性分析,研究加强自身建设措施。

第十二条　中央委员会成员必须严格遵守党的政治纪律和政治规矩,发现其他成员有违反党章、破坏党的纪律、危害党的团结统一的行为应当坚决抵制,并及时向党中央报告。对中央政治局委员的意见,署真实姓名以书面形式或者其他形式向中央政治局常务委员会或者中央纪律检查委员会常务委员会反映。

第十三条　中央政治局委员应当加强对直接分管部门、地方、领域党组织和领导班子成员的监督,定期同有关地方和部门主要负责人就其履行全面从严治党责任、廉洁自律等情况进行谈话。

第十四条　中央政治局委员应当严格执行中央八项规定,自觉参加双重组织生活,如实向党中央报告个人重要事项。带头树立良好家风,加强对亲属和身边工作人员的教育和约束,严格要求配偶、子女及其配偶不得违规经商办企业,不得违规任职、兼职取酬。

第三章　党委(党组)的监督

第十五条　党委(党组)在党内监督中负主体责任,书记是第一责任人,党委常委会委员(党组成员)和党委委员在职责范围内履行监督职责。党委(党组)履行以下监督职责:

(一)领导本地区本部门本单位党内监督工作,组织实施各项监督制度,抓好督促检查;

(二)加强对同级纪委和所辖范围内纪律检查工作的领导,检查其监督执纪问责工作情况;

(三)对党委常委会委员(党组成员)、党委委员,同级纪委、党的工作部门和直接领导的党组织领导班子及其成员进行监督;

(四)对上级党委、纪委工作提出意见和建议,开展监督。

第十六条　党的工作部门应当严格执行各项监督制度,加强职责范围内党内监督工作,既加强对本部门本单位的内部监督,又强化对本系统的日常监督。

第十七条　党内监督必须加强对党组织主要负责人和关键岗位领导干部的监督,重点监督其政治立场、加强党的建设、从严治党,执行党的决议,公道正派选人用人,责任担当、廉洁自律,落实意识形态工作责任制情况。

上级党组织特别是其主要负责人，对下级党组织主要负责人应当平时多过问、多提醒，发现问题及时纠正。领导班子成员发现班子主要负责人存在问题，应当及时向其提出，必要时可以直接向上级党组织报告。

党组织主要负责人个人有关事项应当在党内一定范围公开，主动接受监督。

第十八条 党委（党组）应当加强对领导干部的日常管理监督，掌握其思想、工作、作风、生活状况。党的领导干部应当经常开展批评和自我批评，敢于正视、深刻剖析、主动改正自己的缺点错误；对同志的缺点错误应当敢于指出，帮助改进。

第十九条 巡视是党内监督的重要方式。中央和省、自治区、直辖市党委一届任期内，对所管理的地方、部门、企事业单位党组织全面巡视。巡视党的组织和党的领导干部尊崇党章、党的领导、党的建设和党的路线方针政策落实情况，履行全面从严治党责任、执行党的纪律、落实中央八项规定精神、党风廉政建设和反腐败工作以及选人用人情况。发现问题、形成震慑，推动改革、促进发展，发挥从严治党利剑作用。

中央巡视工作领导小组应当加强对省、自治区、直辖市党委，中央有关部委，中央国家机关部门党组（党委）巡视工作的领导。省、自治区、直辖市党委应当推动党的市（地、州、盟）和县（市、区、旗）委员会建立巡察制度，使从严治党向基层延伸。

第二十条 严格党的组织生活制度，民主生活会应当经常化，遇到重要或者普遍性问题应当及时召开。民主生活会重在解决突出问题，领导干部应当在会上把群众反映、巡视反馈、组织约谈函询的问题说清楚、谈透彻，开展批评和自我批评，提出整改措施，接受组织监督。上级党组织应当加强对下级领导班子民主生活会的指导和监督，提高民主生活会质量。

第二十一条 坚持党内谈话制度，认真开展提醒谈话、诫勉谈话。发现领导干部有思想、作风、纪律等方面苗头性、倾向性问题的，有关党组织负责人应当及时对其提醒谈话；发现轻微违纪问题的，上级党组织负责人应当对其诫勉谈话，并由本人作出说明或者检讨，经所在党组织主要负责人签字后报上级纪委和组织部门。

第二十二条 严格执行干部考察考核制度，全面考察德、能、勤、绩、廉表现，既重政绩又重政德，重点考察贯彻执行党中央和上级党组织决策部署的表现，履行管党治党责任，在重大原则问题上的立场，对待人民群众的态度，完成急难险重任务的情况。考察考核中党组织主要负责人应当对班子成员实事求是作出评价。考核评语在同本人见面后载入干部档案。落实党组织主要负责人在干部选任、考察、决策等各个环节的责任，对失察失责的应当严肃追究责任。

第二十三条　党的领导干部应当每年在党委常委会（或党组）扩大会议上述责述廉，接受评议。述责述廉重点是执行政治纪律和政治规矩、履行管党治党责任、推进党风廉政建设和反腐败工作以及执行廉洁纪律情况。述责述廉报告应当载入廉洁档案，并在一定范围内公开。

第二十四条　坚持和完善领导干部个人有关事项报告制度，领导干部应当按规定如实报告个人有关事项，及时报告个人及家庭重大情况，事先请示报告离开岗位或者工作所在地等。有关部门应当加强抽查核实。对故意虚报瞒报个人重大事项、篡改伪造个人档案资料的，一律严肃查处。

第二十五条　建立健全党的领导干部插手干预重大事项记录制度，发现利用职务便利违规干预干部选拔任用、工程建设、执纪执法、司法活动等问题，应当及时向上级党组织报告。

第四章　党的纪律检查委员会的监督

第二十六条　党的各级纪律检查委员会是党内监督的专责机关，履行监督执纪问责职责，加强对所辖范围内党组织和领导干部遵守党章党规党纪、贯彻执行党的路线方针政策情况的监督检查，承担下列具体任务：

（一）加强对同级党委特别是常委会委员、党的工作部门和直接领导的党组织、党的领导干部履行职责、行使权力情况的监督；

（二）落实纪律检查工作双重领导体制，执纪审查工作以上级纪委领导为主，线索处置和执纪审查情况在向同级党委报告的同时向上级纪委报告，各级纪委书记、副书记的提名和考察以上级纪委会同组织部门为主；

（三）强化上级纪委对下级纪委的领导，纪委发现同级党委主要领导干部的问题，可以直接向上级纪委报告；下级纪委至少每半年向上级纪委报告1次工作，每年向上级纪委进行述职。

第二十七条　纪律检查机关必须把维护党的政治纪律和政治规矩放在首位，坚决纠正和查处上有政策、下有对策，有令不行、有禁不止，口是心非、阳奉阴违，搞团团伙伙、拉帮结派，欺骗组织、对抗组织等行为。

第二十八条　纪委派驻纪检组对派出机关负责，加强对被监督单位领导班子及其成员、其他领导干部的监督，发现问题应当及时向派出机关和被监督单位党组织报告，认真负责调查处置，对需要问责的提出建议。

派出机关应当加强对派驻纪检组工作的领导，定期约谈被监督单位党组织主要负责人、派驻纪检组组长，督促其落实管党治党责任。

派驻纪检组应当带着实际情况和具体问题，定期向派出机关汇报工作，至少每半年会同被监督单位党组织专题研究1次党风廉政建设和反腐败工作。

对能发现的问题没有发现是失职,发现问题不报告、不处置是渎职,都必须严肃问责。

第二十九条 认真处理信访举报,做好问题线索分类处置,早发现早报告,对社会反映突出、群众评价较差的领导干部情况及时报告,对重要检举事项应当集体研究。定期分析研判信访举报情况,对信访反映的典型性、普遍性问题提出有针对性的处置意见,督促信访举报比较集中的地方和部门查找分析原因并认真整改。

第三十条 严把干部选拔任用"党风廉洁意见回复"关,综合日常工作中掌握的情况,加强分析研判,实事求是评价干部廉洁情况,防止"带病提拔"、"带病上岗"。

第三十一条 接到对干部一般性违纪问题的反映,应当及时找本人核实,谈话提醒、约谈函询,让干部把问题讲清楚。约谈被反映人,可以与其所在党组织主要负责人一同进行;被反映人对函询问题的说明,应当由其所在党组织主要负责人签字后报上级纪委。谈话记录和函询回复应当认真核实,存档备查。没有发现问题的应当了结澄清,对不如实说明情况的给予严肃处理。

第三十二条 依规依纪进行执纪审查,重点审查不收敛不收手,问题线索反映集中、群众反映强烈,现在重要岗位且可能还要提拔使用的领导干部,三类情况同时具备的是重中之重。执纪审查应当查清违纪事实,让审查对象从学习党章入手,从理想信念宗旨、党性原则、作风纪律等方面检查剖析自己,审理报告应当事实清楚、定性准确,反映审查对象思想认识情况。

第三十三条 对违反中央八项规定精神的,严重违纪被立案审查开除党籍的,严重失职失责被问责的,以及发生在群众身边、影响恶劣的不正之风和腐败问题,应当点名道姓通报曝光。

第三十四条 加强对纪律检查机关的监督。发现纪律检查机关及其工作人员有违反纪律问题的,必须严肃处理。各级纪律检查机关必须加强自身建设,健全内控机制,自觉接受党内监督、社会监督、群众监督,确保权力受到严格约束。

第五章 党的基层组织和党员的监督

第三十五条 党的基层组织应当发挥战斗堡垒作用,履行下列监督职责:

(一)严格党的组织生活,开展批评和自我批评,监督党员切实履行义务,保障党员权利不受侵犯;

(二)了解党员、群众对党的工作和党的领导干部的批评和意见,定期向上级党组织反映情况,提出意见和建议;

(三)维护和执行党的纪律,发现党员、干部违反纪律问题及时教育或者处理,问题严重的应当向上级党组织报告。

第三十六条　党员应当本着对党和人民事业高度负责的态度，积极行使党员权利，履行下列监督义务：

（一）加强对党的领导干部的民主监督，及时向党组织反映群众意见和诉求；

（二）在党的会议上有根据地批评党的任何组织和任何党员，揭露和纠正工作中存在的缺点和问题；

（三）参加党组织开展的评议领导干部活动，勇于触及矛盾问题、指出缺点错误，对错误言行敢于较真、敢于斗争；

（四）向党负责地揭发、检举党的任何组织和任何党员违纪违法的事实，坚决反对一切派别活动和小集团活动，同腐败现象作坚决斗争。

第六章　党内监督和外部监督相结合

第三十七条　各级党委应当支持和保证同级人大、政府、监察机关、司法机关等对国家机关及公职人员依法进行监督，人民政协依章程进行民主监督，审计机关依法进行审计监督。有关国家机关发现党的领导干部违反党规党纪、需要党组织处理的，应当及时向有关党组织报告。审计机关发现党的领导干部涉嫌违纪的问题线索，应当向同级党组织报告，必要时向上级党组织报告，并按照规定将问题线索移送相关纪律检查机关处理。

在纪律审查中发现党的领导干部严重违纪涉嫌违法犯罪的，应当先作出党纪处分决定，再移送行政机关、司法机关处理。执法机关和司法机关依法立案查处涉及党的领导干部案件，应当向同级党委、纪委通报；该干部所在党组织应当根据有关规定，中止其相关党员权利；依法受到刑事责任追究，或者虽不构成犯罪但涉嫌违纪的，应当移送纪委依纪处理。

第三十八条　中国共产党同各民主党派长期共存、互相监督、肝胆相照、荣辱与共。各级党组织应当支持民主党派履行监督职能，重视民主党派和无党派人士提出的意见、批评、建议，完善知情、沟通、反馈、落实等机制。

第三十九条　各级党组织和党的领导干部应当认真对待、自觉接受社会监督，利用互联网技术和信息化手段，推动党务公开、拓宽监督渠道，虚心接受群众批评。新闻媒体应当坚持党性和人民性相统一，坚持正确导向，加强舆论监督，对典型案例进行剖析，发挥警示作用。

第七章　整改和保障

第四十条　党组织应当如实记录、集中管理党内监督中发现的问题和线索，及时了解核实，作出相应处理；不属于本级办理范围的应当移送有权限的党组织处理。

第四十一条　党组织对监督中发现的问题应当做到条条要整改、件件有着落。

整改结果应当及时报告上级党组织，必要时可以向下级党组织和党员通报，并向社会公开。

对于上级党组织交办以及巡视等移交的违纪问题线索，应当及时处理，并在3个月内反馈办理情况。

第四十二条 党委（党组）、纪委（纪检组）应当加强对履行党内监督责任和问题整改落实情况的监督检查，对不履行或者不正确履行党内监督职责，以及纠错、整改不力的，依照《中国共产党纪律处分条例》、《中国共产党问责条例》等规定处理。

第四十三条 党组织应当保障党员知情权和监督权，鼓励和支持党员在党内监督中发挥积极作用。提倡署真实姓名反映违纪事实，党组织应当为检举控告者严格保密，并以适当方式向其反馈办理情况。对干扰妨碍监督、打击报复监督者的，依纪严肃处理。

第四十四条 党组织应当保障监督对象的申辩权、申诉权等相关权利。经调查，监督对象没有不当行为的，应当予以澄清和正名。对以监督为名侮辱、诽谤、诬陷他人的，依纪严肃处理；涉嫌犯罪的移送司法机关处理。监督对象对处理决定不服的，可以依照党章规定提出申诉。有关党组织应当认真复议复查，并作出结论。

第八章 附 则

第四十五条 中央军事委员会可以根据本条例，制定相关规定。

第四十六条 本条例由中央纪律检查委员会负责解释。

第四十七条 本条例自发布之日起施行。

中国共产党党务公开条例（试行）

1. 2017年11月30日中共中央政治局会议审议批准

2. 2017年12月20日中共中央发布

第一章 总 则

第一条 为了贯彻落实党的十九大精神，推动全面从严治党向纵深发展，加强和规范党务公开工作，发展党内民主，强化党内监督，使广大党员更好了解和参与党内事务，动员组织人民群众贯彻落实好党的理论和路线方针政策，提高党的执政能力和领导水平，根据《中国共产党章程》，制定本条例。

第二条 本条例所称党务公开，是指党的组织将其实施党的领导活动、加强党的建设工作的有关事务，按规定在党内或者向党外公开。

第三条　本条例适用于党的中央组织、地方组织、基层组织，党的纪律检查机关、工作机关以及其他党的组织。

第四条　党务公开应当遵循以下原则：

（一）坚持正确方向。坚持维护以习近平同志为核心的党中央权威和集中统一领导，认真贯彻落实习近平新时代中国特色社会主义思想，牢固树立“四个意识”，坚定“四个自信”，把党务公开放到新时代中国特色社会主义的伟大实践中来谋划和推进，把坚持和完善党的领导要求贯彻到党务公开的全过程和各方面。

（二）坚持发扬民主。保障党员民主权利，落实党员知情权、参与权、选举权、监督权，更好调动全党积极性、主动性、创造性，及时回应党员和群众关切，以公开促落实、促监督、促改进。

（三）坚持积极稳妥。注重党务公开与政务公开等的衔接联动，统筹各层级、各领域党务公开工作，一般先党内后党外，分类实施，务求实效。

（四）坚持依规依法。尊崇党章，依规治党，依法办事，科学规范党务公开的内容、范围、程序和方式，增强严肃性、公信度，不断提升党务公开工作制度化、规范化水平。

第五条　建立健全党中央统一领导，地方党委分级负责，各部门各单位各负其责的党务公开工作领导体制。

中央办公厅承担党中央党务公开的具体工作，负责统筹协调和督促指导整个党务公开工作。地方党委办公厅（室）承担本级党委党务公开的具体工作，负责统筹协调和督促指导本地区的党务公开工作。各地区各部门应当加强党务公开工作机构和人员队伍建设。

第六条　党的组织应当根据所承担的职责任务，建立健全党务公开的保密审查、风险评估、信息发布、政策解读、舆论引导、舆情分析、应急处置等工作机制。

第二章　公开的内容和范围

第七条　党的组织贯彻落实党的基本理论、基本路线、基本方略情况，领导经济社会发展情况，落实全面从严治党责任、加强党的建设情况，以及党的组织职能、机构等情况，除涉及党和国家秘密不得公开或者依照有关规定不宜公开的事项外，一般应当公开。

加强对权力运行的制约和监督，让人民监督权力，让权力在阳光下运行。

党务公开不得危及政治安全特别是政权安全、制度安全，以及经济安全、军事安全、文化安全、社会安全、国土安全和国民安全等。

第八条　党的组织应当根据党务与党员和群众的关联程度合理确定公开范围：

（一）领导经济社会发展、涉及人民群众生产生活的党务，向社会公开；

（二）涉及党的建设重大问题或者党员义务权利，需要全体党员普遍知悉和遵守执行的党务，在全党公开；

（三）各地区、各部门、各单位的党务，在本地区、本部门、本单位公开；

（四）涉及特定党的组织、党员和群众切身利益的党务，对特定党的组织、党员和群众公开。

第九条 党的中央组织公开党的理论和路线方针政策，管党治党、治国理政重大决策部署，习近平总书记有关重要讲话、重要指示，党中央重要会议、活动和重要人事任免，党的中央委员会、中央政治局、中央政治局常务委员会加强自身建设等情况。

第十条 党的地方组织应当公开以下内容：

（一）学习贯彻党中央和上级组织决策部署，坚决维护以习近平同志为核心的党中央权威和集中统一领导情况；

（二）本地区经济社会发展部署安排、重大改革事项、重大民生措施等重大决策和推进落实情况，以及重大突发事件应急处置情况；

（三）履行全面从严治党主体责任，坚持贯彻民主集中制原则，严肃党内政治生活，全面负责本地区党的建设情况；

（四）本地区党的重要会议、活动和重要人事任免情况；

（五）党的地方委员会加强自身建设情况；

（六）其他应当公开的党务。

第十一条 党的基层组织应当公开以下内容：

（一）学习贯彻党中央和上级组织决策部署，坚决维护以习近平同志为核心的党中央权威和集中统一领导情况；

（二）任期工作目标、阶段性工作部署、重点工作任务及落实情况；

（三）加强思想政治工作、开展党内学习教育、组织党员教育培训、执行“三会一课”制度等情况；

（四）换届选举、党组织设立、发展党员、民主评议、召开组织生活会、保障党员权利、党费收缴使用管理以及党组织自身建设等情况；

（五）防止和纠正“四风”现象，联系服务党员和群众情况；

（六）落实管党治党政治责任，加强党风廉政建设，对党员作出组织处理和纪律处分情况；

（七）其他应当公开的党务。

第十二条 党的纪律检查机关应当公开以下内容：

（一）学习贯彻党中央大政方针和重大决策部署，坚决维护以习近平同志为核心的党中央权威和集中统一领导，贯彻落实本级党委、上级纪律检查机关工作部署情况；

（二）开展纪律教育、加强纪律建设，维护党章党规党纪情况；

（三）查处违反中央八项规定精神，发生在群众身边、影响恶劣的不正之风和腐败问题情况；

（四）对党员领导干部严重违纪涉嫌违法犯罪进行立案审查、组织审查和给予开除党籍处分情况；

（五）对党员领导干部严重失职失责进行问责情况；

（六）加强纪律检查机关自身建设情况；

（七）其他应当公开的党务。

第十三条　党的工作机关、党委派出机关、党委直属事业单位和党组应当根据本条例第七条第一款规定，结合实际确定公开内容。

党的工作机关和党委直属事业单位应当重点公开落实党委决策部署、开展党的工作情况。

党委派出机关应当重点公开代表党委领导本地区、本领域、本行业、本系统党的工作情况。

党组应当重点公开在本单位发挥领导作用和落实党建工作责任制情况。

第十四条　党的组织应当根据本条例规定的党务公开内容和范围编制党务公开目录，并根据职责任务要求动态调整。党务公开目录应当报党的上一级组织备案，并按照规定在党内或者向社会公开。

中央纪律检查委员会、中央各部门应当加强对本系统本领域党务公开目录编制的指导。

第三章　公开的程序和方式

第十五条　凡列入党务公开目录的事项，有关党的组织应当按照以下程序及时主动公开：

（一）提出。党的组织有关部门研究提出党务公开方案，拟订公开的内容、范围、时间、方式等。

（二）审核。党的组织有关部门进行保密审查，并从必要性、准确性等方面进行审核。

（三）审批。党的组织依照职权对党务公开方案进行审批，超出职权范围的必须按程序报批。

（四）实施。党的组织有关部门按照经批准的方案实施党务公开。

第十六条　党的组织应当根据党务公开的内容和范围，选择适当的公开方式。

在党内公开的，一般采取召开会议、制发文件、编发简报、在局域网发布等方式。向社会公开的，一般采取发布公报、召开新闻发布会、接受采访，在报刊、广播、电视、互联网、新媒体、公开栏发布等方式，优先使用党报党刊、电台电视台、重点新闻网站等党的媒体进行发布。

党的中央纪律检查机关、党中央有关工作机关，县级以上地方党委以及地方纪律检查机关、地方党委有关工作机关应当建立和完善党委新闻发言人制度，逐步建立例行发布制度，及时准确发布重要党务信息。

第十七条 党务公开可以与政务公开、厂务公开、村(居)务公开、公共事业单位办事公开等方面的载体和平台实现资源共享的，应当统筹使用。

有条件的党的组织可以建立统一的党务信息公开平台。

第十八条 注重党务公开相关信息监测反馈，对引起重大舆情反应的，应当及时报告。发现有不真实、不完整、不准确的信息，应当及时加以澄清和引导。

第十九条 建立健全党员旁听党委会议、党的代表大会代表列席党委会议、党内情况通报反映、党内事务咨询、重大决策征求意见、重大事项社会公示和社会听证等制度，发展和用好党务公开新形式，不断拓展党员和群众参与党务公开的广度和深度。

第四章 监督与追责

第二十条 党的组织应当将党务公开工作情况纳入向上一级组织报告工作或者抓党建工作专题报告的重要内容。

第二十一条 党的组织应当将党务公开工作情况作为履行全面从严治党政治责任的重要内容，对下级组织及其主要负责人进行考核。

党的组织应当每年向有关党员和群众通报党务公开情况，并纳入党员民主评议范围，主动听取群众意见。

第二十二条 党的组织应当建立健全党务公开工作督查机制，开展经常性检查和专项督查，专项督查可以与党风廉政建设责任制检查考核、党建工作考核等相结合。督查情况应当在适当范围通报。

第二十三条 对违反本条例规定并造成不良后果的，应当依规依纪追究有关党的组织、党员领导干部和工作人员的责任。

第五章 附 则

第二十四条 中央军事委员会可以根据本条例，制定有关党务公开规定。

第二十五条 中央纪律检查委员会、中央各部门，各省、自治区、直辖市党委应当根据本条例制定实施细则。

第二十六条 本条例由中央办公厅会同中央组织部解释。

第二十七条 本条例自 2017 年 12 月 20 日起施行。

中国共产党巡视工作条例

1. 2015年6月26日中共中央政治局会议审议批准，2015年8月3日中共中央发布
2. 2024年1月31日中共中央政治局会议第二次修订，2024年2月8日中共中央发布

第一章　总　　则

第一条　为了坚持和加强党对巡视工作的全面领导，推进新时代巡视工作高质量发展，根据《中国共产党章程》，制定本条例。

第二条　巡视工作是上级党组织对下级党组织履行党的领导职能责任的政治监督，根本任务是坚决维护习近平总书记党中央的核心、全党的核心地位，坚决维护以习近平同志为核心的党中央权威和集中统一领导。

巡视工作坚持发现问题、形成震慑，推动改革、促进发展的方针。

第三条　巡视工作以马克思列宁主义、毛泽东思想、邓小平理论、"三个代表"重要思想、科学发展观、习近平新时代中国特色社会主义思想为指导，深入贯彻落实习近平总书记关于党的自我革命的重要思想，深刻领悟"两个确立"的决定性意义，增强"四个意识"、坚定"四个自信"、做到"两个维护"，尊崇党章，依规治党，全面贯彻党的巡视工作方针，推进政治监督具体化、精准化、常态化，发挥政治巡视利剑作用，加强巡视整改和成果运用，促进完善党和国家监督体系、健全全面从严治党体系，为深入推进党的自我革命、解决大党独有难题提供有力保障，确保党始终成为中国特色社会主义事业的坚强领导核心。

第四条　巡视工作遵循下列原则：

（一）坚持党中央集中统一领导、分级负责；

（二）坚持围绕中心、服务大局；

（三）坚持人民立场、贯彻群众路线；

（四）坚持问题导向、发扬斗争精神；

（五）坚持实事求是、依规依纪依法。

第二章　组织领导和机构职责

第五条　巡视工作在党中央集中统一领导下，实行党组织分级负责、巡视机构组织实施、纪检监察机关和组织部门协助、有关职能部门支持、被巡视党组织配合、人民群众参与的体制机制。

第六条　党的中央和省、自治区、直辖市委员会实行巡视制度，设立巡视机构，在一届任期内，对所管理的地方、部门、企事业单位党组织实现巡视全覆盖。

中央有关部委、中央国家机关部门党组(党委)和中管金融企业、中管企业、中管高校等党委(党组)根据工作需要,开展巡视工作,设立巡视机构,原则上按照党组织隶属关系和干部管理权限,对下一级单位党组织进行巡视监督。

第七条 开展巡视工作的党组织应当把巡视作为推进全面从严治党、履行全面监督职责的重要抓手,承担巡视工作的主体责任。主要职责是:

(一)贯彻落实党中央关于巡视工作的决策部署和习近平总书记关于巡视工作的重要指示要求;

(二)研究部署巡视工作的重大事项,按照权限制定巡视工作党内法规和规范性文件;

(三)审定巡视工作规划、年度计划和阶段任务安排,统筹谋划推进巡视全覆盖,定期听取巡视工作汇报;

(四)统筹加强巡视整改和成果运用;

(五)统筹构建巡视巡察上下联动工作格局;

(六)发挥巡视综合监督平台作用,推动巡视监督与其他监督贯通协调;

(七)统筹加强巡视机构和干部队伍建设;

(八)研究决定巡视工作其他重要事项。

党组织主要负责人承担巡视工作第一责任人责任。

第八条 开展巡视工作的党组织设立巡视工作领导小组。巡视工作领导小组向同级党组织负责并报告工作。

中央巡视工作领导小组组长由中央纪律检查委员会书记担任,副组长一般由中央组织部部长和中央纪律检查委员会分管日常工作的副书记担任。

省、自治区、直辖市党委巡视工作领导小组组长由同级党的纪律检查委员会书记担任,副组长一般由同级党委组织部部长担任。

中央有关部委、中央国家机关部门党组(党委)和中管金融企业、中管企业、中管高校等党委(党组)巡视工作领导小组组长一般由党组、党委书记(包括不设党组、党委的单位领导班子主要负责人)担任,副组长一般由党组、党委分管有关工作的领导班子成员和纪检监察机构主要负责人担任。

第九条 巡视工作领导小组的主要职责是:

(一)贯彻落实党中央决策部署和同级党组织工作要求;

(二)研究提出巡视工作规划、年度计划和阶段任务安排,组织实施巡视全覆盖;

(三)听取巡视工作领导小组办公室、巡视组工作汇报;

(四)向同级党组织报告巡视工作情况;

（五）在同级党组织领导下，组织开展巡视反馈、通报和移交工作，督促推动有关责任主体落实巡视整改和成果运用责任；

（六）指导下级党组织巡视巡察工作；

（七）推动巡视监督与其他监督贯通协调；

（八）推进巡视干部队伍建设，对巡视组进行管理和监督；

（九）研究处理巡视工作其他重要事项。

第十条　中央巡视工作领导小组办公室是中央巡视工作领导小组的日常办事机构，设在中央纪律检查委员会。

省、自治区、直辖市党委巡视工作领导小组办公室为党委工作部门，承担党委巡视工作领导小组日常工作，设在同级党的纪律检查委员会。

中央有关部委、中央国家机关部门党组（党委）和中管金融企业、中管企业、中管高校等党委（党组）巡视工作领导小组办公室可以单独设立，也可以与内设机构合署办公，应当配备相应专职人员，承担党组、党委巡视工作领导小组日常工作。

第十一条　巡视工作领导小组办公室的主要职责是：

（一）贯彻落实党中央决策部署和同级党组织及其巡视工作领导小组的工作要求，对有关决定事项进行督办；

（二）向巡视工作领导小组报告工作情况和重要事项；

（三）统筹、协调、指导、保障巡视组开展工作；

（四）负责巡视整改和成果运用的统筹协调、跟踪督促、汇总报告；

（五）负责对下级巡视巡察机构进行指导；

（六）负责协调有关机关、部门协助、支持巡视工作，推动建立巡视监督与其他监督贯通协调的具体机制；

（七）负责巡视工作理论研究、政策调研、制度建设、信息化建设等工作；

（八）配合有关部门加强对巡视干部的教育、培训、考核、管理和监督；

（九）负责巡视工作领导小组办公室和巡视组党建工作；

（十）办理巡视工作领导小组交办的其他事项。

第十二条　开展巡视工作的党组织设立巡视组。

巡视组分别设组长、副组长、巡视专员和其他职位。巡视组组长、副组长的具体人选根据每次巡视任务确定并授权。

巡视组应当按照民主集中制原则研究讨论决定重大事项。组长全面负责本组工作，副组长协助组长开展工作。

第十三条　巡视组的主要职责是：

（一）根据同级党组织及其巡视工作领导小组的部署要求开展巡视；

（二）向巡视工作领导小组报告巡视情况，提出意见建议；

（三）向被巡视党组织反馈巡视意见，向纪检监察机关、组织部门和有关单位移交巡视发现的问题和问题线索，参与推动巡视整改和成果运用；

（四）对巡视组干部进行日常教育、管理和监督；

（五）办理巡视工作领导小组交办的其他事项。

第十四条 纪检监察机关、组织部门应当协助同级党组织开展巡视工作，宣传、统战、政法、保密、审计、财政、统计、信访等部门和单位应当支持巡视工作，协同做好人员选派、情况通报、政策咨询、问题研判、措施配合、整改监督、成果运用等工作。

纪检监察机关派驻机构应当依据有关规定，协助驻在单位（含综合监督单位）党组、党委开展巡视工作。

第十五条 被巡视党组织领导班子及其成员应当自觉接受巡视监督，积极配合巡视工作。

党员、干部有义务向巡视组如实反映情况。

第三章 巡视对象和内容

第十六条 中央巡视对象是：

（一）省、自治区、直辖市党委及其领导班子，省、自治区、直辖市人大常委会、政府、政协党组，省、自治区、直辖市高级人民法院、人民检察院党组主要负责人，副省级城市党委和人大常委会、政府、政协党组主要负责人；

（二）中央部委领导班子，中央国家机关部门、人民团体党组（党委）；

（三）中管金融企业、中管企业、中管高校以及其他中管单位党委（党组）；

（四）党中央要求巡视的其他党组织。

第十七条 省、自治区、直辖市党委巡视对象是：

（一）市（地、州、盟）、县（市、区、旗）党委及其领导班子，市（地、州、盟）、县（市、区、旗）人大常委会、政府、政协党组，市（地、州、盟）中级人民法院、人民检察院和县（市、区、旗）人民法院、人民检察院党组主要负责人；

（二）省、自治区、直辖市党委工作部门领导班子，省一级国家机关部门、人民团体党组（党委）；

（三）省、自治区、直辖市管理的国有企业、事业单位党委（党组）；

（四）省、自治区、直辖市党委要求巡视的其他党组织。

第十八条 巡视工作应当紧盯权力和责任加强政治监督，严明政治纪律和政治规矩，重点检查下列情况：

（一）落实党的理论和路线方针政策、党中央重大决策部署特别是贯彻习近平总书记重要讲话和重要指示批示精神的情况，执行党章和其他党内法规、履行职能责任的情况，落实意识形态工作责任制的情况；

（二）落实全面从严治党主体责任和监督责任、推进党风廉政建设和反腐败斗争的情况，领导干部树立和践行正确政绩观、加强作风建设、落实中央八项规定及其实施细则精神、廉洁自律的情况；

（三）落实新时代党的组织路线，贯彻执行民主集中制，加强领导班子和干部人才队伍建设、基层党组织和党员队伍建设的情况；

（四）落实巡视监督以及审计、财会、统计等其他监督发现问题整改的情况；

（五）开展巡视工作的党组织要求了解的其他情况。

第十九条　巡视工作应当加强对被巡视党组织主要负责人的监督，重点检查其对党忠诚、履行全面从严治党第一责任人责任、依规依法履职用权、担当作为、廉洁自律等情况，对反映的重要问题进行深入了解，形成专题材料。

第二十条　开展巡视工作的党组织根据工作需要，采取常规巡视、专项巡视、机动巡视、"回头看"等方式组织开展巡视监督，必要时可以提级巡视。

第四章　工作程序、方式和权限

第二十一条　巡视组开展巡视前，根据工作需要，应当听取同级纪检监察机关和组织、宣传、统战、政法、保密、审计、财政、统计、信访等部门和单位关于被巡视党组织领导班子及其成员的有关情况通报。

第二十二条　巡视组进驻后，应当向被巡视党组织通报巡视任务，按照规定的工作方式和权限，开展巡视了解工作。

巡视组对反映被巡视党组织领导班子及其成员的重要问题和问题线索，应当进行深入了解。

第二十三条　巡视组采取下列方式了解情况：

（一）听取被巡视党组织的工作汇报和有关机关、部门的专题汇报；

（二）与被巡视党组织领导班子成员和其他干部群众进行个别谈话；

（三）受理反映被巡视党组织领导班子及其成员和下一级党组织领导班子主要负责人问题的来信、来电、来访等；

（四）抽查核实领导干部报告个人有关事项的情况；

（五）向有关知情人询问情况；

（六）调阅、复制有关文件、档案、会议记录等资料；

（七）召开座谈会；

（八）列席有关会议；

（九）进行民主测评、问卷调查；

（十）下沉调研了解情况；

（十一）开展专项检查；

（十二）提请有关单位予以协助；

（十三）开展巡视工作的党组织批准的其他方式。

第二十四条 巡视组应当严格执行请示报告制度，对巡视工作中的重要情况和重大问题及时向巡视工作领导小组请示报告。

巡视组依靠被巡视党组织开展工作，不干预被巡视党组织的正常工作，不履行执纪审查的职责。

第二十五条 巡视期间，对干部群众反映强烈、明显违反政策规定并属于被巡视党组织职权范围、能够及时解决的问题，巡视组应当按程序督促被巡视党组织立行立改。

巡视期间，对反映集中的党员、干部涉嫌违纪违法的问题线索，巡视组可以按程序移交有关纪检监察机关及时处置。

第二十六条 巡视组对了解的重要情况和问题，应当形成巡视报告；对普遍性、倾向性问题和体制机制等方面的重大问题，可以形成专题报告。

巡视组对巡视报告、专题报告等反映的问题，应当制作底稿。

巡视组对巡视报告反映的重要问题、提出的整改建议，应当按规定与被巡视党组织主要负责人进行沟通、听取其意见；对巡视报告反映的重要政策性问题，可以与有关职能部门进行沟通、听取其意见。

第二十七条 巡视工作领导小组应当及时听取巡视组的巡视情况汇报，研究提出巡视整改和成果运用的意见建议，报同级党组织决定。

第二十八条 开展巡视工作的党组织应当及时听取巡视工作领导小组有关情况汇报，研究并决定巡视整改和成果运用事项。必要时，可以直接听取巡视组的巡视情况汇报。

第二十九条 经同级党组织同意后，巡视工作领导小组应当及时组织向被巡视党组织领导班子及其主要负责人分别反馈巡视情况，指出问题，有针对性地提出整改意见。

根据同级党组织及其巡视工作领导小组要求，巡视工作领导小组办公室将巡视的有关情况通报有关职能部门及其分管领导。

第三十条 对巡视发现的问题和反映党员、干部涉嫌违纪违法的问题线索，巡视工作领导小组办公室和巡视组依据干部管理权限和职责分工，按程序分别移交纪检监察机关、组织部门或者有关单位。

对巡视发现的普遍性、倾向性问题和体制机制等方面的重大问题，可以采取制发巡视建议书或者其他适当方式，向有关职能部门提出加强监管、健全制度、深化改革等意见建议。

第三十一条　巡视进驻、反馈、整改等情况，应当以适当方式公开，接受党员、干部和人民群众监督。

第五章　巡视整改和成果运用

第三十二条　开展巡视工作的党组织应当加强对巡视整改和成果运用的组织领导，定期听取巡视整改和成果运用情况汇报。

党组织领导班子成员应当结合职责分工，统筹抓好分管领域的巡视整改和成果运用。

第三十三条　被巡视党组织承担巡视整改主体责任，应当把整改作为履行管党治党责任、推动高质量发展的重要抓手，融入日常工作、融入深化改革、融入全面从严治党、融入领导班子和干部队伍建设。

党组织主要负责人承担巡视整改第一责任人责任，领导班子其他成员承担“一岗双责”。

党组织主要负责人和领导班子其他成员有调整的，应当做好巡视整改交接工作，持续落实整改责任。

第三十四条　被巡视党组织应当自收到巡视反馈意见之日起，组织开展为期6个月的集中整改：

（一）研究制定巡视整改方案，建立问题清单、任务清单、责任清单，明确责任人、整改措施和时限；

（二）召开领导班子巡视整改专题民主生活会；

（三）全面抓好巡视反馈问题的整改落实；

（四）认真处置巡视移交的问题线索以及群众反映的信访事项；

（五）对巡视反馈的问题举一反三，健全制度、补齐短板、堵塞漏洞；

（六）向开展巡视工作的党组织的同级纪检监察机关、组织部门、巡视工作领导小组办公室报送集中整改进展情况报告。

集中整改结束后，被巡视党组织应当建立常态化、长效化整改工作机制，对尚未解决的问题持续抓好整改落实，根据工作实际适时报告后续整改情况。

第三十五条　开展巡视工作的党组织的同级纪检监察机关承担巡视整改监督责任，全面监督被巡视党组织落实巡视整改任务。主要职责是：

（一）对被巡视党组织制定的巡视整改方案进行审核把关，列席巡视整改专题民主生活会；

（二）建立巡视整改监督台账，综合运用听取汇报、召开推进会议、专题会商、调研督导、现场检查、开展整改评估、谈话提醒、约谈函询、提出纪检监察建议等方式加强日常监督；

（三）对巡视发现的全面从严治党等方面的突出问题督促推动开展集中整

治、专项治理；

（四）依规依纪依法处置巡视移交的问题线索，自收到移交问题线索之日起6个月内，向巡视工作领导小组办公室反馈处置进展情况；

（五）牵头审核被巡视党组织的集中整改进展情况报告；

（六）指导派驻（派出）机构和下级纪检监察机关加强对被巡视党组织落实巡视整改情况的监督；

（七）通过巡视工作领导小组办公室向巡视工作领导小组报送巡视整改监督情况。

纪检监察机关派驻机构应当依据有关规定，将驻在单位（含综合监督单位）党组、党委开展巡视发现问题的整改情况纳入日常监督，推动整改落实。

第三十六条 开展巡视工作的党组织的组织部门结合职责履行巡视整改监督责任，监督被巡视党组织落实巡视整改任务。主要职责是：

（一）参与对被巡视党组织制定的巡视整改方案进行审核把关，列席巡视整改专题民主生活会；

（二）督促被巡视党组织落实新时代党的组织路线方面问题的整改，加强日常监督，对突出问题组织开展集中整治、专项治理；

（三）把巡视整改落实情况纳入被巡视党组织领导班子和领导干部年度考核重要内容，把巡视发现的问题以及整改落实情况作为领导班子建设和干部考核评价、选拔任用、管理监督的重要参考；

（四）对巡视移交的领导班子建设、贯彻执行民主集中制、干部选拔任用、人才队伍建设、基层党组织和党员队伍建设、干部担当作为等方面问题依规处置，自收到移交问题之日起6个月内，向巡视工作领导小组办公室反馈处置进展情况；

（五）审核被巡视党组织的集中整改进展情况报告中涉及新时代党的组织路线方面的内容；

（六）指导下级组织部门加强对被巡视党组织落实巡视整改情况的监督；

（七）通过巡视工作领导小组办公室向巡视工作领导小组报送巡视整改监督情况。

第三十七条 有关职能部门应当结合职责运用巡视成果，针对巡视通报的问题和移交的工作建议，加强调查研究，提出改进措施，推动改革、完善制度、深化治理，并自通报和移交之日起6个月内，向巡视工作领导小组办公室反馈办理进展情况。

第三十八条 巡视机构应当加强对巡视整改和成果运用的统筹督促，推动建立巡视整改会商、评估、问责等机制。

巡视机构应当向同级党组织报告巡视整改和成果运用的综合情况，对整改不到位的突出问题，推动有关机关、部门对有关党组织和责任人严肃问责。

第六章　队伍建设

第三十九条　开展巡视工作的党组织应当加强对巡视干部队伍建设的整体谋划，结合巡视工作特点建立健全制度机制，建设高素质专业化干部队伍。

选优配强巡视组组长、副组长，配备与巡视任务相适应的专职干部，防止照顾性安排。加强巡视干部规范管理，加大教育培训、轮岗交流力度。

重视在巡视岗位发现、培养、锻炼干部，有计划地安排优秀年轻干部、新提拔干部到巡视岗位锻炼，并将参加巡视工作的经历和表现，作为干部考核评价、选拔任用的参考。

第四十条　巡视干部应当具备下列条件：

（一）理想信念坚定，对党忠诚，自觉在思想上政治上行动上同以习近平同志为核心的党中央保持高度一致；

（二）坚持原则，敢于斗争，担当作为，依法办事，公道正派，清正廉洁；

（三）模范遵守党的纪律和国家法律法规，严守党和国家的秘密；

（四）具有履行巡视监督职责的专业知识和较强的发现问题、沟通协调、文字综合等能力；

（五）具有正常履行职责的身体条件和心理素质。

抽调人员参加巡视工作，应当按照上述条件，严把政治关、品行关、能力关、作风关、廉洁关，按程序征求党风廉政意见。

对不适合从事巡视工作的人员，应当及时予以调整。

第四十一条　巡视机构应当加强作风建设和纪律建设，督促巡视干部严守政治纪律和政治规矩，严格落实中央八项规定及其实施细则精神，带头反对形式主义、官僚主义、享乐主义和奢靡之风，严格执行巡视工作纪律，做到忠诚干净担当、敢于善于斗争。

第四十二条　巡视机构、巡视干部应当自觉接受党组织监督、民主监督、群众监督等各方面监督，带头强化自我监督。建立健全内控机制，加强对巡视干部特别是巡视组组长、副组长等关键岗位人员的监督，严格执行回避、保密、重大事项请示报告、作风纪律评估等制度规定，依规依纪依法开展巡视工作。

任何单位和个人对巡视机构、巡视干部的违规违纪违法行为有权提出检举、控告。

第七章　责任追究

第四十三条　开展巡视工作的党组织及其巡视工作领导小组领导巡视工作不力，发生严重问题的，依据有关规定追究有关责任人员的责任。

第四十四条 有关机关、部门和单位违反规定不协助、支持巡视工作,造成严重后果的,依据有关规定追究有关责任人员的责任。

第四十五条 巡视工作人员有下列情形之一的,视情节轻重,依据有关规定给予批评教育、责令检查、诫勉、组织处理或者党纪、政务处分;构成犯罪的,依法追究刑事责任:

(一)对应当发现的重要问题没有发现;

(二)不如实报告巡视情况,隐瞒、歪曲、捏造事实;

(三)私自留存巡视工作资料,泄露与巡视工作有关的国家秘密、工作秘密、商业秘密和个人隐私等未公开信息;

(四)工作中超越权限,造成不良后果;

(五)利用巡视工作的便利谋取私利或者为他人谋取不正当利益;

(六)违反巡视工作纪律的其他行为。

第四十六条 被巡视党组织及其工作人员有下列情形之一的,视情节轻重,依据有关规定对该党组织领导班子主要负责人或者其他有关责任人员,给予批评教育、责令检查、诫勉、组织处理或者党纪、政务处分;构成犯罪的,依法追究刑事责任:

(一)隐瞒不报或者故意向巡视组提供虚假情况;

(二)拒绝或者不按照要求向巡视组提供有关文件资料;

(三)指使、强令有关单位或者人员干扰、阻挠巡视工作,或者诬告、陷害他人;

(四)组织领导巡视整改不力,落实巡视整改要求不到位,敷衍应付、虚假整改;

(五)对反映问题的干部群众进行威胁、打击、报复、陷害;

(六)其他不配合或者干扰巡视工作的情形。

第八章 巡察工作

第四十七条 党的市(地、州、盟)和县(市、区、旗)委员会建立巡察制度,设立巡察机构,在一届任期内,对所管理的党组织实现巡察全覆盖。

其他党组织需要开展巡察工作的,应当通过上级党委(党组)巡视工作领导小组报党委(党组)批准。

第四十八条 市(地、州、盟)党委巡察对象是:党委工作部门领导班子,市一级国家机关部门、人民团体党组(党委),市(地、州、盟)管理的国有企业、事业单位党组织,以及党委要求巡察的其他党组织。

县(市、区、旗)党委巡察对象是:党委工作部门领导班子,县一级国家机关部门、人民团体党组(党委),县(市、区、旗)管理的国有企业、事业单位党组织,所辖的乡镇（街道）、村（社区）党组织，以及党委要求巡察的其他党组织。

第四十九条　巡察工作应当坚守政治监督定位，聚焦党中央决策部署在基层落实情况、群众身边不正之风和腐败问题、基层党组织和党员队伍建设、巡察整改和成果运用等加强监督检查。

第五十条　巡察工作的组织领导和机构职责、工作程序和方式权限、整改和成果运用、队伍建设、责任追究等，参照本条例关于巡视工作的规定，结合实际确定。

第九章　附　　则

第五十一条　中国人民解放军和中国人民武装警察部队的党组织实行巡视制度的规定，由中央军委参照本条例制定。

第五十二条　本条例由中央巡视工作领导小组办公室负责解释。

第五十三条　本条例自发布之日起施行。此前发布的其他有关巡视工作的规定，凡与本条例不一致的，按照本条例执行。

十八届中央政治局关于改进工作作风、密切联系群众的八项规定（摘要）

2012年12月4日中共中央政治局会议审议通过

一、改进调查研究。到基层调研要深入了解真实情况，总结经验、研究问题、解决困难、指导工作，向群众学习、向实践学习，多同群众座谈，多同干部谈心，多商量讨论，多解剖典型，多到困难和矛盾集中、群众意见多的地方去，切忌走过场、搞形式主义；要轻车简从、减少陪同、简化接待，不张贴悬挂标语横幅，不安排群众迎送，不铺设迎宾地毯，不摆放花草，不安排宴请。

二、精简会议活动。切实改进会风，严格控制以中央名义召开的各类全国性会议和举行的重大活动，不开泛泛部署工作和提要求的会，未经中央批准一律不出席各类剪彩、奠基活动和庆祝会、纪念会、表彰会、博览会、研讨会及各类论坛；提高会议实效，开短会、讲短话，力戒空话、套话。

三、精简文件简报。切实改进文风，没有实质内容、可发可不发的文件、简报一律不发。

四、规范出访活动。从外交工作大局需要出发合理安排出访活动，严格控制出访随行人员，严格按照规定乘坐交通工具，一般不安排中资机构、华侨华人、留学生代表等到机场迎送。

五、改进警卫工作。坚持有利于联系群众的原则，减少交通管制，一般情况下不得封路、不清场闭馆。

六、改进新闻报道。中央政治局同志出席会议和活动应根据工作需要、新闻价值、社会效果决定是否报道，进一步压缩报道的数量、字数、时长。

七、严格文稿发表。除中央统一安排外，个人不公开出版著作、讲话单行本，不发贺信、贺电，不题词、题字。

八、厉行勤俭节约。严格遵守廉洁从政有关规定，严格执行住房、车辆配备等有关工作和生活待遇的规定。

关于完善党员干部直接联系群众制度的意见

2014年3月8日中共中央办公厅印发

为深入贯彻落实党的十八大、十八届三中全会精神和习近平总书记系列讲话精神，进一步密切党群干群关系，根据《中国共产党章程》和《十八届中央政治局关于改进工作作风、密切联系群众的八项规定》等有关党内法规制度规定，现就完善党员干部直接联系群众制度提出如下意见。

做好党员干部直接联系群众工作的总体要求是：忠实践行全心全意为人民服务的根本宗旨和党的群众路线，以维护群众利益为核心，以直接联系为主要方式，以制度建设为保障，以了解群众、学习群众、服务群众、引导群众为主要任务，进一步落实为民务实清廉要求，密切党同人民群众的血肉联系。坚持领导带头、加强分类指导、突出工作重点、尊重群众主体地位，更好地团结带领广大人民群众共同推进中国特色社会主义伟大事业，实现中华民族伟大复兴的中国梦。

党员干部直接联系群众要建立健全以下具体制度。

一、调查研究制度。除个别特殊部门外，中央和国家机关各部门主要负责同志每年都要到基层调研若干次。各省（自治区、直辖市）党政主要负责同志除开展经常性调研外，每年要到基层驻点调研，深入点上蹲住调研要保证一定时间。各地区各部门其他党员领导干部到基层调研，由本地区本部门结合实际提出具体要求。党员领导干部到基层调研要严格遵守中央八项规定精神，加强统筹、明确主题、增强目的性，轻车简从、改进作风，多到困难较多、情况复杂、矛盾尖锐的地方去，深入了解真实情况，通过“解剖麻雀”认识规律，以更好地总结经验、研究问题、解决困难、指导工作。鼓励机关党员干部利用探亲休假等机会开展随机调研。

二、基层联系点制度。县处级以上党政领导班子成员要建立基层联系点。原则上，各省（自治区、直辖市）党政领导班子成员联系到县（市、区、旗）及以下，市（地、州、盟）党政领导班子成员联系到乡镇（街道）及以下，县（市、区、旗）党政领导班子成员联系到村（社区），中央和国家机关各部门以及其他机关党员领导干部主要联系本部门本系统的基层单位。各层级联系点一般不重复交叉，可与扶贫点、挂职地方等相结合，一个联系点的联系时间不得少于1年，可以长期联系。省部级、市厅级党员领导干部深入联系点每年至少1次，县处级党员领导干部每年不少于2次。党员领导干部到联系点可与驻点调研结合起来，主要任务是了解社情民意，帮助当地建强基层组织、谋划发展思路、解决发展难题，充分发挥联系点的辐射带动作用。乡镇（街道）党政领导班子成员每人结对联系2户以上基层群众，每年走访几次，及时宣传党的路线方针政策、了解群众利益诉求、听取意见建议、帮助解决问题、做好思想政治工作。结对联系户的联系时间不得少于1年，可以长期联系。

三、基层挂职任职制度。县级以上机关要选派党员干部特别是后备干部、年轻干部和没有基层工作经历的干部，到县、乡特别是条件艰苦、环境复杂的基层单位、与群众接触比较直接的岗位和村、社区、企业、社会组织等基层一线挂职任职、驻点包户，时间不少于1年，挂职期间原则上与原单位工作脱钩。加强对挂职任职干部的监督管理和实绩考核，引导挂职任职干部自觉践行群众路线、认真履行职责，做到工作学习在基层、生活交友在基层、锻炼成长在基层。

四、定期接待群众来访制度。各地区党政领导班子成员要定期接待群众来访，省（自治区、直辖市）领导干部每半年至少1天，市（地、州、盟）领导干部每季度至少1天，县（市、区、旗）领导干部每月至少1天，乡镇（街道）领导干部每周至少1天。各地党委和政府工作部门领导干部、中央和国家机关党员领导干部定期接待群众来访工作，由各地区各部门结合实际提出具体要求。党员领导干部接访可采取定点接访、重点约访、带案下访、上门回访等多种方式，方便群众参与。党员领导干部接访要建立工作台账，明确承办单位和责任人，以便督办落实和答复来访群众。对人数较多的集体上访，在依法规范、依法处置的同时，党政领导班子成员要出面接访、化解矛盾。县处级以上党政领导班子成员要及时处理群众来信及群众通过网上信箱、热线电话、政务微博等方式反映的诉求。党员干部要定期走访群众，农村、社区基层干部要通过各种方式普遍走访辖区群众，及时收集社情民意、协调利益纠纷、化解各类矛盾。

五、与干部群众谈心制度。党员领导干部特别是党政领导班子成员在日常工作中，要与干部群众开展谈心活动，及时了解他们的学习、思想、工作、生活情况，既肯定成绩、指出不足，又明确方向、鞭策鼓励；既虚心听取意见建议，又切实帮助解决实际困难，对发现的苗头性、倾向性问题要及时进行教育引导，防止矛盾积累激化。谈心活动每年至少开展2次，可与党员民主生活会谈心结合起来安排。谈心活动可采取个别谈话、集体座谈、随机交流等多种形式，营造实事求是、客观公正、坦诚相见的良好氛围，通过广泛深入的谈心谈话，进一步沟通思想、增进理解、促进团结、形成共识。基层党支部负责人每年要与所属党员至少进行2次谈心谈话，同时要广泛开展基层党员干部与群众谈心活动，努力实现全覆盖。

六、**征集群众意见制度**。县级以上党政机关要通过建立健全公示、听证咨询、民意调查等制度，设立意见箱、开通热线电话、发放征求意见卡等方式，利用现代信息技术手段，就经济社会发展中的重要问题和人民群众最关心最直接最现实的利益问题广泛征集群众意见，与群众协商，并以适当方式反馈或公布群众意见采纳处理情况。探索建立网上群众工作制度，逐步建立党员干部与网民有效沟通机制，运用网络手段和博客、微博、微信、论坛等平台，广泛听取民意，并做好对网民的宣传引导工作。各级人大、政协中的党组织和党委统战部门要充分履行职责，积极发挥党员人大代表、政协委员的作用，密切同人民群众的联系，注意加强同各民主党派、工商联和无党派人士的联系，通过走访慰问、结对联系、个别访谈、民主恳谈等多种方式，听取和反映各行业、各界别、各阶层群众和代表人士的意见建议。党员干部要随时了解征集群众意见，并及时向有关地区或部门反映。从中央到地方，各级党委和政府要定期收集汇总、分析研判群众意见，作为科学决策的重要依据。

七、**党员承诺践诺制度**。基层机关、企事业单位和社会组织的党员以及流动党员既要积极参加所在单位的承诺践诺活动，又要向居住地社区（村）党组织报到，自觉参加各类公益活动、志愿服务活动和主题实践活动，主动联系服务身边群众。农村和社区的党员要积极参加以服务群众为主要内容的“设岗定责”活动，认真履行岗位责任，主动接受群众监督。各地要以乡镇（街道）、村（社区）基层干部为骨干，以网格为单位整合资源，组织辖区内党员干部成立联系服务群众团队，为群众提供便利、快捷、有效服务。窗口单位和服务行业的党员在日常工作中要坚持佩戴党员徽章，亮出党员身份和服务承诺，提高服务质量，展现良好形象。

八、**市县党代会代表直接联系群众制度**。市（地、州、盟）、县（市、区、旗）两级党代会要合理设置各有分工的党代会代表工作小组，定期组织党代会代表开展调查研究、工作视察、建言献策等活动。同时，组织党代会代表定期接待党员、群众，收集意见建议。党代会代表要接受党员、群众监督，强化对党员负责、为群众服务的意识，通过发挥模范带头作用把群众团结到党组织周围。党组织要积极协调党代会代表所在工作单位为党代会代表开展有关活动提供时间保障等相应的便利条件。

各级党组织要高度重视党员干部直接联系群众工作，切实加强组织领导。各级党的建设工作领导小组及其办公室要加强日常组织协调工作，纪检机关和组织、宣传、政法、统战等部门要各司其职、相互配合，形成工作合力。工会、共青团、妇联等人民团体要按照各自章程和有关规定做好联系服务群众工作，示范带动其他社会组织积极联系服务群众。基层党组织要认真履行职责，做好党员干部直接联系群众的具体组织工作。要大力宣传党员干部直接联系群众的重要意义和目标要求，总结推广先进经验和典型做法，形成正确导向和良好氛围。加强对党员干部直接联系群众工作的督促检查和考核评价，定期进行工作通报，对严重脱离群众、脱离实际、损害群众利益、影响党群干群关系的恶性事件按照有关规定及时予以严肃处理。坚持定期报告工作，各省（自治区、直辖市）和新疆生产建设兵团党员干部直接联系群众工作情况，由党委每年年底向中央报告；中央和国家机关党员干部直接联系群众工作情况，由中央直属机关工委、中央国家机关工委每年年底向中央报告。

各地区各部门要根据本意见精神，结合实际制定具体实施办法和相关配套措施，并在实践中不断探索完善。以往相关制度规定与本意见精神不相符合的，要作相应调整。

中国人民解放军和中国人民武装警察部队的党员干部直接联系群众制度，由总政治部根据本意见精神制定。

二、公务差旅

·党规党纪·

中共中央办公厅、国务院办公厅关于坚决制止干部用公款旅游的通知

1986年2月1日印发

近年来，一些干部，包括有的高级干部，不顾中央、国务院三令五申，继续用公款旅游或变相旅游。有的以出差、参观学习为名游山玩水；有的退出或即将退出领导岗位的同志，用公款外出旅游；有些部门和单位，尤其是一些学会、协会，不从工作需要出发，到旅游区、风景区召开会议。这样做，助长党内和社会上的不正之风，浪费了人力、物力和财力，在群众中造成很坏的影响。为了坚决制止干部用公款旅游，根据中央书记处、国务院的指示，现通知如下：

一、各级领导干部，首先是高级干部，必须做到不用公款旅游。如果违反规定，领导机关和纪检部门要责令他们认真检查，严肃处理。对查处不力的部门和单位，上级要追究其领导责任。

二、严禁借出差、开会等名义用公款旅游。干部出差应根据工作需要，经主管领导批准后按计划执行。出差期间，要严格遵守工作纪律和财经纪律，不允许离开工作地区，用公款到旅游区、名胜区游览。对违反纪律的要提出批评，情节严重的要给予纪律处分，超支费用不予报销。

党政机关、企事业单位以及人民团体、学术组织，原则上不得到旅游城市和风景名胜区召开会议。如确需到这些地方召开会议，应报上级主管机关审查批准，并征得当地人民政府的同意，在时间安排上要避开旅游旺季。

所有会议都不得用公款组织游览。

三、坚决制止以参观学习为名用公款旅游。各地各部门要严格控制外出参观学习。如确有必要组织外出参观，跨县的，要报地（市）主管部门批准；跨地（市）的，要报省级主管部门批准；跨省的，须经省、自治区、直辖市人民政府批准，并事先征得参观地区省人民政府和接待单位的同意。否则，一律不予接待。所

有的外出参观学习，都应明确目的，控制人数，严格规定时间、往返路线和经费数额。不按规定办事，绕道或中途滞留用公款旅游的，按违纪处理，费用不予报销。

省、自治区、直辖市党委书记、省长、主席、市长跨省活动，应分别报中央或国务院领导同志批准。中央、国家机关部长离京外出，应事先向中央办公厅或国务院办公厅报告。

四、各级干部疗养、休养和探亲，必须严格执行国家有关规定。正副省（部）长级干部外出疗养、休养时，因病或年老体弱确需家属陪同的，经批准，只报销一名家属的同席车船机票费和住宿费。

各地区、各部门、各单位不得用公款组织离退休干部旅游或以其他名义变相旅游，不得把离休干部的公用经费发给个人。离休干部参观工农业建设项目活动，应按有关规定严格管理。

五、财务部门和财会人员要严格按规章制度办事，堵塞用公款旅游的漏洞。对违反规定的费用，无论是谁花的、谁批的，都不予报销。各级领导干部要支持财务部门和财会人员履行职责。如果领导干部强令报销用公款旅游或变相旅游的费用，财会人员有权拒绝办理，并向上级主管部门、纪检部门如实反映。上级主管部门和纪检部门应查明情况，严肃处理。财会人员应模范遵守财经纪律，违章徇私、放弃职责的，要严肃批评，责令改正。

各级党委和政府接此通知后，应立即向所属单位和全体干部进行传达，认真贯彻执行。过去的有关规定与本通知不一致的，以本通知为准。

中共中央办公厅、国务院办公厅
关于坚决制止公款出国（境）旅游的通知

2009年2月20日印发

2008年3月，《中共中央办公厅、国务院办公厅印发〈关于进一步加强因公出国（境）管理的若干规定〉的通知》（中办发〔2008〕9号）印发以来，中央纪委、外交部等10部门在全国范围内开展了制止公款出国（境）旅游专项治理工作，取得了一定成效。但是，因公出国（境）仍然存在一些突出问题：出访团组和人员数量增长过快；一些地方和部门对因公出国（境）审批把关不严，监管不力；借因公出国（境）之机公款旅游问题比较严重，名目繁多，花样翻新。公款出国（境）旅游不仅造成巨大浪费，而且严重损害党和政府形象，必须坚决制止。现

就有关问题通知如下。

一、领导干部要以身作则，严格自律。各级领导干部要大力发扬艰苦奋斗和勤俭节约的优良传统，自觉抵制铺张浪费、奢靡之风。要带头严格执行中办发〔2008〕9号文件和其他各项外事规章制度，不组织、不参加各类公款出国（境）旅游活动。要从严掌握因公出国（境）任务安排，不得将因公出国（境）作为福利待遇，不得以任何方式影响因公出国（境）审核审批工作。

二、大力压缩因公出国（境）经费、团组数和人数。2009年各地区各部门因公出国（境）经费支出要在近3年平均数基础上压缩20%，并相应减少团组数和人数。要按照财政部等部门下发的《加强党政干部因公出国（境）经费管理暂行办法》，将因公出国（境）经费全部纳入专项预算管理，实行经费先行审核。党政干部因公出国（境）不得挪用其他公共资金，不得由企事业单位出资或补助，不得向下属机构和地方摊派，不得用公款报销违反规定持因私证件出国（境）的费用。

三、审核审批部门要认真履行职责，严格把关。审核审批部门要对因公出国（境）团组任务的必要性、报批材料的真实性、行程安排的合理性严格审核，切实防止以公务为名，行公款旅游之实。坚决禁止一般性考察和重复考察，从严控制团组在国（境）外停留时间。要对出访团组是否严格执行批准日程，以及完成任务和遵守纪律的情况进行检查，对出访报告进行评估。财政、审计等部门要加强对因公出国（境）经费使用情况的监督。对违规审核审批以及不认真履行审核审批职责的，要严肃追究有关领导和直接责任人的责任。

四、按照谁派出、谁负责的原则，强化因公出国（境）团组派出单位的责任。各派出单位要高度重视因公出国（境）管理工作，严格执行有关规定，杜绝弄虚作假和违规操作。出访团组负责人要切实负起责任，不得擅自更改行程，增加出访国家、地区或城市，延长境外停留时间。要将制止公款出国（境）旅游作为党风廉政建设责任制考核的一项重要内容，对出现公款出国（境）旅游情况的，既要追究团组负责人的责任，也要追究派出单位领导的责任。

五、严厉打击旅行社及中介机构为因公出国（境）团组联系或购买邀请函、编造虚假日程等行为。旅游、工商等职能部门要加强监管，对违规操作的，要依法处罚。情节严重的，要取消其经营资格。

六、严肃查处公款出国（境）旅游案件。各级纪检监察、审计等机关要高度重视查处公款出国（境）旅游案件，对顶风违纪的要从严处理并及时曝光。要重点查处虚报出国（境）任务、通过购买邀请函骗取批准的案件；擅自更改行程，增加出访国家、地区或城市，延长境外停留时间的案件；党政干部挪用其他公共资金，由企事业单位出资或补助，向下属机构或地方摊派出国（境）费用等案件。

除严肃追究有关人员的责任外，公款出国（境）旅游的费用，一律由团组成员个人承担。

七、改革和完善因公出国（境）管理制度。外事管理部门要强化外事工作的集中统一管理，解决外事审批权方面存在的问题。要清理、规范审批权限，细化审批标准，提高审批质量。要完善因公出国（境）团组境外活动情况核查机制，并接受群众监督。

·法律法规·

加强党政干部因公出国（境）经费管理暂行办法

1. 2008年8月5日财政部、外交部、监察部、审计署、国家预防腐败局印发
2. 财行〔2008〕230号

第一条 为贯彻落实党中央、国务院关于加强因公出国（境）管理工作的指示精神，切实规范党政干部因公出国（境）活动，进一步严格因公出国（境）经费审批及监督管理，强化预算约束，提高财政资金使用效益，制定本办法。

第二条 各级党政机关因公出国（境）活动，包括访问、考察、培训、参加国际活动等，应严格执行中共中央办公厅、国务院办公厅《关于进一步加强因公出国（境）管理的若干规定》（中办发〔2008〕9号），严格遵守预算管理的法律、行政法规，不得为不符合因公出国（境）条件的团组安排经费。

第三条 各级财政部门应进一步加强对因公出国（境）经费的预算管理。应根据财力的可能，科学合理地安排因公出国（境）经费预算额度，将因公出国（境）经费全部纳入预算管理，未安排预算的单位视为无出国（境）任务安排。严格控制因公出国（境）经费预算规模，对各级党政机关因公出国（境）经费预算实行零增长。

第四条 各级财政部门应进一步加强对因公出国（境）活动的用汇额度管理。按照各级党政机关因公出国（境）经费预算规模相应安排出国（境）用汇额度，采取切实措施加强党政机关出国（境）用汇管理，实行因公出国（境）经费预算及用汇额度双控制。

第五条 各级党政机关应切实加强因公出国（境）经费管理。要在财政部门批准的年度因公出国（境）经费预算和外汇额度内核定出国（境）计划，并根据工作需要组织安排出国（境）活动，确定出国（境）团组数量和规模，如需调整，应在预算内调剂安排。各级党政机关不得超预算或无预算安排出国(境)团组,不得接受或变相接受企事业单位资助,或向同级机关、下级机关和下属单位摊派、转嫁费用。

第六条 各级党政机关应贯彻“勤俭办外事”的方针,加强对因公出国(境)团组的财经纪律教育。因公出国(境)团组应严格执行各项费用开支标准,本着务实、高效、精简、节约的原则开展工作,努力提高工作效率和工作质量。

第七条 各级党政机关应建立因公出国(境)经费先行审核制度。因公出国(境)经费审批部门和任务审批部门要实行审批联动,从源头上把握和控制因公出国(境)活动,坚决制止公款出国(境)旅游行为。因公出国(境)经费审批部门和任务审批部门应根据各自的职责参与因公出国(境)的审批联动,具体审核原则如下:

(一)各级党政机关按照部门预算管理程序向同级财政部门申请出国(境)经费预算时,必须同时提供上一年度出国(境)经费预算执行情况。

(二)各级外事审批部门与财政部门应及时沟通因公出国(境)计划情况。各级财政部门应根据国家和地方财力及出国(境)经费预算申请情况确定各部门的出国经费预算额度,并实行总量控制。

(三)各地区各部门每年1月底前向中央外事工作领导小组办公室和外交部报送省部级人员本年度出国(境)计划时,应明确预算安排可以保证出国(境)团组经费开支。

(四)各级党政机关预算经各级人大批准以后,各级外事审批部门与派出单位的财务部门要根据出国(境)经费预算对纳入出国(境)计划的具体出国(境)任务逐一进行任务和经费联动审核,相互及时沟通情况,严格把关,堵塞漏洞。

(五)各级外事审批部门在审批因公出国(境)任务时,派出单位的财务部门应出具经费安排的意见,双跨类团组参团人员由其所在单位的财务部门出具经费审核意见,确保出国(境)任务在部门预算确定的出国(境)经费预算额度内执行。

(六)中央外事工作领导小组办公室和外交部在审批省部级因公出国(境)团组任务时,团组成员所在中央单位财务部门、地方财政部门应出具经费安排的意见。

(七)对于部门预算中未安排出国(境)经费预算,要求使用其他经费(包括单位行政、事业经费,摊派经费,企业赞助经费等)的因公出国(境)团组申请,视为无出国(境)经费预算安排,财务部门一律不得出具认可意见。凡未经财务部门经费审核认可的因公出国(境)申请,各级外事审批部门一律不予批准。

第八条 国家外国专家局安排的出国（境）培训团组，已纳入国家外国专家局计划并由其资助的出国人员，由国家外国专家局出具经费审核意见，其他参团人员由其所在单位的财务部门出具经费审核意见。

第九条 财务部门应进一步严格对因公出国（境）团组的经费核销管理。对因公出国（境）团组提供的出国（境）任务批件、护照（包括签证和出入境记录）复印件及有效费用明细票据进行认真审核，严格按照批准的出国（境）团组人数、天数、出国路线、经费计划以及有关的经费开支标准等进行核销，不得核销与公务活动无关的开支和计划外发生的费用，不得核销虚假费用单据。

除中央有关文件规定的特殊情况外，各级财务部门一律不得报销党政干部持因私出国（境）证件的出国（境）费用。

第十条 各级党政机关应建立健全对因公出国（境）团组的内部监督检查机制。财务部门应定期或不定期对因公出国（境）团组及经费使用情况进行检查，并于每年第一季度向同级财政部门报送上年度因公出国（境）经费和外汇使用情况。

第十一条 各级纪检监察机关应加强对因公出国（境）经费使用情况的有效监管。应将监管因公出国（境）经费使用情况作为坚决制止公费出国（境）旅游的重要内容，加大监督检查力度。

第十二条 各级审计机关应加强对因公出国（境）经费使用情况的审计监督。应将因公出国（境）经费的管理和使用情况的审计监督作为审计工作的重点，对各单位因公出国（境）经费管理和使用情况进行专项审计。

第十三条 各级纪检监察、审计机关对因公出国（境）经费使用管理中出现的违反财经纪律的行为，应按有关规定严肃处理。对弄虚作假，挪用其他资金、摊派转嫁出国（境）费用的，各级纪检监察机关要追究组团单位和团组相关人员的责任；对不认真履行经费审核、核销责任的，要追究财政、财务部门相关人员的责任；对未经经费审核部门认可而批准出国（境）的，要追究外事审批部门相关人员的责任。对涉嫌犯罪的要移送司法机关依法追究刑事责任。

第十四条 各地区各部门根据本办法并结合实际情况制定加强因公出国（境）经费管理的具体办法及出国任务与经费审批联动的具体实施方案。

第十五条 事业单位因公出国（境）经费的管理可参照本办法执行。

第十六条 本办法由财政部负责解释。

第十七条 本办法自发布之日起实施。

因公临时出国经费管理办法

1. 2013年12月20日财政部、外交部印发
2. 财行〔2013〕516号

第一章 总 则

第一条 为了进一步规范因公临时出国经费管理,加强预算监督,提高资金使用效益,保证外事工作的顺利开展,根据《中华人民共和国预算法》、《党政机关厉行节约反对浪费条例》等法律法规,制定本办法。

第二条 本办法适用于各级党政军机关、人大政协机关、审判机关、检察机关、民主党派、人民团体和事业单位因公组派临时代表团组的省部级以下(含省部级)出国人员(以下简称出国人员)。

第三条 各地区各部门各单位因公组派临时出国团组应当坚持强化预算约束、优化经费结构、厉行勤俭节约、讲求务实高效的原则,严格控制因公临时出国规模,规范因公临时出国经费管理。

第二章 预算管理和计划管理

第四条 因公临时出国经费应当全部纳入预算管理,并按照下列规定执行:

(一)各级财政部门应当加强因公临时出国经费的预算管理,严格控制因公临时出国经费总额,科学合理地安排因公临时出国经费预算。

(二)各地区各部门各单位应当加强预算硬约束,认真贯彻落实厉行节约的要求,在核定的年度因公临时出国经费预算内,务实高效、精简节约地安排因公临时出国活动,不得超预算或无预算安排出访团组。确有特殊需要的,按规定程序报批。

第五条 出访团组实行计划审批管理,并按照下列规定执行:

(一)各地区各部门各单位应当认真贯彻中央有关外事管理规定,科学制订年度因公临时出国计划,认真履行因公临时出国计划报批制度,严格控制因公临时出国团组人数、国家数和在外停留天数,正确执行限量管理规定。组团单位和派出单位要明确责任,谁派出、谁负责。

(二)因公临时出国应当坚持因事定人的原则,不得因人找事,不得安排照顾性和无实质内容的一般性出访,不得安排考察性出访。

(三)各级外事部门应当加强因公临时出国计划的审核审批管理,严格把关,对违反规定、不适合成行的团组予以调整或者取消。驻外使馆答复国内因公临时出国征求意见时,应当严格履行把关职责。

第六条 各地区各部门各单位出国经费的支付,应当严格按照国库集中支付制度和公务卡管理制度的有关规定执行。

各地区各部门各单位应当严格执行各项经费开支标准,不得擅自突破,严禁接受或变相接受企事业单位资助,严禁向同级机关、下级机关、下属单位、企业、驻外机构等摊派或转嫁出访费用。

第七条 各地区各部门各单位应当建立因公临时出国计划与财务管理的内部控制制度。出访团组应当事先填报《因公临时出国任务和预算审批意见表》(见附1),由单位外事和财务部门分别出具审签意见,明确审核责任。出国任务、出国经费预算未通过审核的,不得安排出访团组。

第三章 经费管理

第八条 因公临时出国经费包括:国际旅费、国外城市间交通费、住宿费、伙食费、公杂费和其他费用。

国际旅费,是指出境口岸至入境口岸旅费。

国外城市间交通费,是指为完成工作任务所必须发生的,在出访国家的城市与城市之间的交通费用。

住宿费是指出国人员在国外发生的住宿费用。

伙食费是指出国人员在国外期间的日常伙食费用。

公杂费是指出国人员在国外期间的市内交通、邮电、办公用品、必要的小费等费用。

其他费用主要是指出国签证费用、必需的保险费用、防疫费用、国际会议注册费用等。

第九条 国际旅费按照下列规定执行:

(一)选择经济合理的路线。出国人员应当优先选择由我国航空公司运营的国际航线,由于航班衔接等原因确需选择外国航空公司航线的,应当事先报经单位外事和财务部门审批同意。不得以任何理由绕道旅行,或以过境名义变相增加出访国家和时间。

(二)按照经济适用的原则,通过政府采购等方式,选择优惠票价,并尽可能购买往返机票。

(三)因公临时出国购买机票,须经本单位外事和财务部门审批同意。机票款由本单位通过公务卡、银行转账方式支付,不得以现金支付。单位财务部门应当根据《航空运输电子客票行程单》等有效票据注明的金额予以报销。

(四)出国人员应当严格按照规定安排交通工具,不得乘坐民航包机或私人、企业和外国航空公司包机。

（五）省部级人员可以乘坐飞机头等舱、轮船一等舱、火车高级软卧或全列软席列车的商务座；司局级人员可以乘坐飞机公务舱、轮船二等舱、火车软卧或全列软席列车的一等座；其他人员均乘坐飞机经济舱、轮船三等舱、火车硬卧或全列软席列车的二等座。所乘交通工具舱位等级划分与以上不一致的，可乘坐同等水平的舱位。所乘交通工具未设置上述规定中本级别人员可乘坐舱位等级的，应乘坐低一等级舱位。上述人员发生的国际旅费据实报销。

（六）出国人员乘坐国际列车，国内段按国内差旅费的有关规定执行；国外段超过6小时以上的按自然（日历）天数计算，每人每天补助12美元。

第十条 出国人员根据出访任务需要在一个国家城市间往来，应当事先在出国计划中列明，并报本单位外事和财务部门批准。未列入出国计划、未经本单位外事和财务部门批准的，不得在国外城市间往来。出国人员的旅程必须按照批准的计划执行，其城市间交通费凭有效原始票据据实报销。

第十一条 住宿费按照下列规定执行：

（一）出国人员应当严格按照规定安排住宿，省部级人员可安排普通套房，住宿费据实报销；厅局级及以下人员安排标准间，在规定的住宿费标准之内予以报销。

（二）参加国际会议等的出国人员，原则上应当按照住宿费标准执行。如对方组织单位指定或推荐酒店，应当严格把关，通过询价方式从紧安排，超出费用标准的，须事先报经本单位外事和财务部门批准。经批准，住宿费可据实报销。

第十二条 伙食费和公杂费按照下列规定执行：

（一）出国人员伙食费、公杂费可以按规定的标准发给个人包干使用。包干天数按离、抵我国国境之日计算。

（二）根据工作需要和特点，不宜个人包干的出访团组，其伙食费和公杂费由出访团组统一掌握，包干使用。

（三）外方以现金或实物形式提供伙食费和公杂费接待我代表团组的，出国人员不再领取伙食费和公杂费。

（四）出访用餐应当勤俭节约，不上高档菜肴和酒水，自助餐也要注意节俭。

第十三条 出访团组对外原则上不搞宴请，确需宴请的，应当连同出国计划一并报批，宴请标准按照所在国家一人一天的伙食费标准掌握。

出访团组与我国驻外使领馆等外交机构和其他中资机构、企业之间一律不得用公款相互宴请。

第十四条 出访团组在国外期间，收授礼品应当严格按有关规定执行。原则上不对外赠送礼品，确有必要赠送的，应当事先报经本单位外事和财务部门审批同意，按照厉行节俭的原则，选择具有民族特色的纪念品、传统手工艺品和实用物品，朴素大方，不求奢华。

出访团组与我国驻外使领馆等外交机构和其他中资机构、企业之间一律不得以任何名义、任何方式互赠礼品或纪念品。

第十五条 出国签证费用、防疫费用、国际会议注册费用等凭有效原始票据据实报销。根据到访国要求，出国人员必须购买保险的，应当事先报经本单位外事和财务部门批准后，按照到访国驻华使领馆要求购买，凭有效原始票据据实报销。

第十六条 出国人员回国报销费用时，须凭有效票据填报有团组负责人审核签字的国外费用报销单(具体表格由各单位制定)。各种报销凭证须用中文注明开支内容、日期、数量、金额等，并由经办人签字。

各单位财务部门应当根据本办法制定本单位财务报销审批的具体规定，加强对因公临时出国团组的经费核销管理。各单位财务部门应当对因公临时出国团组提交的出国任务批件、护照(包括签证和出入境记录)复印件及有效费用明细票据进行认真审核，严格按照批准的出国团组人员、天数、路线、经费预算及开支标准核销经费，不得核销与出访任务无关的开支。

第十七条 中央各部门根据出国经费预算，结合实际购汇需求，自主核定本部门及其所属单位购汇数额，通过财政部批准的人民币资金账户，向外汇指定银行购买外汇。

省级财政部门根据本级各部门和下级财政部门的申请，自主核定本地区购汇数额，并确定一家外汇指定银行具体办理购汇手续。

第四章 监督检查

第十八条 除涉密内容和事项外，因公临时出国经费的预决算应当按照预决算信息公开的有关规定，及时公开，主动接受社会监督。

第十九条 各级外事、财政、审计等部门对因公临时出国情况进行定期或不定期联合检查。各级财政部门应当定期或不定期对各部门各单位因公临时出国经费管理使用情况进行监督检查。审计部门应当对各部门各单位因公临时出国经费管理使用情况进行审计。

财务部门应当建立健全因公临时出国团组内部监督检查机制，每半年向同级外事、财政部门报送本部门本单位因公临时出国经费使用情况。严格按照预算绩效管理的有关规定，加强因公临时出国经费预算绩效评价，切实提高预算资金的使用效益。

第二十条 组团单位应当采取集中形式，对团组全体人员进行行前财经纪律教育。对出国人员违反本办法规定，有下列行为之一的，除相关开支一律不予报销外，按照《财政违法行为处罚处分条例》等有关规定严肃处理，并追究有关人员责任：

（一）违规扩大出国经费开支范围的；

（二）擅自提高经费开支标准的；

（三）虚报团组级别、人数、国家数、天数等，套取出国经费的；

（四）使用虚假发票报销出国费用的；

（五）其他违反本办法的行为。

第五章　附　　则

第二十一条　各地区各部门各单位因公临时赴香港、澳门、台湾地区的，适用本办法。

第二十二条　各地区各部门各单位可以根据本办法，结合实际制定具体规定，报财政部备案。边境地区有频繁出国任务的，其因公临时出国经费开支标准和管理办法由所在省、自治区财政厅根据实际情况制定，并报财政部备案。

第二十三条　对与我新建交或未建交国家，相关经费开支标准暂按照经济水平相近的邻国标准执行。

第二十四条　财政部、外交部根据出访国家或地区经济发展、物价等变动情况，对相关经费开支标准适时调整。

第二十五条　国有企业和其他因公临时出国人员参照本办法执行。

第二十六条　本办法由财政部、外交部负责解释。

第二十七条　本办法自发布之日起30日后施行。财政部、外交部《关于印发〈临时出国人员费用开支标准和管理办法〉的通知》（财行〔2001〕73号）和财政部、中国民用航空总局《关于加强因公出国机票管理的通知》（财外字〔1998〕283号）同时废止。

附：（略）

中央和国家机关差旅费管理办法

1．2013年12月31日财政部印发

2．财行〔2013〕531号

3．自2014年1月1日起施行

第一章　总　　则

第一条　为加强和规范中央和国家机关国内差旅费管理，推进厉行节约反对浪费，根据《党政机关厉行节约反对浪费条例》，制定本办法。

第二条 本办法适用于中央和国家机关，以及参照公务员法管理的事业单位（以下简称中央单位）。

本办法所称中央和国家机关，是指党中央各部门，国务院各部委、各直属机构，全国人大常委会办公厅，全国政协办公厅，最高人民法院，最高人民检察院，各人民团体、各民主党派中央和全国工商联。

第三条 差旅费是指工作人员临时到常驻地以外地区公务出差所发生的城市间交通费、住宿费、伙食补助费和市内交通费。

第四条 中央单位应当建立健全公务出差审批制度。出差必须按规定报经单位有关领导批准，从严控制出差人数和天数；严格差旅费预算管理，控制差旅费支出规模；严禁无实质内容、无明确公务目的的差旅活动，严禁以任何名义和方式变相旅游，严禁异地部门间无实质内容的学习交流和考察调研。

第五条 财政部按照分地区、分级别、分项目的原则制定差旅费标准，并根据经济社会发展水平、市场价格及消费水平变动情况适时调整。

第二章 城市间交通费

第六条 城市间交通费是指工作人员因公到常驻地以外地区出差乘坐火车、轮船、飞机等交通工具所发生的费用。

第七条 出差人员应当按规定等级乘坐交通工具。乘坐交通工具的等级见下表：

交通工具 / 级别	火车（含高铁、动车、全列软席列车）	轮船（不包括旅游船）	飞机	其他交通工具（不包括出租小汽车）
部级及相当职务人员	火车软席（软座、软卧），高铁/动车商务座，全列软席列车一等软座	一等舱	头等舱	凭据报销
司局级及相当职务人员	火车软席（软座、软卧），高铁/动车一等座，全列软席列车一等软座	二等舱	经济舱	凭据报销
其余人员	火车硬席（硬座、硬卧），高铁/动车二等座、全列软席列车二等软座	三等舱	经济舱	凭据报销

部级及相当职务人员出差，因工作需要，随行一人可乘坐同等级交通工具。

未按规定等级乘坐交通工具的，超支部分由个人自理。

第八条 到出差目的地有多种交通工具可选择时，出差人员在不影响公务、确保安全的前提下，应当选乘经济便捷的交通工具。

第九条 乘坐飞机的，民航发展基金、燃油附加费可以凭据报销。

第十条 乘坐飞机、火车、轮船等交通工具的，每人次可以购买交通意外保险一份。所在单位统一购买交通意外保险的，不再重复购买。

第三章 住 宿 费

第十一条 住宿费是指工作人员因公出差期间入住宾馆（包括饭店、招待所，下同）发生的房租费用。

第十二条 财政部分地区制定住宿费限额标准。各省、自治区、直辖市和计划单列市财政厅（局）根据当地经济社会发展水平、市场价格、消费水平等因素，提出所在市（省会城市、直辖市、计划单列市，下同）的住宿费限额标准报财政部，经财政部统筹研究提出意见反馈地方审核确认后，由财政部统一发布作为中央单位工作人员到相关地区出差的住宿费限额标准（见附表）。

对于住宿价格季节性变化明显的城市，住宿费限额标准在旺季可适当上浮一定比例，具体规定由财政部另行发布。

第十三条 部级及相当职务人员住普通套间，司局级及以下人员住单间或标准间。

第十四条 出差人员应当在职务级别对应的住宿费标准限额内，选择安全、经济、便捷的宾馆住宿。

第四章 伙食补助费

第十五条 伙食补助费是指对工作人员在因公出差期间给予的伙食补助费用。

第十六条 伙食补助费按出差自然（日历）天数计算，按规定标准包干使用。

第十七条 财政部分地区制定伙食补助费标准。各省、自治区、直辖市和计划单列市财政厅（局）负责根据当地经济社会发展水平、市场价格、消费水平等因素，参照所在市公务接待工作餐、会议用餐等标准提出伙食补助费标准报财政部，经财政部统筹研究提出意见反馈地方审核确认后，由财政部统一发布作为中央单位工作人员到相关地区出差的伙食补助费标准（见附表）。

第十八条 出差人员应当自行用餐。凡由接待单位统一安排用餐的，应当向接待单位交纳伙食费。

第五章 市内交通费

第十九条 市内交通费是指工作人员因公出差期间发生的市内交通费用。

第二十条 市内交通费按出差自然(日历)天数计算,每人每天80元包干使用。

第二十一条 出差人员由接待单位或其他单位提供交通工具的,应向接待单位或其他单位交纳相关费用。

第六章 报销管理

第二十二条 出差人员应当严格按规定开支差旅费,费用由所在单位承担,不得向下级单位、企业或其他单位转嫁。

第二十三条 城市间交通费按乘坐交通工具的等级凭据报销,订票费、经批准发生的签转或退票费、交通意外保险费凭据报销。

住宿费在标准限额之内凭发票据实报销。

伙食补助费按出差目的地的标准报销,在途期间的伙食补助费按当天最后到达目的地的标准报销。

市内交通费按规定标准报销。

未按规定开支差旅费的,超支部分由个人自理。

第二十四条 工作人员出差结束后应当及时办理报销手续。差旅费报销时应当提供出差审批单、机票、车票、住宿费发票等凭证。

住宿费、机票支出等按规定用公务卡结算。

第二十五条 财务部门应当严格按规定审核差旅费开支,对未经批准出差以及超范围、超标准开支的费用不予报销。

实际发生住宿而无住宿费发票的,不得报销住宿费以及城市间交通费、伙食补助费和市内交通费。

第七章 监督问责

第二十六条 各单位应当加强对本单位工作人员出差活动和经费报销的内控管理,对本单位出差审批制度、差旅费预算及规模控制负责,相关领导、财务人员等对差旅费报销进行审核把关,确保票据来源合法,内容真实完整、合规。对未经批准擅自出差、不按规定开支和报销差旅费的人员进行严肃处理。

一级预算单位应当强化对所属预算单位的监督检查,发现问题及时处理,重大问题向财政部报告。

各单位应当自觉接受审计部门对出差活动及相关经费支出的审计监督。

第二十七条 财政部会同有关部门对中央单位差旅费管理和使用情况进行监督检查。主要内容包括:

(一)单位差旅审批制度是否健全,出差活动是否按规定履行审批手续;

(二)差旅费开支范围和标准是否符合规定;

(三)差旅费报销是否符合规定;

(四)是否向下级单位、企业或其他单位转嫁差旅费;

（五）差旅费管理和使用的其他情况。

第二十八条 出差人员不得向接待单位提出正常公务活动以外的要求，不得在出差期间接受违反规定用公款支付的宴请、游览和非工作需要的参观，不得接受礼品、礼金和土特产品等。

第二十九条 违反本办法规定，有下列行为之一的，依法依规追究相关单位和人员的责任：

（一）单位无出差审批制度或出差审批控制不严的；

（二）虚报冒领差旅费的；

（三）擅自扩大差旅费开支范围和提高开支标准的；

（四）不按规定报销差旅费的；

（五）转嫁差旅费的；

（六）其他违反本办法行为的。

有前款所列行为之一的，由财政部会同有关部门责令改正，违规资金应予追回，并视情况予以通报。对直接责任人和相关负责人，报请其所在单位按规定给予行政处分。涉嫌违法的，移送司法机关处理。

第八章 附 则

第三十条 工作人员外出参加会议、培训，举办单位统一安排食宿的，会议、培训期间的食宿费和市内交通费由会议、培训举办单位按规定统一开支；往返会议、培训地点的差旅费由所在单位按照规定报销。

第三十一条 不参照公务员法管理的事业单位参照本办法执行。

各单位应当根据本办法，结合本单位实际情况制定具体操作规定。

中国人民解放军和中国人民武装警察部队的差旅费管理办法参照本办法另行规定。

第三十二条 本办法由财政部负责解释。

第三十三条 本办法自2014年1月1日起施行。2006年11月13日发布的《财政部关于印发〈中央国家机关和事业单位差旅费管理办法〉的通知》（财行〔2006〕313号）同时废止，其他有关中央国家机关和事业单位差旅费管理规定与本办法不一致的，按照本办法执行。

附表：中央和国家机关差旅住宿费和伙食补助费标准表（略）

中央和国家机关差旅费管理办法有关问题的解答

2014年9月15日财政部办公厅印发

1. 出差人员由接待单位统一安排食宿的如何交伙食费?

除接待单位按照《党政机关国内公务接待管理规定》安排的一次工作餐外,出差人员就餐应当自行解决。接待单位协助安排就餐的,出差人员应当在差旅费管理办法规定的标准内向接待单位交纳相应的伙食费。接待单位应向出差人员出具接收凭证(不作报销依据),收取的伙食费用于抵顶接待单位的招待费支出。

2. 出差人员由接待单位或其他单位提供交通工具的如何交市内交通费?

市内交通应由出差人员自行解决。接待单位提供交通工具的,出差人员应当在差旅费管理办法规定的标准内向接待单位交纳市内交通费。接待单位应向出差人员出具接收凭证(不作报销依据),收取的市内交通费用于抵顶接待单位的车辆运行支出。

3. 出差人员实际发生住宿而无住宿发票的差旅费如何报销?

出差人员实际发生住宿而无住宿费发票的,如果是住在自己家里的,或到边远地区出差,无法取得住宿费发票的,由出差人员说明情况并经所在部门领导批准,可以报销城市间交通费、伙食补助费和市内交通费,其他情况一般不予报销差旅费。

4. 中央在京单位工作人员到远郊区县开展公务活动如何报销差旅费?

中央在京单位工作人员到远郊区县参加会议、培训的,不报销住宿费、伙食补助费和市内交通费;到远郊区县开展其他公务活动且实际发生住宿、伙食、交通等费用的,按照差旅费管理办法的规定标准报销。统一安排伙食、交通工具的,不再报销伙食补助费和市内交通费。

北京市远郊区县是指门头沟区、房山区、通州区、顺义区、昌平区、大兴区、怀柔区、平谷区、密云县、延庆县。

5. 工作人员调动搬迁路费如何报销?

中央和国家机关工作人员因调动工作发生的城市间交通费、住宿费、伙食补助费和市内交通费,由调入单位按照差旅费管理办法的规定予以一次性报销。随迁家属和搬迁家具发生的费用由调动人员自理。

6. 出差人员符合乘坐火车软卧条件而改乘软座的是否给予补助？

差旅费管理办法规定的交通工具等级是出差人员可以乘坐交通工具的上限。出差人员应严格按照差旅费管理办法规定的等级乘坐相应交通工具，符合乘坐火车软卧条件而改乘软座的，不给予补助。

7. 经单位领导批准工作人员出差期间回家省亲办事的差旅费如何报销？

工作人员出差期间回家省亲办事的，城市间交通费按不高于从出差目的地返回单位按规定乘坐相应交通工具的票价予以报销，超出部分由个人自理；伙食补助费和市内交通费按从出差目的地返回单位的天数（扣除回家省亲办事的天数）和规定标准予以报销。

8. 参加会议、培训的差旅费如何报销？

到常驻地以外参加会议、培训的，会议、培训期间执行会议和培训费的相关制度。往返会议、培训地点发生的城市间交通费、伙食补助费和市内交通费按照差旅费管理办法的规定报销。其中，伙食补助费和市内交通费按往返各 1 天计发，当天往返的按 1 天计发。

9. 出差乘坐飞机的，从驻地到机场的交通费如何报销？

新修订的差旅费管理办法对市内交通费实行包干办法，按出差自然天数每人每天 80 元包干使用。往返驻地和机场的交通费在按规定发放的市内交通费内统筹解决，不再另外报销。

10. 出差人员是否可以乘坐全列软席列车软卧？

出差人员原则上乘坐全列软席列车软座，但在晚 8 时至次日晨 7 时期间乘车时间 6 小时以上的，或连续乘车超过 12 小时的，经单位领导批准，可以乘坐软卧，按照软卧车票报销。

11. 中央和国家机关工作人员出差是否还要入住定点饭店？

新修订的《中央和国家机关差旅费管理办法》不要求出差人员必须入住定点饭店，从 2015 年起，财政部也不再组织招标采购出差的定点饭店。

12. 司局级以下级别人员是否要求 2 人住 1 间房？

新修订的差旅费管理办法实行分地区按级别制定每人每天住宿费开支标准，在规定标准之内出差人员可以自行选择与其级别相适应的房间类型，对 2 人住 1 间房不再作硬性规定。

关于规范差旅伙食费和市内交通费收交管理有关事项的通知

1. 2019年7月3日财政部办公厅、国管局办公室、中直管理局办公室印发
2. 财办行〔2019〕104号

为进一步贯彻落实中央八项规定精神,严肃财经纪律,根据《党政机关厉行节约反对浪费条例》《党政机关国内公务接待管理规定》《中央和国家机关差旅费管理办法》等规章制度,现就规范差旅伙食费和市内交通费收交管理有关事项通知如下:

一、中央单位出差人员(以下称出差人员)出差期间按规定领取伙食补助费。除确因工作需要由接待单位按规定安排的一次工作餐外,用餐费用自行解决。出差人员需接待单位协助安排用餐的,应当提前告知控制标准,并向伙食提供方交纳伙食费。

在单位内部食堂用餐,有对外收费标准的,出差人员按标准交纳;没有对外收费标准的,早餐按照日伙食补助费标准的20%交纳,午餐、晚餐按照日伙食补助费标准的40%交纳。在宾馆、饭店等餐饮服务单位用餐的,按照餐饮服务单位收费标准交纳相关费用。

二、出差人员出差期间按规定领取市内交通费。接待单位协助提供交通工具并有收费标准的,出差人员按标准交纳,最高不超过日市内交通费标准;没有收费标准的,每人每半天按照日市内交通费标准的50%交纳。

三、接待单位协助安排用餐、提供交通工具的,出差人员应当索取相应的行政事业单位资金往来结算票据或税务发票等凭证,个人保存备查,不作为报销依据。

四、接待单位应当按规定收取出差人员相关费用,及时出具行政事业单位资金往来结算票据或税务发票;确实无法出具上述凭证的,可出具其他收款凭证。加强收取费用的管理,做好业务台账登记,纳入统一核算,所收费用可作为代收款项用于相关支出或作收入处理。

五、各地区各部门要督促接待单位按照中央八项规定精神和党政机关公务接待管理有关规定,进一步完善内部管理制度,合理制定收费标准,协助安排用餐应当根据出差人员告知的控制标准合理安排。

六、各地要结合本地区实际,制定本地区出差人员差旅伙食费和市内交通费收交管理规定。中央单位可根据本通知要求，制定本单位差旅伙食费和市内交通费交纳、报销具体操作规定。

七、本通知自 2019 年 8 月 1 日起施行。

三、公务用车

·党规党纪·

党政机关公务用车管理办法

1. 2017年12月5日中共中央批准
2. 2017年12月5日中共中央办公厅、国务院办公厅印发

第一章 总 则

第一条 为了进一步规范党政机关公务用车管理，有效保障公务活动，促进党风廉政建设和节约型机关建设，根据《党政机关厉行节约反对浪费条例》、《机关事务管理条例》等有关规定，制定本办法。

第二条 本办法适用于党的机关、人大机关、行政机关、政协机关、监察机关、审判机关、检察机关，以及工会、共青团、妇联等人民团体和参照公务员法管理的事业单位。

第三条 本办法所称公务用车，是指党政机关配备的用于定向保障公务活动的机动车辆，包括机要通信用车、应急保障用车、执法执勤用车、特种专业技术用车以及其他按照规定配备的公务用车。

机要通信用车是指用于传递、运送机要文件和涉密载体的机动车辆。

应急保障用车是指用于处理突发事件、抢险救灾或者其他紧急公务的机动车辆。

执法执勤用车是指中央批准的执法执勤部门（系统）用于一线执法执勤公务的机动车辆。

特种专业技术用车是指固定搭载专业技术设备、用于执行特殊工作任务的机动车辆。

第四条 党政机关公务用车管理遵循统一管理、定向保障、经济适用、节能环保的原则。

第五条 党政机关公务用车实行统一制度规范、分级分类管理。党政机关公务用车主管部门负责本级党政机关公务用车管理工作，根据职责实行统一编制、统一标准、统一购置经费、统一采购配备管理;指导监督下级党政机关公务用车管理工作。

第二章 编制和标准管理

第六条 党政机关公务用车实行编制管理。车辆编制根据机构设置、人员编制和工作需要等因素确定。

机要通信用车、应急保障用车和其他按照规定配备的公务用车编制由公务用车主管部门会同有关部门确定。

执法执勤用车、特种专业技术用车编制由财政部门会同有关部门确定,并送公务用车主管部门备案。

第七条 党政机关配备公务用车应当严格执行以下标准:

(一)机要通信用车配备价格12万元以内、排气量1.6升(含)以下的轿车或者其他小型客车。

(二)应急保障用车和其他按照规定配备的公务用车配备价格18万元以内、排气量1.8升(含)以下的轿车或者其他小型客车。确因情况特殊,可以适当配备价格25万元以内、排气量3.0升(含)以下的其他小型客车、中型客车或者价格45万元以内的大型客车。

(三)执法执勤用车配备价格12万元以内、排气量1.6升(含)以下的轿车或者其他小型客车,因工作需要可以配备价格18万元以内、排气量1.8升(含)以下的轿车或者其他小型客车。确因情况特殊,可以适当配备价格25万元以内、排气量3.0升(含)以下的其他小型客车、中型客车或者价格45万元以内的大型客车。

(四)特种专业技术用车配备标准由有关部门会同财政部门按照保障工作需要、厉行节约的原则确定。

公务用车配备新能源轿车的,价格不得超过18万元。

上述配备标准应当根据公务保障需要、汽车行业技术发展、市场价格变化等因素适时调整。

第八条 严格控制执法执勤用车的配备范围、编制和标准。执法执勤用车配备应当严格限定在一线执法执勤岗位。

第三章 配备和经费管理

第九条 公务用车主管部门根据公务用车配备更新标准和现状,编制年度公务用车配备更新计划。

第十条 财政部门根据年度公务用车配备更新计划,按照预算管理有关规定统筹安排购置经费,列入公务用车主管部门预算。

第十一条 财政部门会同公务用车主管部门制定公务用车运行费用定额标准,

统筹安排公务用车运行费用，列入党政机关部门预算。

第十二条 公务用车主管部门按照政府采购法律法规和国家有关政策规定，统一组织实施公务用车集中采购。

第十三条 党政机关应当配备使用国产汽车，带头使用新能源汽车，按照规定逐步扩大新能源汽车配备比例。

第十四条 地方各级党政机关确因工作需要超出规定标准配备公务用车的，必须报省级公务用车主管部门批准。

党政机关原则上不配备越野车。确因工作需要，按照程序报批后，可以适当配备国产越野车。越野车不得作为领导干部固定用车。

第十五条 除涉及国家安全、侦查办案等有保密要求的特殊工作用车外，党政机关公务用车产权注册登记所有人应当为本机关法人，不得将公务用车登记在下属单位、企业或者个人名下。

第四章 使用和处置管理

第十六条 党政机关应当加强公务用车使用管理，严格按照规定使用公务用车，严禁公车私用、私车公养，不得既领取公务交通补贴又违规使用公务用车。

第十七条 党政机关应当推进公务用车服务平台建设。各地区应当结合实际，将各类公务用车纳入平台集中管理，采用信息化手段统筹调度、高效使用，鼓励通过社会化专业机构提高平台管理运行效率。

第十八条 党政机关应当推进公务用车标识化管理。除涉及国家安全、侦查办案和其他有保密要求的特殊工作用车外，公务用车应当统一标识。

第十九条 党政机关应当建立公务用车管理台账，加强相关证照档案的保存和管理。

各省、自治区、直辖市以及中央和国家机关公务用车主管部门应当建立统一的公务用车管理信息系统，提高公务用车配备使用管理信息化水平。

第二十条 党政机关应当建立健全公务用车使用管理制度，严格执行，加强监督，降低运行成本。

严格公务用车使用时间、事由、地点、里程、油耗、费用等信息登记和公示制度。严格执行回单位或者其他指定地点停放制度，节假日期间除工作需要外应当封存停驶。

实行公务用车保险、维修、加油政府集中采购和定点保险、定点维修、定点加油制度，健全公务用车油耗、运行费用单车核算和年度绩效评价制度。

第二十一条 党政机关应当减少公务用车长途行驶，工作人员到外地办理公务，除特殊情况外，应当乘用公共交通工具。外事接待、会议和集体活动用车主要通过社会租赁方式解决。

第二十二条 公务用车使用年限超过8年的可以更新；达到更新年限仍能继续使用的，应当继续使用。因安全等原因确需提前更新的，应当严格履行审批手续。

公务用车按照规定更新后，可以采取拍卖、厂家回收、报废等方式规范处置旧车。处置收入按照非税收入有关规定管理。

第五章 监督问责

第二十三条 党政机关应当建立公务用车配备更新和使用情况统计报告制度。各省、自治区、直辖市公务用车主管部门负责统计汇总本地区公务用车配备更新和使用情况。国家机关事务管理局、中共中央直属机关事务管理局负责统计汇总中央和国家机关公务用车配备更新和使用情况。

第二十四条 党政机关应当严格执行公务用车配备使用管理各项规定，将公务用车配备更新、使用、处置和经费预算执行等情况纳入内部审计、政务公开和政务诚信建设范围，接受社会监督。

公务用车主管部门应当加强对党政机关公务用车配备更新、使用、处置等情况的监督检查，定期通报或者公示相关情况。

财政、审计部门应当加强对公务用车经费预算管理使用情况的监督检查，依法处理、督促整改违规问题，并将涉嫌违纪违法问题移送有关部门查处。

公安交通管理部门应当定期与公务用车主管部门交换公务用车注册登记信息、使用状态等情况。

纪检监察机关应当及时受理群众举报和有关部门移送的公务用车管理问题线索，严肃查处违纪违法问题。

第二十五条 公务用车主管部门有下列情形之一的，依纪依法追究相关人员责任：

（一）违规核定公务用车编制的；

（二）违规审批超编制、超标准配备公务用车的；

（三）违规审批未到年限更新公务用车的；

（四）违规安排公务用车经费预算的；

（五）有其他未按规定履行管理监督职责行为的。

第二十六条 党政机关有下列情形之一的，依纪依法追究相关人员责任：

（一）超编制、超标准配备公务用车的；

（二）违反规定将公务用车登记在下属单位、企业或者个人名下的；

（三）公车私用、私车公养，或者既领取公务交通补贴又违规使用公务用车的；

（四）换用、借用、占用下属单位或者其他单位和个人的车辆，或者擅自接受企事业单位和个人赠送车辆的；

（五）挪用或者固定给个人使用执法执勤、机要通信等公务用车的；

（六）为公务用车增加高档配置或者豪华内饰的；

（七）在车辆维修等费用中虚列名目或者夹带其他费用，为非本单位车辆报销运行维护费用的；

（八）违规处置公务用车的；

（九）有其他违反公务用车配备使用管理规定行为的。

第六章 附 则

第二十七条 本办法所称小型客车、中型客车、大型客车等，依据中华人民共和国公共安全行业标准 GA 802—2014《机动车类型 术语和定义》界定。

第二十八条 各省、自治区、直辖市以及中央和国家机关各部门，应当根据本办法，结合实际制定具体管理办法。

第二十九条 中央和国家机关所属垂直管理机构、派出机构公务用车由行政主管部门依照本办法进行管理。

各民主党派机关公务用车管理适用本办法。

不参照公务员法管理的事业单位公务用车，按照本办法的原则管理。

第三十条 本办法由国家机关事务管理局、中共中央直属机关事务管理局会同有关部门负责解释。

第三十一条 本办法自 2017 年 12 月 5 日起施行。中共中央办公厅、国务院办公厅 2011 年 1 月 6 日印发的《党政机关公务用车配备使用管理办法》同时废止。

关于全面推进公务用车制度改革的指导意见

2014 年 7 月 12 日中共中央办公厅、国务院办公厅印发

为贯彻落实党的十八大和十八届三中全会精神及《党政机关厉行节约反对浪费条例》，改革公务用车制度，规范公务用车运行管理，有效降低行政成本，现就全面推进公务用车制度改革提出如下指导意见。

一、充分认识公务用车制度改革的重要意义

新中国成立以来，公务用车一直实行实物供给制度，对保障公务出行发挥了重要作用。随着社会主义市场经济体制不断完善，传统公务用车制度越来越难以适应形势发展需要，车辆配备范围过大、运行管理成本偏高、公车私用等问题日益突出，社会对此反映强烈。为解决公务用车领域存在的突出问题，习近平总书记、李克强总理多次作出重要指示，党中央、国务院专门作出部署，强调要全面推进公务用车制度改革。近年来一些地方和部门进行了积极改革探索，为全面推进公务用车制度改革积累了有益经验。

全面推进公务用车制度改革，是加强党风廉政建设、厉行节约反对浪费的重要举措，是转变政府职能、推进后勤服务社会化改革的重要内容，是顺应民意、维护党和政府形象的迫切要求。各地区各部门要充分认识公务用车制度改革的重要意义，采取切实有效措施加快改革步伐。

二、指导思想、基本原则和总体目标

（一）指导思想

按照中央关于厉行节约反对浪费的要求，坚持社会化、市场化方向，加快推进公务用车制度改革，合理有效配置公务用车资源，创新公务交通分类提供方式，保障公务出行，降低行政成本，积极推进廉洁型机关和节约型社会建设。

（二）基本原则

1. 创新制度、分类保障。改革公务用车实物供给方式，取消一般公务用车，普通公务出行实行社会化提供并适度补贴交通费用，从严配备定向化保障的公务用车。

2. 统筹协调、政策配套。妥善处理公务用车制度改革涉及的各种利益关系，科学制定改革方案和配套政策，确保新旧制度平稳过渡、有机衔接。

3. 统一部署、分步实施。各地区各部门按照中央确定的改革方向和原则制定改革实施方案，中央和国家机关先行示范，地方党政机关加快实行，事业单位、国有企业和国有金融企业有序推进。

（三）总体目标

力争在2014年年底前基本完成中央和国家机关及其所属参照公务员法管理的事业单位公务用车制度改革，2015年年底前基本完成地方党政机关公务用车制度改革，用2至3年时间全面完成公务用车制度改革。通过改革，切实实现公务出行便捷合理、交通费用节约可控、车辆管理规范透明、监管问责科学有效，基本形成符合国情的新型公务用车制度。

三、主要任务

（一）改革公务交通保障方式

改革党政机关（包括各级党委、人大、政府、政协、审判、检察机关，各民主党派和工商联，参照公务员法管理的人民团体、群众团体、事业单位，下同）公务用车实物供给方式，取消一般公务用车，保留必要的机要通信、应急、特种专业技术用车和符合规定的一线执法执勤岗位车辆及其他车辆。改革后，行政区域（城区或规定区域）内普通公务出行方式由公务人员自行选择，实行社会化提供，适度发放公务交通补贴。公务交通补贴保障范围要与差旅费保障范围搞好衔接，对边远地区和交通不便地区，要做好远距离公务出行的差旅费保障。鼓励省（自治区、直辖市）所属厅（局）正职主要负责人和市（地、州、盟）、县（市、区、旗）及乡（镇）党政主要负责人参加改革，确因环境所限和工作需要不便取消公务用车的，允许以适当集中形式提供工作用车实物保障，但须严格规范管理，不得再领取公务交通补贴，具体范围由各地根据本意见研究确定。

规范事业单位、国有企业和国有金融企业职务待遇和业务消费，对原符合车辆配备条件的岗位和人员，逐步按规定纳入改革，改革后不得再配备车辆；对保留的必要的国有企业、国有金融企业经营用车和事业单位业务用车实行集中管理；取消与经营和业务保障无关的车辆。事业单位、国有企业和国有金融企业公务用车制度改革要与年薪制、岗位津贴及国家相关财务管理制度等统筹考虑、相互衔接。

（二）合理确定党政机关公务交通补贴标准

各级党政机关要从实际出发，综合考虑公务出行成本、经济发展水平、社会承受能力、辖区面积、自然地理环境、公务出行次数和距离、行政级别和实际承担的工作职责等因素，按照节约成本、保证公务、便于操作、简化档次的要求，确定本地区公务交通补贴标准。根据交通成本等相关因素变化情况，公务交通补贴标准可适时适度进行调整。允许参改单位根据实际情况，从公务交通补贴中划出一定比例作为单位统筹部分，集中用于解决不同岗位之间公务出行不均衡等问题，统筹资金使用须公开透明，具体管理办法由各单位制定。对特别重大抢险救灾、事故处理、突发事件处置等不可预测的特殊事项，各地可从实际出发在应急预案中另行制定特殊情况下公务用车保障办法。地方公务交通补贴标准不得高于中央和国家机关补贴标准的130%，边疆民族地区和其他边远地区标准不得高于中央和国家机关补贴标准的150%。各省（自治区、直辖市）之间补贴标准差距不宜过大，同一省（自治区、直辖市）内不同地区补贴标准差距不得超过20%，同一市（地、州、盟）实行统一的补贴标准。地方补贴标准层级划分可不与中央和国家机关层级完全对应。驻地方的中央垂直管理单位补贴标准按属地化原则参照所在地区标准执行，经费由中央财政负担。

（三）妥善安置司勤人员

各级党政机关根据改革后的实际需要，合理设置司勤人员岗位，采取公开、平等、竞争、择优的方式确定留用人员；未聘人员原则上以内部消化为主，通过内部转岗、开辟新的就业岗位、提前离岗等措施妥善安置。依法做好未留用人员聘用合同或劳动合同的终止、解除工作，维护其合法权益，相关必要支出由各级财政安排专项经费予以保障。各级人力资源社会保障部门会同有关部门组成工作组，负责指导参改单位做好司勤人员安置工作，确保改革平稳推进。参改事业单位、国有企业和国有金融企业要依法做好司勤人员安置工作。

（四）公开规范处置公务用车

取消的公务用车，由各级相关职能部门统一规范处置。对取消的一般公务用车，要制定处置办法，公开招标评估、拍卖机构，通过公开拍卖等方式公开处置。取消车辆处置要防止甩卖和贱卖现象，避免国有资产流失。党政机关公务用车处置收入，扣除有关税费后全部上缴国库。参改事业单位、国有企业和国有金融企业车辆处置收入，按国家有关财务管理制度执行。各地可根据实际情况，对未能及时处置的车辆，采取设立过渡性车辆服务中心或社会化车辆租赁公司的方式，进行市场化运营，减少车辆闲置浪费，过渡期由各地确定，政府不得变相为其提供财政性补贴。

四、健全公务用车管理和保障制度

（一）加强定向化保障车辆管理

各级党政机关公务用车主管部门要会同有关部门严格核定定向化保障公务用车的编制和标准，车辆配备优先选用新能源汽车。执法执勤用车配备应当严格限制在一线执法执勤岗位，机关内部管理和后勤岗位以及机关所属事业单位一律不得配备。除涉及国家安全、侦查办案等有保密要求的特殊工作用车外，执法执勤用车应当喷涂明显的统一标识。机要通信、应急等车辆要充分考虑不同部门的工作差异，根据实际需要合理配备，保障到位。按规定保留的公务用车实行集中管理，逐步探索社会化监督的有效形式和具体办法。在从严控制总量的前提下，各地可根据实际情况确定和优化配置相关一线执法执勤岗位车辆，鼓励各地建立跨部门综合性执法用车平台。进一步精简地方公务用车管理机构。

（二）完善财务管理

党政机关公务交通补贴属于改革性补贴，统一纳入财政预算，在交通费中列支、按月发放，用于保障公务人员普通公务出行。各单位要加强财务管理，按照在编在岗公务员数量和职级核定补贴数额，严格公务交通补贴发放，不得擅自扩大补贴范围、提高补贴标准。

（三）加强公务用车监督检查

把公务用车配备和运行维护费用、交通补贴发放、车辆处置情况等纳入日常和专项审计监督及政务公开范围。党政机关不得以特殊用途等理由变相超编制、超标准配备公务用车，不得以任何方式换用、借用、占用下属单位或其他单位和个人的车辆，不得接受企事业单位和个人赠送的车辆，不得以任何理由违反用途使用或固定给个人使用执法执勤、机要通信等公务用车，不得以公务交通补贴名义变相发放福利。公务人员不得既领取公务交通补贴、又违规乘坐公务用车。纪检监察机关要强化监督检查，及时受理群众举报，依法依纪严肃查处违反公务用车制度改革和公务用车管理的行为，严肃追究相关责任人的责任。

（四）切实保障公务出行

鼓励公务出行利用公共交通服务。各地要采取有效措施，完善城市公共交通服务体系，探索发展适合公务出行的市场化交通定制服务，增加社会化交通供给。及时解决公务出行遇到的实际问题，确保改革后公务出行得到有效保障。

五、认真做好组织实施工作

（一）加强领导，明确责任

公务用车制度改革政策性强、任务艰巨，各地区各部门要高度重视，切实加强领导，严格工作纪律，明确工作责任。中央和地方分别建立公务用车制度改革领导小组，明确工作机制，负责落实各项改革任务，确保改革扎实稳步推进，既要改成，更要改好。

中央公务用车制度改革领导小组由国家发展改革委、国管局、中直管理局牵头，财政部、人力资源社会保障部、审计署等部门参加，主要负责指导、协调全国公务用车制度改革工作，制定并组织实施中央和国家机关公务用车制度改革方案及配套政策，会同有关部门制定中央和国家机关所属非参公事业单位、中央企业和中央金融企业公务用车制度改革方案。

各省（自治区、直辖市）公务用车制度改革领导小组要根据本地区实际情况，负责制定并组织实施本省（自治区、直辖市）党政机关、事业单位、国有企业和国有金融企业公务用车制度改革方案及配套政策。各省（自治区、直辖市）党政机关公务用车制度改革方案报中央公务用车制度改革领导小组批准后实施。

（二）精心组织，扎实推进

各地区各部门要健全工作机制，深入调查研究，细致统计测算，周密制定公务用车制度改革方案，明确时限要求，加强监督检查，及时有效解决改革中遇到的新情况新问题，确保各项工作落到实处。中央和国家机关及各省（自治区、直辖市）要尽快启动公务用车制度改革工作，确保在规定时限内完成改革任务。已先行开展公务用车制度改革的地区和部门要按本意见进行规范。

（三）加强舆论引导，营造良好氛围

切实加强公务用车制度改革舆论宣传工作，做好政策解读，阐释改革的目的和意义，正确引导社会舆论，及时回应社会关切，使广大公务人员和人民群众了解、支持改革，努力为改革营造良好社会氛围。

中央和国家机关公务用车制度改革方案

2014年7月12日中共中央办公厅、国务院办公厅印发

为贯彻落实党的十八大和十八届三中全会精神以及《党政机关厉行节约反对浪费条例》，推进中央和国家机关公务用车制度改革，加快建立新型公务用车制度，有效降低行政成本，根据《关于全面推进公务用车制度改革的指导意见》，制定本方案。

一、目标和原则

（一）总体目标

围绕建设节约型、廉洁型机关的要求，坚持社会化、市场化方向，转变传统的公务用车运行管理方式，合理有效配置公务用车资源，创新公务交通分类提供方式，实现公务出行便捷合理、交通费用节约可控、车辆管理规范透明、监管问责科学有效，为全国公务用车制度改革作出示范。

（二）基本原则

1. 坚持制度创新、保障公务出行。改革公务用车实物供给方式，取消一般公务用车，普通公务出行方式由公务人员自行选择，实行社会化提供并适度补贴交通费用，从严配备定向化保障的公务用车。

2. 坚持统筹兼顾、注重政策配套。综合考虑各种因素，正确处理改革涉及的各方面利益关系，科学制定改革方案和相关配套政策，增强可行性和协调性，确保新旧机制有效转换。

3. 坚持统一部署、分类分步推进。率先推进中央和国家机关及其所属参公事业单位公务用车制度改革，驻地方的中央垂直管理单位公务用车制度改革按照属地化原则推进，中央和国家机关所属非参公事业单位、中央企业和中央金融企业参照本方案制定相关改革政策，坚持先易后难，分类分步稳妥推进改革。

二、主要任务

（一）参改范围

1. 机构范围：中央纪委机关和中央各部门，全国人大机关，国务院各部门，全国政协机关，最高人民法院，最高人民检察院，各人民团体、群众团体，各民主党派中央、全国工商联、中央和国家机关所属参公事业单位。

2. 人员范围：在编在岗的司局级及以下工作人员。

3. 车辆范围：取消一般公务用车，保留必要的机要通信、应急、特种专业技术用车和符合规定的一线执法执勤岗位车辆及其他车辆。

（二）改革方式

1. 对参改的司局级及以下工作人员适度发放公务交通补贴，自行选择公务出行方式，在北京市行政区域（城区）内公务出行不再报销公务交通费用。

2. 按照节约成本、保证公务、便于操作、简化档次的要求，合理确定各职级工作人员公务交通补贴标准。具体为：司局级每人每月 1300 元，处级每人每月 800 元，科级及以下每人每月 500 元。各单位可根据实际情况，从公务交通补贴中划出一定比例作为单位统筹部分，集中用于解决不同岗位之间公务出行不均衡等问题，比例原则上不超过补贴总额的 10%。统筹资金使用要公开透明，具体管理办法由各单位自行制定。

3. 公务交通补贴属于改革性补贴，列入财政预算，在交通费中列支、按月发放，用于保障公务人员普通公务出行。适时适度调整公务交通补贴标准。

4. 执法执勤部门统一参加公务用车制度改革，按规定保留的执法执勤用车要严格配备在一线执法执勤岗位，执法执勤部门的其他一般公务用车一律纳入改革范围。

5. 对未参改单位和人员，不得发放公务交通补贴。

（三）车辆处置

1. 对取消的公务用车，由公务用车主管部门统一规范处置。

2. 对取消的公务用车，委托中介机构进行资产评估，以评估价作为处置基准价，采取公开拍卖等方式进行公开处置，处置结果向社会公开。

3. 处置公务用车所得收入，扣除有关税费后全部上缴中央国库。

4. 取消车辆处置要防止甩卖和贱卖现象，避免国有资产流失。

（四）司勤人员安置

1. 根据保留公务用车的实际需要，合理设置司勤人员岗位，按照公开、平等、竞争、择优的原则，在现有在册正式司勤人员中，采用竞聘上岗、综合择优等方式确定上岗人员。

2. 对其他司勤人员，按照以人为本、积极稳妥、因地制宜的原则，坚持内部消化为主，通过内部转岗、开辟新的就业岗位、提前离岗等多种方式妥善安置，不得将其简单推向社会。

3. 做好相关人员聘用合同或劳动合同的终止、解除工作，妥善处理该类用工形式司勤人员与单位的劳动关系，维护好相关人员合法权益。

4. 人员安置工作由人力资源社会保障部统筹协调，所需支出由财政安排专项经费予以保障。

三、保障措施

（一）加强保留公务用车管理。中央和国家机关各部门各单位根据编制总量和工作性质可保留5辆以内的机要通信、应急公务用车，由公务用车主管部门实行编制管理，编制数量和配备标准要根据各部门各单位实际工作情况科学确定，优先选用新能源汽车。执法执勤用车配备应当严格限制在一线执法执勤岗位，机关内部管理和后勤岗位以及机关所属事业单位一律不得配备。财政部要会同有关部门按规定对执法执勤用车进行核定和规范。除涉及国家安全、侦查办案等有保密要求的特殊工作用车外，执法执勤用车应当喷涂明显的统一标识。国管局会同中直管理局负责修订公务用车使用管理办法，加强公务用车规范化管理。进一步精简公务用车管理机构。

（二）严格财务管理。财政部要严格交通费用预算管理。各单位要加强财务管理，按照在编在岗公务员数量和职级核定补贴数额，严格公务交通补贴发放，不得擅自扩大补贴人员范围、提高补贴标准。

（三）加强公务用车纪律检查和审计。严肃公务用车纪律，各部门各单位不得以特殊用途等理由变相超编制、超标准配备公务用车，不得以任何方式换用、借用、占用下属单位或其他单位和个人的车辆，不得接受企事业单位和个人赠送的车辆，不得以任何理由违反用途使用或固定给个人使用执法执勤、机要通信等公务用车，不得以交通补贴名义变相发放福利。公务人员不得既领取公务交通补贴、又违规乘坐公务用车。纪检监察机关负责对公务用车制度改革执行情况进行监督检查，纠正和查处违纪违法行为。审计部门要对公务用车改革情况进行监督，并将改革后公务用车配备和运行维护费用、交通补贴发放、车辆处置情况等纳入日常和专项审计监督。

（四）切实保障公务出行。北京市要采取切实措施，健全城市公共交通服务体系，完善出租车市场化运营管理方式，增加社会化交通供给。及时解决公务出行遇到的问题，保障中央和国家机关普通公务出行。

四、加强组织实施

（一）加强领导。中央公务用车制度改革领导小组负责组织实施中央和国家机关公务用车制度改革工作。各部门各单位要成立公务用车制度改革工作组，负责制定本部门本单位实施方案，报中央公务用车制度改革领导小组批准后组织实施。已先行改革的单位要按照本方案规范执行。

（二）明确责任。各部门各单位主要负责人对本部门本单位公务用车制度改革工作负全面领导责任，要认真研究部署，明确任务分工和责任，确定相关责任人员，把各项工作落到实处，确保改革顺利推进。

（三）分步实施。本方案自印发之日起实施，力争在 2014 年年底前基本完成。驻地方的中央垂直管理单位改革方案由中央公务用车制度改革领导小组会同有关部门制定，与地方改革同步推进。中央和国家机关所属非参公事业单位、中央企业和中央金融企业改革方案由中央公务用车制度改革领导小组会同有关部门制定，力争在 2015 年年底前完成。

（四）加强舆论引导。切实做好公务用车制度改革的新闻宣传和舆论引导工作，广泛宣传相关政策规定、典型经验和成效，及时回应社会关切，使广大公务人员和人民群众了解、支持改革，努力为改革营造良好社会氛围。

四、会 议 培 训

·党规党纪·

关于进一步改进会议和领导同志活动新闻报道的意见

2003年4月5日中共中央办公厅印发

为全面贯彻党的十六大精神和“三个代表”重要思想，促进和带动全党同志特别是各级领导干部进一步改进思想作风、工作作风和领导作风，遵照十六届中央政治局第一次全体会议关于加强中央政治局自身建设的有关精神，按照从工作需要出发，注重新闻价值和社会效果，使新闻报道更好地贴近实际、贴近生活、贴近群众，更好地为人民服务、为社会主义服务、为党和国家工作大局服务的要求，现就进一步改进会议和领导同志活动的新闻报道，重申并提出如下意见。

一、关于改进会议新闻报道

党和国家举行的或经中央批准召开的具有全局性重大意义的会议，按照中央批准的新闻报道方案，授权新华社统一发布消息，由中央主要新闻媒体（人民日报、新华社、光明日报、经济日报、中央人民广播电台、中央电视台，下同）进行准确、及时、充分的报道。

中央政治局会议、中央政治局常务委员会会议、国务院全体会议和常务会议、中央军委会议，可以公开报道的，由新华社发通稿。全国人大常委会和全国政协常委会的例会，由中央主要新闻媒体按照会议的报道安排进行报道。党中央、全国人大常委会、国务院、全国政协常委会、中央军委召开的其他会议，需要报道的，由中央主要新闻媒体作一次性报道。

中央领导同志出席中央和国家机关各部门召开的会议，中央主要新闻媒体一般不作报道，确需报道的，由中央办公厅通知新闻媒体。中央和国家机关各部门召开的会议，中央主要新闻媒体一般不作报道，确需报道的，由中央办公厅、国务院办公厅通知新闻媒体。

各民主党派、全国工商联和工会、共青团、妇联等人民团体的全国代表大会和一年一度的全委会议，由中央主要新闻媒体报道；其他重要会议，中央主要新闻媒体可根据会议性质和新闻价值自主决定是否报道。

二、关于改进领导同志活动的新闻报道

中央主要领导同志（中共中央总书记、国家主席、全国人大常委会委员长、国务院总理、全国政协主席、中央军委主席、中央政治局常委，下同）到基层考察工作、调查研究和出席重要活动，分别按照中央办公厅、全国人大常委会办公厅、国务院办公厅、全国政协办公厅和中央军委办公厅的安排，由中央主要新闻媒体组织报道，原则上不对随行和陪同的部委、地方领导同志列名报道。中央其他领导同志到基层考察工作、调查研究和出席重要活动，需要公开报道的，由中央主要新闻媒体发简短的综合消息，也可只在当地媒体上报道。

中央领导同志的讲话，需要公开发表的，由中央办公厅作出安排，新华社发通稿，或指定有关报刊发表。中央领导同志题词、作序、写贺信、发贺电，参观展览、观看演出和出席其他文艺活动，给部门、地方的指示、批示，出席部门和地方举办的颁奖、剪彩、奠基、首发、首映等仪式和接见、照相、联欢、探望、纪念会、联谊会、研讨会等活动，一般不作公开报道。确需报道的，由中央办公厅通知新闻媒体。

三、关于改进领导同志外事活动的新闻报道

中央主要领导同志的重要外事活动，由外交部、中央联络部、全国人大常委会办公厅、全国政协办公厅、中央军委办公厅等部门提供新闻稿，新华社发通稿，中央主要新闻媒体酌情安排报纸版面和电视时段；其他外事活动，由外交部、中央联络部等有关部门向记者介绍情况，由中央主要新闻媒体自主报道，规格不超过重要外事活动的报道；出访活动中的陪同人员名单一般只在离、抵京时报道。

多位中央主要领导同志同日分别会见同一位外国元首、政府首脑、议会议长或政党领袖，发一条综合消息，报纸可通过消息标题或配发照片等形式体现报道规格。同一位中央主要领导同志同日会见多批外宾，发一条综合消息。

中央主要领导同志会见外国政府部长、议会议员、政党和团体负责人、企业家以及其他人士的报道，要从严掌握，原则上由外宣媒体和中央电视台的国际频道以及相关媒体进行报道。需要中央主要新闻媒体和中央电视台在新闻联播节目中报道的，由外交部、中央联络部、全国人大常委会办公厅、全国政协办公厅、中央军委办公厅等部门提供新闻稿，作简要播报。向外国政府、政党和团体发的贺电、贺信等，需要报道的，由外交部、中央联络部等有关部门通知新闻媒体。

中央其他领导同志的外事活动，由人民日报、新华社作简要报道或发外事简讯。主管外事工作的中央领导同志外事活动报道区别对待。

省部级负责同志受中央委托，率领中共代表团或政府代表团出访，由人民日报、新华社发简短消息。中央和国家机关各部委主要负责同志的外事活动，一般不报道。外交部部长的外事活动报道区别对待。

上述领导同志的外事活动，如有新闻价值，均可由新闻媒体对海外和在我新闻网站上自主报道。

四、关于改进新闻报道的采编播发

除党和国家举行的或经中央批准召开的具有全局性重大意义的会议外，会议报道不应把中央领导同志是否出席作为报道与否和报道规格的唯一标准，不应完全依照职务排序安排报纸版面和电视时段。

报道中央领导同志的活动，要努力提高质量，注重新闻价值，力求准确、鲜明、生动，多报道对工作有指导意义、到基层为群众解决生产生活困难和群众关心的实质性内容，减少单纯行踪性的报道，力戒空泛和一般化。外事活动报道也要讲求实际宣传效果，突出实质性内容。要努力提高报道时效，可由新闻单位自行审定的稿件，尽量由新闻媒体自主报道。对外报道和互联网上的报道要充分考虑海外受众和网络特点，增强针对性、可读性、时效性。

传播党和国家的声音是新闻媒体特别是中央主要新闻媒体的重要任务。在精简会议和领导同志活动新闻报道的同时，要充分运用各种新闻体裁大力宣传党的理论路线方针政策，生动展现党和国家各级领导干部贯彻"三个代表"重要思想、坚持执政为民的先进事迹和重要业绩。

五、关于改进地方领导同志出席会议和活动的新闻报道

地方领导同志出席会议和活动的新闻报道，要参照本意见确定的原则掌握。同时要注意到，中央领导同志担负着国务活动任务，各地不应在报道规格上简单比照。地方媒体的新闻报道更要贴近实际、贴近生活、贴近群众，多反映基层干部群众的生动实践和新鲜经验，多为人民群众的工作、学习、生活提供健康有益的新闻信息。

中央宣传部要根据本意见，制定具体实施办法。

中共中央办公厅、国务院办公厅
关于严禁党政机关到风景名胜区开会的通知

2014年9月19日印发

1998年中央办公厅、国务院办公厅下发《关于严禁党政机关到风景名胜

区开会的通知》以来，各级党政机关到风景名胜区尤其是到中央明令禁止的12个风景名胜区开会现象得到了有效遏制。但是，违规到上述风景名胜区开会问题仍未完全杜绝，到其他热点风景名胜区开会以及在风景名胜区外开会到区内旅游的情况时有发生，有的单位还巧立名目组织公款旅游，损害了党和政府形象，广大干部群众对此反映强烈。为深入贯彻落实中央八项规定精神和《党政机关厉行节约反对浪费条例》，坚决杜绝以会议名义到风景名胜区公款旅游等违规行为，经党中央、国务院同意，现就有关事项通知如下。

一、各级党政机关一律不得到八达岭—十三陵、承德避暑山庄外八庙、五台山、太湖、普陀山、黄山、九华山、武夷山、庐山、泰山、嵩山、武当山、武陵源（张家界）、白云山、桂林漓江、三亚热带海滨、峨眉山—乐山大佛、九寨沟—黄龙、黄果树、西双版纳、华山21个风景名胜区召开会议，禁止召开会议的区域范围以风景名胜区总体规划确定的核心景区地域范围为准。

二、地方各级党政机关的会议一律在本行政区域内召开，不得到其他地区召开；因工作需要确需跨行政区域召开会议的，必须报同级党委、政府批准。风景名胜区核心景区与地方政府主要行政区域高度重合的，当地党政机关应当在机关内部会议场所或定点饭店召开会议。中央和国家机关各部门到京外召开会议的，必须严格执行会议费管理有关规定。

会议主办单位要合理安排会议日程，严格遵守报到、离会时限，严禁超出规定时限为参会人员提供食宿，严禁组织与会议无关的参观、考察等活动。

三、党政机关召开涉及旅游、宗教、林业、地震、气象、生态环保、国土资源以及景区规划等工作的专业性会议，确需到禁止名单中的风景名胜区召开的，应当完善管理制度，从严控制、严格审批。垂直管理单位应当报上一级主管部门批准，其他单位报同级党委、政府批准。

四、严禁各级党政机关以召开会议等名义组织公款旅游。严禁在会议费、培训费、接待费中列支风景名胜区等各类旅游景点门票费、导游费、景区内设施使用费、往返景区交通费等应由个人承担的费用。严禁向下级单位以及旅游景区管理部门、接待服务场所、旅游中介公司等单位转嫁上述费用。严禁违反规定要求旅游景区管理部门、有关企业等单位免除上述费用。

五、财政部门要建立会议经费定期或不定期财政监督检查制度，审计机关要建立会议费经常性审计监督制度，加大审计结果公开力度，必要时对旅游景区管理部门、接待服务场所、会议培训中介机构等单位开展延伸监督检查和审计，防止转嫁费用，并及时将违规违纪线索移交纪检监察机关。

六、本通知适用于各级党的机关、人大机关、行政机关、政协机关、审判机关、检察机关，以及工会、共青团、妇联等人民团体和参照公务员法管理的事业单位。

七、此前有关规定与本通知不一致的，以本通知为准。

·法律法规·

因公短期出国培训费用管理办法

1. 2014年2月25日财政部、国家外国专家局印发

2. 财行〔2014〕4号

3. 自2014年4月1日起施行

第一条　为进一步规范因公短期出国培训费用管理，加强预算监督，提高资金使用效益，保证出国培训工作的顺利开展，根据《党政机关厉行节约反对浪费条例》等法律法规，制定本办法。

第二条　各级党的机关、人大机关、行政机关、政协机关、审判机关、检察机关、民主党派、人民团体和事业单位（以下简称各单位）因公短期出国培训费用的管理适用本办法。

第三条　因公短期出国培训，是指各单位选派各类专业技术人员和管理人员到国外进行90天以内（不含90天）的业务培训。

第四条　因公短期出国培训应当坚持强化预算约束、优化培训结构、因事立项定人、加强监督管理的原则，严控费用规模，严格计划执行。

第五条　因公短期出国培训费用纳入预算管理。各单位安排因公短期出国培训项目应当实行经费预算先行审核，无预算或超预算的不得安排出国培训。

第六条　因公短期出国培训实行计划审核审批管理。组织、外专等有关部门应当加强出国培训的总体规划，严格控制出国培训规模，科学设置培训项目，择优选派培训对象，注重出国培训的质量和实效。

第七条　各单位应当建立因公短期出国培训计划与预算管理的内部控制制度。组团单位应当填报《因公短期出国培训任务和预算审批意见表》，由出国培训管理部门和财务部门分别审核并出具审签意见，报经本单位领导办公会或党组（党委）审议确定。培训任务、培训费用预算审核未通过的，不得列入单位出国培训计划，不得安排出国培训。

第八条　因公短期出国培训费用开支范围包括：培训费、国际旅费、国外城市间交通费、住宿费、伙食费、公杂费和其他费用。其中，培训费是指出国培训团组用于授课、翻译、场租、资料、课程设计、对口业务考察或业务实践活动等在国外培训所必须发生的费用。

第九条 国际旅费、国外城市间交通费、住宿费、伙食费、公杂费、其他费用的管理要求和开支标准参照《因公临时出国经费管理办法》(财行〔2013〕516号)执行。

培训费开支在规定的标准之内据实报销。

出国培训团组需在国内开展预培训和培训总结所发生的费用,参照国内培训费相关规定执行。

第十条 组团单位和培训项目境外承办机构双方应当签订培训协议,明确培训费用的明细支出项目。

国家外国专家局对培训项目境外承办机构定期进行资格认定和监督检查,认定结果予以公开。

第十一条 中央财政安排出国培训专项经费,对专业技术人才、高技能人才、农村实用及社会工作人才类培训予以重点资助。

第十二条 由外方资助出国培训经费的,各单位不得重复支付。外方对费用开支有明确规定的,按其规定执行;没有规定的,参照规定的标准和要求执行。外方资助经费不足以弥补规定培训费用开支的,可以按照规定的开支标准,由各单位补足其费用差额部分。

第十三条 培训人员回国报销费用时,应当凭出国任务批件和出国培训审核件,填报《因公短期出国培训费用报销单》,并附各项经费开支有效票据。

各单位财务部门应当对因公短期出国培训团组提供的出国任务批件、护照(包括签证和出入境记录)复印件及有效费用明细票据进行认真审核,严格按照批准的出国培训团组人员、天数、路线、经费预算及开支标准核销经费,超出部分不得核销。

第十四条 各单位不得组织计划外或营利性出国培训项目,也不得安排照顾性质、无实质内容、无实际需要及参观考察等一般性出国培训项目。

第十五条 培训团组在国外期间,原则上不赠送礼品,一律不安排宴请。

培训团组严禁接受或变相接受企事业单位资助,严禁向同级机关、下级机关、所属单位、我驻外机构等摊派或转嫁出国培训费用。

第十六条 建立出国培训项目信息公开制度和成果共享机制。除涉密内容和事项外,各单位应当将培训的项目、内容、人数、经费等情况,以适当方式进行公开。

第十七条 各级出国培训管理、外事、财政、审计等部门对因公短期出国培训项目执行情况和培训费用管理使用情况进行定期或不定期检查。

各单位应当建立健全因公短期出国培训项目内部监督检查机制,每半年向同级出国培训管理、外事、财政部门报送本单位因公短期出国培训项目执行和费用使用情况。

第十八条 各单位以及培训人员违反本办法规定，有下列行为之一的，相关开支一律不予报销，并按照《财政违法行为处罚处分条例》和《党政机关厉行节约反对浪费条例》等有关规定予以处理：

（一）无预算或未经财务部门同意安排出国培训项目的；

（二）违规扩大出国培训费用开支范围的；

（三）擅自提高出国培训费用开支标准的；

（四）虚报培训团组人数、天数等，套取出国培训费用的；

（五）使用虚假票据报销出国培训费用的；

（六）培训期间存在铺张浪费、公款旅游行为的；

（七）其他违反本办法的行为。

第十九条 各单位因公短期赴香港、澳门、台湾地区培训的，适用本办法。

第二十条 确有必要到未列培训费开支标准的国家（地区）开展因公培训的，可按照经济社会发展水平相近的国家标准执行。

第二十一条 国有企业和其他机构因公短期出国培训参照本办法执行。

第二十二条 本办法由财政部、国家外国专家局负责解释。

第二十三条 本办法自2014年4月1日起施行。国家外国专家局、财政部《关于出国（境）实习培训团组集体开支的培训费标准和管理办法的暂行规定》（外专发〔1994〕162号）及国家外国专家局、财政部《关于调整短期出国（境）培训生活费开支标准和部分国家培训费币种的通知》（外专发〔2002〕95号）同时废止。

附件：（略）

中央和国家机关会议费管理办法

1. 2016年6月29日财政部、国家机关事务管理局、中共中央直属机关事务管理局印发
2. 财行〔2016〕214号
3. 自2016年7月1日起施行

第一章 总 则

第一条 为进一步加强和规范中央和国家机关会议费管理，精简会议，改进会风，提高会议效率和质量，节约会议经费开支，制定本办法。

第二条 中央和国家机关会议的分类、审批和会议费管理等，适用本办法。

本办法所称中央和国家机关，是指党中央各部门，国务院各部委、各直属机构，全国人大常委会办公厅，全国政协办公厅，最高人民法院，最高人民检察院，各人民团体、各民主党派中央和全国工商联（以下简称各单位）。

第三条 各单位召开会议应当坚持厉行节约、反对浪费、规范简朴、务实高效的原则，严格控制会议数量和规模，规范会议费管理。

第四条 各单位召开的会议实行分类管理、分级审批。

第五条 各单位应当严格会议费预算管理，控制会议费预算规模。会议费预算应当细化到具体会议项目，执行中不得突破。会议费应当纳入部门预算，并单独列示。

第二章 会议分类和审批

第六条 中央和国家机关会议分类如下：

一类会议。是以党中央和国务院名义召开的，要求省、自治区、直辖市、计划单列市或中央部门负责同志参加的会议。

二类会议。是党中央和国务院各部委、各直属机构，最高人民法院，最高人民检察院，各人民团体召开的，要求省、自治区、直辖市、计划单列市有关厅（局）或本系统、直属机构负责同志参加的会议。

三类会议。是党中央和国务院各部委、各直属机构，最高人民法院，最高人民检察院，各人民团体及其所属内设机构召开的，要求省、自治区、直辖市、计划单列市有关厅（局）或本系统机构有关人员参加的会议。

四类会议。是指除上述一、二、三类会议以外的其他业务性会议，包括小型研讨会、座谈会、评审会等。

第七条 中央和国家机关会议按以下程序和要求进行审批：

一类会议。应当由主办单位报经党中央和国务院批准。会议总务、经费预算及费用结算等工作分别由中共中央直属机关事务管理局（以下简称中直管理局）和国家机关事务管理局（以下简称国管局）负责。

二类会议。党中央和国务院各部委、各直属机构，各人民团体应当于每年12月底前，将下一年度会议计划（包括会议名称、召开的理由、主要内容、时间地点、代表人数、工作人员数、所需经费及列支渠道等）送财政部审核会签，按程序经中央办公厅、国务院办公厅审核后报批。各单位召开二类会议原则上每年不超过1次。

三类会议。各单位应当建立会议计划编报和审批制度，年度会议计划（包括会议数量、会议名称、召开的理由、主要内容、时间地点、代表人数、工作人员数、所需经费及列支渠道等）经单位领导办公会或党组（党委）会审批后执行。

四类会议。由单位分管领导审核后列入单位年度会议计划。

年度会议计划一经批准，原则上不得调整。对党中央、国务院交办等确需临时增加的会议，按规定程序报批。

第八条 一类会议会期按照批准文件，根据工作需要从严控制；二、三、四类会议会期均不得超过 2 天；传达、布置类会议会期不得超过 1 天。

会议报到和离开时间，一、二、三类会议合计不得超过 2 天，四类会议合计不得超过 1 天。

第九条 各单位应当严格控制会议规模。

一类会议参会人员按照批准文件，根据会议性质和主要内容确定，严格限定会议代表和工作人员数量。

二类会议参会人员不得超过 300 人，其中，工作人员控制在会议代表人数的 15% 以内；不请省、自治区、直辖市和中央部门主要负责同志、分管负责同志出席。

三类会议参会人员不得超过 150 人，其中，工作人员控制在会议代表人数的 10% 以内。

四类会议参会人员视内容而定，一般不得超过 50 人。

第十条 全国人大常委会办公厅、全国政协办公厅、各民主党派中央和全国工商联的会议分类、审批事项、会期及参会人员等，由上述部门依据法律法规、章程规定，参照第六条至第九条作出规定，并报财政部备案。

第十一条 各单位召开会议应当改进会议形式，充分运用电视电话、网络视频等现代信息技术手段，降低会议成本，提高会议效率。

传达、布置类会议优先采取电视电话、网络视频会议方式召开。电视电话、网络视频会议的主会场和分会场应当控制规模，节约费用支出。

第十二条 不能够采用电视电话、网络视频召开的会议实行定点管理。各单位会议应当到定点会议场所召开，按照协议价格结算费用。未纳入定点范围，价格低于会议综合定额标准的单位内部会议室、礼堂、宾馆、招待所、培训中心，可优先作为本单位或本系统会议场所。

无外地代表且会议规模能够在单位内部会议室安排的会议，原则上在单位内部会议室召开，不安排住宿。

第十三条 参会人员以在京单位为主的会议不得到京外召开。各单位不得到党中央、国务院明令禁止的风景名胜区召开会议。

第三章 会议费开支范围、标准和报销支付

第十四条 会议费开支范围包括会议住宿费、伙食费、会议场地租金、交通费、文件印刷费、医药费等。

前款所称交通费是指用于会议代表接送站，以及会议统一组织的代表考

察、调研等发生的交通支出。

会议代表参加会议发生的城市间交通费,按照差旅费管理办法的规定回单位报销。

第十五条 会议费开支实行综合定额控制,各项费用之间可以调剂使用。

会议费综合定额标准如下:

单位:元/人·天

会议类别	住宿费	伙食费	其他费用	合计
一类会议	500	150	110	760
二类会议	400	150	100	650
三、四类会议	340	130	80	550

综合定额标准是会议费开支的上限。各单位应在综合定额标准以内结算报销。

第十六条 一类会议费在部门预算专项经费中列支,二、三、四类会议费原则上在部门预算公用经费中列支。

会议费由会议召开单位承担,不得向参会人员收取,不得以任何方式向下属机构、企事业单位、地方转嫁或摊派。

第十七条 各单位在会议结束后应当及时办理报销手续。会议费报销时应当提供会议审批文件、会议通知及实际参会人员签到表、定点会议场所等会议服务单位提供的费用原始明细单据、电子结算单等凭证。财务部门要严格按规定审核会议费开支,对未列入年度会议计划,以及超范围、超标准开支的经费不予报销。

第十八条 各单位会议费支付,应当严格按照国库集中支付制度和公务卡管理制度的有关规定执行,以银行转账或公务卡方式结算,禁止以现金方式结算。

具备条件的,会议费应当由单位财务部门直接结算。

第四章 会议费公示和年度报告制度

第十九条 各单位应当将非涉密会议的名称、主要内容、参会人数、经费开支等情况在单位内部公示或提供查询,具备条件的应当向社会公开。

第二十条[①] 一级预算单位应当于每年3月底前,将本级和下属预算单位上年度

① 第二十条、第二十一条、第二十二条第四项和第二十五条第四项中"按规定报送会议年度报告"的有关规定已被2019年3月8日《财政部、国家机关事务管理局、中共中央直属机关事务管理局关于停止执行会议年度计划执行情况报告制度的通知》(财行〔2019〕16号)废止。

会议计划和执行情况(包括会议名称、主要内容、时间地点、代表人数、工作人员数、经费开支及列支渠道等)汇总后报财政部。党中央各部门同时抄送中直管理局,国务院各部门同时抄送国管局。

第二十一条 财政部对各单位报送的会议年度报告进行汇总分析,针对执行中存在的问题,及时完善相关制度。

第五章 管 理 职 责

第二十二条 财政部的主要职责是:

(一)会同国管局、中直管理局等部门制定或修订中央本级会议费管理办法,并对执行情况进行监督检查;

(二)按规定对各单位报送的二类会议计划进行审核会签;

(三)对会议费支付结算实施动态监控;

(四)对各单位报送的会议年度报告进行汇总分析,提出加强管理的措施。

第二十三条 国管局的主要职责是:

(一)配合财政部制定或修订中央和国家机关会议费管理办法;

(二)负责国务院召开的一类会议的总务工作;

(三)配合财政部对国务院各部委、各直属机构会议费执行情况进行监督检查。

第二十四条 中直管理局的主要职责是:

(一)配合财政部制定或修订中央和国家机关会议费管理办法;

(二)负责党中央召开的一类会议的总务工作;

(三)配合财政部对中央各部门会议费执行情况进行监督检查。

第二十五条 各单位的主要职责是:

(一)负责制定本单位会议费管理的实施细则;

(二)负责单位年度会议计划编制和三类、四类会议的审批管理;

(三)负责安排会议预算并按规定管理、使用会议费,做好相应的财务管理和会计核算工作,对内部会议费报销进行审核把关,确保票据来源合法,内容真实、完整、合规;

(四)按规定报送会议年度报告,加强对本单位会议费使用的内控管理。

第六章 监督检查和责任追究

第二十六条 财政部、国管局、中直管理局会同有关部门对各单位会议费管理和使用情况进行监督检查。主要内容包括:

(一)会议计划的编报、审批是否符合规定;

(二)会议费开支范围和开支标准是否符合规定;

(三)会议费报销和支付是否符合规定;

（四）会议会期、规模是否符合规定，会议是否在规定的地点和场所召开；

（五）是否向下属机构、企事业单位或地方转嫁、摊派会议费；

（六）会议费管理和使用的其他情况。

第二十七条 严禁各单位借会议名义组织会餐或安排宴请；严禁套取会议费设立"小金库"；严禁在会议费中列支公务接待费。

各单位应严格执行会议用房标准，不得安排高档套房；会议用餐严格控制菜品种类、数量和份量，安排自助餐，严禁提供高档菜肴，不安排宴请，不上烟酒；会议会场一律不摆花草，不制作背景板，不提供水果。

不得使用会议费购置电脑、复印机、打印机、传真机等固定资产以及开支与本次会议无关的其他费用；不得组织会议代表旅游和与会议无关的参观；严禁组织高消费娱乐、健身活动；严禁以任何名义发放纪念品；不得额外配发洗漱用品。

第二十八条 违反本办法规定，有下列行为之一的，依法依规追究会议举办单位和相关人员的责任：

（一）计划外召开会议的；

（二）以虚报、冒领手段骗取会议费的；

（三）虚报会议人数、天数等进行报销的；

（四）违规扩大会议费开支范围，擅自提高会议费开支标准的；

（五）违规报销与会议无关费用的；

（六）其他违反本办法行为的。

有前款所列行为之一的，由财政部会同有关部门责令改正，追回资金，并经报批后予以通报。对直接负责的主管人员和相关负责人，报请其所在单位按规定给予行政处分。如行为涉嫌违法的，移交司法机关处理。

定点会议场所或单位内部宾馆、招待所、培训中心有关工作人员违反规定的，按照财政部定点会议场所管理的有关规定处理。

第七章 附 则

第二十九条 各单位应当按照本办法规定，结合本单位业务特点和工作需要，制定会议费管理具体规定。

第三十条 党中央、国务院直属事业单位的会议费管理参照本办法执行。中央和国家机关各部门所属事业单位的会议费管理由各部门依据从严从紧原则参照本办法作出具体规定。

第三十一条 本办法由财政部负责解释，自 2016 年 7 月 1 日起施行。《中央和国家机关会议费管理办法》（财行〔2013〕286 号）同时废止。

关于《中央和国家机关会议费管理办法》的补充通知

1. 2023年5月30日财政部、国家机关事务管理局、中共中央直属机关事务管理局印发
2. 财行〔2023〕86号

党中央有关部门，国务院各部委、各直属机构，全国人大常委会办公厅，全国政协办公厅，最高人民法院，最高人民检察院，各民主党派中央，有关人民团体：

为贯彻落实中央八项规定精神，进一步规范中央和国家机关会议费管理，现就有关事项补充通知如下：

一、本通知适用于中央和国家机关按照《中央和国家机关会议费管理办法》（财行〔2016〕214号，以下简称《办法》）规定召开的一类、二类、三类、四类会议，包括线下会议和线上会议。

线上会议是指采取电视电话、网络视频等方式召开的会议，含线上与线下相结合的会议。

二、会议会期，二、三、四类会议原则上不超过1天半，传达、布置类会议不得超过1天。

会议报到和离开时间，一、二、三类会议合计不得超过1天半，四类会议合计不得超过1天。

三、各单位召开会议，在符合保密和网络信息安全要求的前提下，提倡采用线上会议形式。线上会议的主会场和分会场参会人数合计不得超过《办法》规定的相应会议类别参会人数上限，不请外地同志到主会场参会。

线上会议优先选择单位内部电视电话、电子政务内网视频会商等现有应用系统。单位现有应用系统无法保障的，应当结合工作性质、保密要求等，选择专用系统、运营商服务系统、第三方软件服务系统等。

四、会议费开支范围包括：

（一）线下费用：《办法》规定的住宿费、伙食费、会议场地租金、交通费、文件印刷费、医药费等；

（二）线上费用：能够明确对应具体会议的设备租赁费、线路费、电视电话会议通话费、技术服务费、软件应用费、音视频制作费等。

五、会议费应当按照以下方式进行核算列支：

（一）线下费用按照《办法》有关规定以实际发生的费用项目分项定额标准总额为上限，结合线下实际参会人数、会议时间进行核算。各项费用之间可以调剂使用,未实际发生的费用项目不得参与调剂。

（二）线上费用不纳入《办法》规定的综合定额标准内核算,凭合法票据原则上在单位年度会议费预算内据实列支。

各单位应当按照厉行节约、提高效率的原则,通过市场调研、充分议价,合理选择线上会议应用系统,细化完善本单位线上会议支出标准。

六、各单位在会议结束后应当及时办理会议费报销手续。线下费用按照《办法》有关规定进行报销。线上费用应当提供费用清单和使用相关应用系统所开具的合法票据,签署服务合同的,需一并提供相关合同。

七、各单位应当加强涉密会议安全和保密管理,落实网络安全工作责任制,强化网络安全技术防护措施,选择安全可靠的应用系统,督促系统服务供应商严格落实安全保密责任,加强对运维人员、技术服务人员日常保密教育和监督,定期开展终端设备和涉密场所保密检查,妥善保管会议音视频等材料,切实做好安全保障工作。

八、各单位应当加强对会议内容相近、参会人员范围相同会议的统筹,严格控制各类会议规模,简化办会形式,合理确定参会人员范围,减少参会人员数量,减少陪会。

九、各单位应在《办法》及本通知规定的开支范围和开支标准内从严从紧核定会议费预算,节约会议经费开支。

十、本通知自2023年8月1日起施行。《办法》有关规定与本通知不符的,以本通知为准。

中央和国家机关培训费管理办法

1. 2016年12月27日财政部、中共中央组织部、国家公务员局印发

2. 财行〔2016〕540号

3. 自2017年1月1日起施行

第一章　总　　则

第一条　为进一步规范中央和国家机关培训工作,保证培训工作需要,加强培训经费管理,依据《中华人民共和国公务员法》《干部教育培训工作条例》和其他有关法律法规,制定本办法。

第二条　本办法所称培训,是指中央和国家机关及其所属机构使用财政资金在境内举办的三个月以内的各类培训。

第三条 本办法所称中央和国家机关，是指党中央各部门，国务院各部委、各直属机构，全国人大常委会办公厅，全国政协办公厅，最高人民法院，最高人民检察院，各人民团体，各民主党派中央和全国工商联（以下简称各单位）。

第四条 各单位举办培训应当坚持厉行节约、反对浪费的原则，实行单位内部统一管理，增强培训计划的科学性和严肃性，增强培训项目的针对性和实效性，保证培训质量，节约培训资源，提高培训经费使用效益。

第二章 计划和备案管理

第五条 建立培训计划编报和审批制度。各单位培训主管部门制订的本单位年度培训计划（包括培训名称、目的、对象、内容、时间、地点、参训人数、所需经费及列支渠道等），经单位财务部门审核后，报单位领导办公会议或党组（党委）会议批准后施行。

第六条 年度培训计划一经批准，原则上不得调整。因工作需要确需临时增加培训项目的，报单位主要负责同志审批。

第七条① 各单位年度培训计划于每年3月31日前同时报中央组织部、财政部、国家公务员局备案。

第三章 开支范围和标准

第八条 本办法所称培训费，是指各单位开展培训直接发生的各项费用支出，包括师资费、住宿费、伙食费、培训场地费、培训资料费、交通费以及其他费用。

（一）师资费是指聘请师资授课发生的费用，包括授课老师讲课费、住宿费、伙食费、城市间交通费等。

（二）住宿费是指参训人员及工作人员培训期间发生的租住房间的费用。

（三）伙食费是指参训人员及工作人员培训期间发生的用餐费用。

（四）培训场地费是指用于培训的会议室或教室租金。

（五）培训资料费是指培训期间必要的资料及办公用品费。

（六）交通费是指用于培训所需的人员接送以及与培训有关的考察、调研等发生的交通支出。

（七）其他费用是指现场教学费、设备租赁费、文体活动费、医药费等与培训有关的其他支出。

参训人员参加培训往返及异地教学发生的城市间交通费，按照中央和国家机关差旅费有关规定回单位报销。

第九条 除师资费外，培训费实行分类综合定额标准，分项核定、总额控制，各项

① 第七条及第二十一条已被2019年7月29日《财政部、中共中央组织部关于停止执行培训年度计划备案及执行情况报告规定的通知》停止执行。

费用之间可以调剂使用。综合定额标准如下：

单位：元/人·天

培训类别	住宿费	伙食费	场地、资料、交通费	其他费用	合计
一类培训	500	150	80	30	760
二类培训	400	150	70	30	650
三类培训	340	130	50	30	550

一类培训是指参训人员主要为省部级及相应人员的培训项目。

二类培训是指参训人员主要为司局级人员的培训项目。

三类培训是指参训人员主要为处级及以下人员的培训项目。

以其他人员为主的培训项目参照上述标准分类执行。

综合定额标准是相关费用开支的上限。各单位应在综合定额标准以内结算报销。

30天以内的培训按照综合定额标准控制；超过30天的培训，超过天数按照综合定额标准的70%控制。上述天数含报到撤离时间，报到和撤离时间分别不得超过1天。

第十条 师资费在综合定额标准外单独核算。

（一）讲课费（税后）执行以下标准：副高级技术职称专业人员每学时最高不超过500元，正高级技术职称专业人员每学时最高不超过1000元，院士、全国知名专家每学时一般不超过1500元。

讲课费按实际发生的学时计算，每半天最多按4学时计算。

其他人员讲课费参照上述标准执行。

同时为多班次一并授课的，不重复计算讲课费。

（二）授课老师的城市间交通费按照中央和国家机关差旅费有关规定和标准执行，住宿费、伙食费按照本办法标准执行，原则上由培训举办单位承担。

（三）培训工作确有需要从异地（含境外）邀请授课老师，路途时间较长的，经单位主要负责同志书面批准，讲课费可以适当增加。

第四章 培训组织

第十一条 培训实行中央和地方分级管理，各单位举办培训，原则上不得下延至市、县及以下。

第十二条 各单位开展培训，应当在开支范围和标准内优先选择党校、行政学院、干部学院以及组织人事部门认可的其他培训机构承办。

第十三条 组织培训的工作人员控制在参训人员数量的10%以内，最多不超过

10人。

第十四条 严禁借培训名义安排公款旅游;严禁借培训名义组织会餐或安排宴请;严禁组织高消费娱乐健身活动;严禁使用培训费购置电脑、复印机、打印机、传真机等固定资产以及开支与培训无关的其他费用;严禁在培训费中列支公务接待费、会议费;严禁套取培训费设立“小金库”。

培训住宿不得安排高档套房,不得额外配发洗漱用品;培训用餐不得上高档菜肴,不得提供烟酒;除必要的现场教学外,7日以内的培训不得组织调研、考察、参观。

第十五条 邀请境外师资讲课,须严格按照有关外事管理规定,履行审批手续。境内师资能够满足培训需要的,不得邀请境外师资。

第十六条 培训举办单位应当注重教学设计和质量评估,通过需求调研、课程设计和开发、专家论证、评估反馈等环节,推进培训工作科学化、精准化;注重运用大数据、“互联网+”等现代信息技术手段开展培训和管理。所需费用纳入部门预算予以保障。

第五章 报销结算

第十七条 报销培训费,综合定额范围内的,应当提供培训计划审批文件、培训通知、实际参训人员签到表以及培训机构出具的收款票据、费用明细等凭证;师资费范围内的,应当提供讲课费签收单或合同,异地授课的城市间交通费、住宿费、伙食费按照差旅费报销办法提供相关凭据;执行中经单位主要负责同志批准临时增加的培训项目,还应提供单位主要负责同志审批材料。

各单位财务部门应当严格按照规定审核培训费开支,对未履行审批备案程序的培训,以及超范围、超标准开支的费用不予报销。

第十八条 培训费的资金支付应当执行国库集中支付和公务卡管理有关制度规定。

第十九条 培训费由培训举办单位承担,不得向参训人员收取任何费用。

第六章 监督检查

第二十条 各单位应当将非涉密培训的项目、内容、人数、经费等情况,以适当方式公开。

第二十一条 各单位应当于每年3月31日前将上年度培训计划执行情况(包括培训名称、对象、内容、时间、地点、参训人数、工作人员数、经费开支及列支渠道、培训成效、问题建议等)报送中央组织部、财政部、国家公务员局。

第二十二条 中央组织部、财政部、国家公务员局等有关部门对各单位培训活动和培训费管理使用情况进行监督检查。主要内容包括:

(一)培训计划的编报是否符合规定;

(二)临时增加培训计划是否报单位主要负责同志审批;

（三）培训费开支范围和开支标准是否符合规定；

（四）培训费报销和支付是否符合规定；

（五）是否存在虚报培训费用的行为；

（六）是否存在转嫁、摊派培训费用的行为；

（七）是否存在向参训人员收费的行为；

（八）是否存在奢侈浪费现象；

（九）是否存在其他违反本办法的行为。

第二十三条 对于检查中发现的违反本办法的行为，由中央组织部、财政部、国家公务员局等有关部门责令改正，追回资金，并予以通报。对相关责任人员，按规定予以党纪政纪处分；涉嫌违法的，移交司法机关处理。

第七章 附 则

第二十四条 各单位可以按照本办法，结合本单位业务特点和工作实际，制定培训费管理具体规定。

第二十五条 中央组织部、国家公务员局组织的调训和统一培训，有关部门组织的援外培训，不适用本办法，按有关规定执行。

第二十六条 中央事业单位培训费管理参照本办法执行。

第二十七条 本办法由财政部会同中央组织部、国家公务员局负责解释。

第二十八条 本办法自2017年1月1日起施行。《中央和国家机关培训费管理办法》（财行〔2013〕523号）同时废止。

党政机关会议定点管理办法

1. 2024年12月30日财政部印发

2. 财行〔2024〕437号

第一章 总 则

第一条 为加强和规范党政机关会议定点管理，落实党政机关过紧日子要求，节约会议费支出，降低行政运行成本，根据《党政机关厉行节约反对浪费条例》、《中央和国家机关会议费管理办法》（财行〔2016〕214号）等规定，制定本办法。

第二条 党政机关会议定点管理，是指财政部门或者财政部门委托的机构通过政府采购方式确定一定数量的宾馆、饭店或者专业会议场所作为党政机关举办会议场所（以下简称会议定点场所）的相关管理活动。

第三条 各级党政机关举办的会议，除在党政机关及其系统内部会议室、礼堂、宾馆、招待所、培训(会议)中心等举办的外,应当在会议定点场所召开。

第四条 省级(含自治区、直辖市和计划单列市,下同)财政部门负责本地区党政机关会议定点管理。省级财政部门根据实际情况确定本地区各级财政部门在会议定点管理中的具体职责分工。

第五条 各地区确定的会议定点场所在全国范围内实行资源共享,各级党政机关举办会议共同使用,执行会议定点场所目录和政府采购协议价格。

第二章 会议定点场所及协议价格的确定

第六条 会议定点场所应当具备会议所需要的会议室等相关设施。除专业会议场所外的会议定点场所还应当具备会议所需要的住宿、餐饮条件以及相关设施。

第七条 确定会议定点场所应当遵循以下原则:

(一)数量适当,布局合理。会议定点场所数量以能满足党政机关会议需要为宜,场所位置分布合理、交通便利。

(二)档次适中,价格优惠。会议定点场所档次、类型应当兼顾不同地区和不同级别党政机关会议的需要,价格按照协议给予优惠。

(三)依法依规,公开公平。会议定点场所的确定应当坚持公开、公平、公正原则,严格执行政府采购有关规定。

第八条 会议定点场所应当通过公开招标、开放式框架协议采购等方式确定。省级财政部门指导本地区各级财政部门结合实际选择适当的采购方式。

第九条 会议定点场所的政府采购内容包括会议室租金、住宿房间价格、伙食费和线上会议服务费用。会议定点场所的政府采购最高限价不得高于本地区会议费相关管理办法规定的开支标准。

(一)会议室租金根据会议室规格明确每半天收费标准,并明确单独使用会议室情形下的收费标准。会议室规格可按照大、中、小三种类型进行区分,其中,大型会议室可容纳200(含)人以上;中型会议室可容纳100(含)—200人;小型会议室可容纳100人以下。会议室应当提供会议所需的基本设备和服务,单独收费的特定设备及服务项目,需明确其收费标准。

(二)住宿房间价格按照标准间、单人间和普通套房三种类型确定。

(三)伙食费按照每人每天确定标准并明细到单餐。

(四)线上会议服务费用按照单次会议或者单位时间确定具体收费内容和标准。

第十条 具备本办法第六条规定条件的宾馆、饭店、专业会议场所等可以参加会议定点场所采购。

党政机关及其系统内部宾馆、招待所、培训(会议)中心等具备本办法第六条规定条件的可以参加所在地的会议定点场所采购。

第十一条 财政部门及财政部门委托的机构通过政府采购确定会议定点场所后，应当与会议定点场所签订协议书，督促会议定点场所在规定时间内在党政机关会议定点场所管理信息系统注册并上传相关资料。

采取开放式框架协议采购方式确定会议定点场所的，应当在征集公告中申明是否另行签订书面框架协议，申明不再签订书面框架协议的，发布入围结果公告，视为签订框架协议。

第三章 会议定点场所的变动调整

第十二条 会议定点场所实行动态管理。会议定点场所采购协议有效期为两年，每两年集中调整一次。

采用开放式框架协议采购方式确定的会议定点场所，可以在框架协议期内进行动态调整。申请加入框架协议的宾馆、饭店、专业会议场所等，在财政部门或者财政部门委托的机构确定的动态调整时间内提交申请。申请退出框架协议的会议定点场所，不得在同一个框架协议期内再次加入。财政部门或者财政部门委托的机构应当在收到退出申请 2 个工作日内，以适当方式发布退出公告。

第十三条 采用开放式框架协议采购方式采购的，协议期满后，对符合续约条件的，经协议双方协商一致，本轮次的会议定点场所可以续签下一轮次的协议，继续保留会议定点场所资格；也可自愿退出，会议定点场所资格自动取消。

采用其他政府采购方式采购的，采购协议有效期满后应当重新履行政府采购程序。

第十四条 会议定点场所在协议期内不得提高协议价格。

第十五条 会议定点场所在协议期内，由于名称、法人代表等信息发生变动的，由会议定点场所申请，经财政部门审核同意后重新在党政机关会议定点场所管理信息系统注册。

第十六条 协议期内会议定点场所发生下列情况之一的，由会议定点场所提出书面申请，财政部门审核同意后在党政机关会议定点场所管理信息系统办理注销：

（一）会议定点场所申请退出开放式框架协议的。

（二）会议定点场所服务功能发生变化，不能满足协议要求的。

（三）自然灾害等不可抗力导致会议定点场所无法正常经营的。

（四）其他情况导致会议定点场所无法正常经营的。

第四章 管理与监督

第十七条 财政部负责制定党政机关会议定点管理办法，统筹推进党政机关会议定点场所管理信息系统建设，组织、指导、协调和监督全国党政机关会议定点管理工作。

第十八条 省级财政部门负责制定本地区会议定点管理的实施细则，指导、协调和实施本地区会议定点场所政府采购工作；负责管理本地区党政机关会议定点场所管理信息系统，指导、协调本地区会议定点场所注册、日常管理、咨询问答等工作；负责本地区党政机关会议定点管理监督工作。

对于因行政区划变更需要相应调整系统信息的，省级财政部门需在变更发生后20个工作日内将变更事项（包括变更类别、变更前行政区划、变更后行政区划、对应区号等）报送财政部。

第十九条 省级以下财政部门根据省级财政部门规定的职责，实施本地区会议定点场所的政府采购工作，设立咨询电话，受理对会议定点场所的咨询并及时答复。

第二十条 各级财政部门负责督促本级党政机关执行会议定点管理规定。各地财政部门负责督促本地区会议定点场所履行协议规定并做好有关保密工作，探索建立会议定点场所服务评价机制，加强评价结果运用。

第二十一条 党政机关在会议定点场所举办会议应当严格执行采购协议，不得要求会议定点场所虚报会议天数、人数、开具虚假发票等。

第二十二条 会议定点场所应当通过党政机关会议定点场所管理信息系统打印电子结算单，如实开具发票，并提供费用原始明细单据，作为党政机关举办会议的报销凭证。

会议定点场所有权拒绝党政机关提出的超出采购协议的服务项目和要求。

第二十三条 会议定点场所有以下行为之一的，经调查属实，取消会议定点场所资格：

（一）无正当理由拒绝接待党政机关会议的。

（二）不履行采购协议义务或者履行采购协议义务不符合约定，经协商后仍不履行或者仍未按约定履行的。

（三）超过采购协议价格收取费用或者采取减少服务项目等降低服务质量的。

（四）提供虚假凭证或者未按规定提供发票、费用原始明细单据、电子结算单等凭证的。

（五）不配合、甚至干扰阻挠财政部门正常管理监督工作的。

（六）未经批准单方面终止履行协议的。

（七）在采购协议期内，因违法行为被禁止或者限制参加政府采购活动的。

（八）采购协议约定的其他情形。

采用开放式框架协议采购方式采购的，被取消资格后不得在同一框架协议期内再次加入。

第二十四条 财政部门及其工作人员在会议定点管理工作中，存在滥用职权、玩忽职守、徇私舞弊等违法违规行为的，依法依规追究相应责任。

第五章 附 则

第二十五条 本办法由财政部负责解释。

第二十六条 省级财政部门应当根据本办法，结合本地区实际，制定具体实施细则，并报财政部备案。

第二十七条 本办法自印发之日起施行。《党政机关会议定点管理办法》（财行〔2015〕1 号）同时废止。其他党政机关会议定点管理规定与本办法不一致的，按照本办法执行。

五、办 公 用 房

·党规党纪·

党政机关办公用房管理办法

1. 2017年12月5日中共中央批准
2. 2017年12月5日中共中央办公厅、国务院办公厅发布

第一章 总 则

第一条 为了进一步规范党政机关办公用房管理,推进办公用房资源合理配置和节约集约使用,保障正常办公,降低行政成本,促进党风廉政建设和节约型机关建设,根据《党政机关厉行节约反对浪费条例》、《机关事务管理条例》、《机关团体建设楼堂馆所管理条例》等有关规定,制定本办法。

第二条 本办法适用于各级党政机关办公用房的规划、权属、配置、使用、维修、处置等管理工作。

本办法所称党政机关,是指党的机关、人大机关、行政机关、政协机关、监察机关、审判机关、检察机关,以及工会、共青团、妇联等人民团体和参照公务员法管理的事业单位。

本办法所称办公用房,是指党政机关占有、使用或者可以确认属于机关资产的,为保障党政机关正常运行需要设置的基本工作场所,包括办公室、服务用房、设备用房和附属用房。

第三条 党政机关办公用房管理应当遵循下列原则:

(一)依法合规,严格执行法律法规和党内有关制度规定,强化监督管理;

(二)科学规划,统筹机关办公和公共服务需求,优化布局和功能;

(三)规范配置,科学制定标准,严格审核程序,合理保障需求;

(四)有效利用,统筹调剂余缺,及时依规处置,避免闲置浪费;

(五)厉行节约,注重庄重朴素、经济适用,节约能源资源。

第四条 建立健全党政机关办公用房集中统一管理制度,统一规划、统一权属、统一配置、统一处置。县级以上党政机关办公用房有关管理部门根据职责分工，负责本级党政机关办公用房管理工作，指导下级党政机关办公用房管理工作。

中央和国家机关办公用房管理，由归口的机关事务管理部门负责规划、权属、调剂、使用监管、处置、维修等，国家发展改革委负责建设项目审批、建设标准制定以及投资安排等，财政部负责预算安排、指导开展资产管理等。中央和国家机关所属垂直管理机构、派出机构和参照公务员法管理的事业单位办公用房的权属、使用、维修等有关管理工作，由归口的机关事务管理部门委托行政主管部门负责。

地方各级党政机关办公用房管理的职责分工，由各省、自治区、直辖市参照前款规定，结合本地区实际情况合理确定相关机构承担办公用房管理职责。

各级党政机关是办公用房的使用单位，负责本单位占有、使用办公用房的内部管理和日常维护。

第二章 权属管理

第五条 党政机关办公用房的房屋所有权、土地使用权等不动产权利（以下统称办公用房权属），统一登记至本级机关事务管理部门名下。

中央和国家机关所属垂直管理机构、派出机构和参照公务员法管理的事业单位办公用房权属应当登记在行政主管部门名下。地方各级党政机关所属垂直管理机构、派出机构办公用房权属的登记主体由各省、自治区、直辖市规定。

涉及国家秘密、国家安全等特殊情况的，经机关事务管理部门核准，可以将办公用房权属登记在使用单位名下。

因历史资料缺失、权属不清等问题无法登记的，由机关事务管理部门协调有关部门进行办公用房权属备案，使用单位不得自行处置。

第六条 建立健全党政机关办公用房清查盘点制度。使用单位应当建立本单位办公用房资产管理分台账，资产信息发生变更的，及时调整更新。机关事务管理部门应当建立本级党政机关办公用房资产管理总台账，定期组织清查盘点，确保总台账信息与使用单位分台账信息账账相符，与办公用房实际状况账实相符，与权属证书信息账证相符。

第七条 建立健全党政机关办公用房管理信息统计报告制度。

各级机关事务管理部门应当建立健全本级党政机关办公用房管理信息系统，定期统计汇总办公用房管理情况，报上级机关事务管理部门，并送同级发展改革、财政部门。

国家机关事务管理局、中共中央直属机关事务管理局应当会同有关部门，建立全国党政机关办公用房信息数据库，并纳入国家数据共享交换平台，实现与发展改革、财政、国土资源、住房城乡建设等部门共享共用。各省、自治区、直辖市应当统筹推进本地区办公用房管理信息系统建设,实现上下一体、互联互通、动态管理。

第八条 建立健全党政机关办公用房档案管理制度。使用单位应当加强本单位办公用房档案管理,及时归集权属、建设、维修等原始档案,并移交产权单位。产权单位应当加强办公用房档案的收集、保存和利用,确保档案完整。

第三章 配置管理

第九条 县级以上机关事务管理、发展改革、财政部门应当会同有关部门,结合人员编制情况、办公与业务需要等,编制本级党政机关办公用房配置保障规划,优化办公用房布局,具备条件的逐步推进集中或者相对集中办公,共用配套附属设施。

地方各级人民政府编制土地利用总体规划和城乡规划时,应当统筹安排本级党政机关办公用房用地。县级以上党政机关的驻在地人民政府应当有效保障上级党政机关办公用房用地需求。

第十条 党政机关办公用房配置应当严格执行相关标准,从严核定面积。

国家发展改革委会同住房城乡建设部、财政部,制定和完善党政机关办公用房建设标准,并实行标准动态调整。

第十一条 党政机关办公用房配置方式包括调剂、置换、租用和建设。

第十二条 使用单位需要配置办公用房的,由机关事务管理部门优先整合现有办公用房资源调剂解决。

第十三条 采取置换方式配置办公用房的,应当严格履行审批程序,执行新建办公用房各项标准,确保符合办公用房各类功能要求,并按规定组织资产评估,置换所得超出面积标准的办公用房由机关事务管理部门统一调剂,置换所得收益按照非税收入有关规定管理。

置换旧房的,由机关事务管理部门会同发展改革、财政部门报同级人民政府审批;置换新房的,应当严格履行建设审批程序。不得以置换名义量身打造办公用房,不得以未使用政府预算建设资金、资产整合等名义规避审批。

第十四条 无法调剂或者置换解决办公用房的,可以面向市场租用,但应当严格按照规定履行审批程序。

需租用办公用房的,由使用单位提出申请,经机关事务管理部门核准后,报财政部门审核安排预算;或者由机关事务管理部门统筹本级党政机关办公用房使用需求,制定租用方案,报财政部门审核安排预算后,统一租赁并统筹安排使用。

任何单位不得以变相补偿方式租用由企业等单位提供的办公用房。

各级财政部门会同机关事务管理部门，制定本级党政机关办公用房租金标准，并实行标准动态调整。

第十五条 无法调剂、置换、租用办公用房，或者涉及国家秘密、国家安全等特殊情况的，可以采取建设方式解决，但应当按照国家有关政策从严控制，严格履行审批程序。党政机关办公用房建设包括新建、扩建、改建、购置。

中共中央直属机关办公用房建设项目由归口的机关事务管理部门审核同意后统一申报，由国家发展改革委核报国务院审批。

中央国家机关本级办公用房建设项目，由国家发展改革委核报国务院审批，申报前应当由归口的机关事务管理部门出具必要性审查意见。

中央国家机关所属垂直管理机构、派出机构办公用房建设项目，厅(局)级及以上单位的项目由国家发展改革委审批，申报前应当由归口的机关事务管理部门出具必要性审查意见；厅(局)级以下单位的项目由行政主管部门审批，并报国家发展改革委和归口的机关事务管理部门备案。

中央国家机关所属参照公务员法管理的事业单位的办公用房建设项目，由国务院、国家发展改革委和行政主管部门按照中央预算内投资审批权限分别负责审批，其中由国务院、国家发展改革委审批的项目，申报前应当由归口的机关事务管理部门出具必要性审查意见。

省、自治区、直辖市及计划单列市本级党政机关办公用房建设项目，由国家发展改革委核报国务院审批；地方其他党政机关办公用房建设项目，由省级人民政府审批。

县级党政机关直属单位和乡(镇)级党政机关办公用房建设项目，可以由省级人民政府根据实际情况委托市级人民政府审批。

地方各级党政机关所属垂直管理机构、派出机构和参照公务员法管理的事业单位办公用房建设项目的审批程序，由各省、自治区、直辖市规定。

第十六条 党政机关办公用房配置所需资金，应当通过政府预算安排，不得接受任何形式赞助或者捐款，不得搞任何形式集资或者摊派，不得向其他任何单位借款，不得让施工单位垫资，严禁挪用各类专项资金。

土地收益和资产转让收益按照非税收入有关规定管理，不得直接用于办公用房配置。涉及新增资产的，应当向财政部门申报新增资产配置预算。

第十七条 新配置办公用房的党政机关，应当在搬入新办公用房后1个月内，将超出核定面积的原有办公用房腾退移交同级机关事务管理部门统一调剂使用，不得继续占用或者自行处置，不得自行安排其他单位使用。

第四章 使用管理

第十八条 机关事务管理部门应当与使用单位签订办公用房使用协议，核发办公用房分配使用凭证。

办公用房分配使用凭证可以按照有关规定用于办理使用单位法人登记、集体户籍、大中修项目施工许可等,不得用于出租、出借、经营。

第十九条 使用单位应当严格按照有关规定在核定面积内合理安排使用办公用房,不得擅自改变办公用房使用功能,不得调整给其他单位使用。办公用房安排使用情况应当按年度通过政务内网、公示栏等平台进行内部公示;领导干部办公用房配备情况应当按年度报机关事务管理部门备案,严禁超标准配备、使用办公用房。

领导干部在不同单位同时任职的,应当在主要任职单位安排1处办公用房;主要任职单位与兼职单位相距较远且经常到兼职单位工作的,经严格审批后,可以由兼职单位再安排1处小于标准面积的办公用房,并在免去兼任职务后2个月内腾退兼职单位安排的办公用房。

工作人员调离或者退休的,使用单位应当在办理调离或者退休手续后1个月内收回其办公用房。

第二十条 党政机关工作人员办公室具备条件的,应当采用大开间等形式,提高办公用房利用率。

会议室、接待室等服务用房,可以采取可拆卸式隔断设计,提高空间使用的灵活性。

第二十一条 项目批复中已经明确和机关一并建设办公用房的事业单位,按照面积标准核定后可以继续无偿使用机关办公用房。

公益一类事业单位已经占用的机关办公用房,按照面积标准核定后可以继续无偿使用。公益二类事业单位已经占用的机关办公用房,应当按照规定予以腾退;确有困难的,经机关事务管理部门批准,可以继续有偿使用,租金收益按照非税收入有关规定管理。事业单位已经新建、购置办公用房或者租用其他房屋办公的,应当在6个月内将原有办公用房腾退移交机关事务管理部门。

生产经营类事业单位、国有企业和行业协会商会等社团组织,原则上不得占用党政机关办公用房。

第二十二条 党政机关办公用房使用单位机构、编制调整的,机关事务管理部门应当重新核定其办公用房面积。超出面积标准的,使用单位应当在6个月内将超出部分的办公用房腾退移交机关事务管理部门。

党政机关转为企业的,应当在办理企业工商注册后6个月内将原有办公用房腾退移交机关事务管理部门。转企单位确有困难的,经机关事务管理部门批准,可以继续有偿使用,租金收益按照非税收入有关规定管理;新建、购置或者租用办公用房的,应当在6个月内将原有办公用房腾退移交机关事务管理部门。

党政机关撤销的,应当在6个月内将原有办公用房腾退移交机关事务管理部门。

第二十三条 建立健全政府向社会购买物业服务机制,逐步实现办公用房物业服务社会化、专业化,具备条件的逐步推进统一物业管理服务。

机关事务管理部门应当会同有关部门,按照经济、适度的原则,制定本级党政机关办公用房物业服务内容、服务标准和费用定额。

第二十四条 鼓励有条件的地区探索试行办公用房租金制,逐步推进办公用房经费预算管理和实物资产管理相结合。

第五章 维修管理

第二十五条 党政机关办公用房维修包括日常维修和大中修。中央和国家机关办公用房维修标准由归口的机关事务管理部门、财政部会同住房城乡建设部制定,地方各级党政机关办公用房维修标准由各省、自治区、直辖市结合实际制定,并建立标准动态调整机制。

第二十六条 使用单位负责办公用房的日常检查和维修,所需资金通过部门预算安排。

第二十七条 党政机关办公用房因使用时间较长、设施设备老化、功能不全、存在安全隐患等原因需要大中修的,使用单位向机关事务管理部门提出申请;机关事务管理部门结合办公用房建筑年代、历史维修记录、老化损坏程度、单位建筑面积能耗水平和使用单位的实际需求,统筹安排办公用房大中修项目,报财政部门审核安排预算。

办公用房大中修项目应当严格按照规定履行审批程序,未经审批的项目,不得安排预算。中央和国家机关本级办公用房大中修项目,由归口的机关事务管理部门审批。中央和国家机关所属垂直管理机构、派出机构和参照公务员法管理的事业单位办公用房大中修项目,机关事务管理部门委托行政主管部门审批,其中厅(局)级及以上单位办公用房大中修项目审批情况应当报归口的机关事务管理部门备案。地方各级党政机关办公用房大中修项目的审批程序,由各省、自治区、直辖市规定。

第六章 处置利用管理

第二十八条 党政机关办公用房有下列情形之一闲置的,可以按照有关规定采取调剂使用、转换用途、置换、出租、拍卖、拆除等方式及时处置利用:

(一)同级党政机关办公用房总量满足使用需求,仍有余量的;

(二)因地理位置、周边环境、房屋结构等原因,不适合继续作为办公用房使用的；

（三）因城乡规划调整等需要拆迁的；

（四）经专业机构鉴定属于危房，且无加固改造价值的；

（五）其他原因导致办公用房闲置的。

处置利用党政机关办公用房涉及权属、用途等变更的，应当依法办理相关手续。

第二十九条 同一区域内闲置办公用房具备条件的，应当加强跨系统、跨层级调剂使用。

中央和国家机关所属垂直管理机构、派出机构之间调剂使用的，由行政主管部门审核提出意见，经归口的机关事务管理部门批准后实施，调剂使用情况报财政部备案。

中央和国家机关所属垂直管理机构、派出机构与地方各级党政机关之间调剂使用的，由行政主管部门会同有关地方人民政府审核提出意见，经归口的机关事务管理部门会同财政部批准后实施。

地方同级或者上下级党政机关之间，以及地方各级党政机关所属垂直管理机构、派出机构之间调剂使用的，参照前两款规定办理。

第三十条 具备条件的，机关事务管理部门可以商有关部门将闲置办公用房转为便民服务、社区活动等公益场所，或者按照有关规定置换为其他符合国家政策和需要的资产。

机关事务管理部门可以通过公共资源交易平台统一招租，租金收益按照非税收入有关规定管理。党政机关如有需要，应当及时收回出租的办公用房，统筹调剂使用。使用单位不得擅自出租办公用房。

第三十一条 闲置办公用房无法通过调剂使用、转换用途、置换、出租等方式处置利用的，机关事务管理部门报财政部门批准后，可以通过公共资源交易平台依法公开拍卖，拍卖收益按照非税收入有关规定管理。

第七章 监督问责

第三十二条 党政机关办公用房使用单位应当建立本单位内部使用管理制度，加强监督检查和责任追究，及时发现和纠正违规问题。

党政机关办公用房有关管理部门应当根据职责分工，加强办公用房监管，严格履行相关管理程序，对使用单位的办公用房违规管理使用问题及时按照规定移交有关部门和单位查处。

纪检监察机关应当及时受理群众举报和有关部门移送的办公用房管理案件线索，严肃查处违规违纪问题。

第三十三条 建立健全党政机关办公用房巡检考核制度。

县级以上机关事务管理、发展改革、财政部门会同有关部门，定期对本级党政机关（含所属垂直管理机构、派出机构）办公用房使用情况以及下级党政机关办公用房管理情况进行专项联合巡检，及时发现和纠正违规问题。

办公用房专项巡检应当与党风廉政建设责任制检查考核、政府绩效考核以及党政领导班子和领导干部年度考核相结合，巡检考核结果作为干部管理监督、选拔任用的依据。

第三十四条 建立健全党政机关办公用房管理信息公开制度。除依照法律法规和有关要求需要保密的内容和事项外，办公用房建设、使用、维修、处置利用、运行费用支出等情况，应当在政府门户网站等公共平台定期公开，主动接受社会监督。

第三十五条 建立健全党政机关办公用房管理责任追究制度，对有令不行、有禁不止的，依照有关规定严肃追究相关人员责任。

管理部门有下列情形之一的，依纪依法追究相关人员责任：

（一）违规审批项目或者安排投资计划、预算的；

（二）不按照规定履行调剂、置换、租用、建设等审批程序的；

（三）为使用单位超标准配置办公用房的；

（四）不按照规定处置办公用房的；

（五）办公用房管理信息统计报送中瞒报、漏报的；

（六）对发现的违规问题不及时处理的；

（七）有其他违反办公用房管理规定情形的。

使用单位有下列情形之一的，依纪依法追究相关人员责任：

（一）擅自将办公用房权属登记至本单位或者所属单位名下，或者不配合办理权属登记的；

（二）未经批准建设或者大中修办公用房的；

（三）不按规定腾退移交办公用房的；

（四）未经批准租用、借用办公用房的；

（五）擅自改变办公用房使用功能或者处置办公用房的；

（六）擅自安排企事业单位、社会组织等使用机关办公用房的；

（七）为工作人员超标准配备办公用房，或者未经批准配备两处以上办公用房的；

（八）有其他违反办公用房管理规定情形的。

第八章 附 则

第三十六条 党政机关本级的技术业务用房以及机关办公区内的技术业务用房，权属统一登记至本级机关事务管理部门名下，从严控制使用范围和用途，原则上不得调整用作办公用房。

党政机关本级的技术业务用房建设项目以及机关办公区内的技术业务用房建设项目，应当严格按规定履行审批程序，项目申报前由机关事务管理部门出具土地、人防等审查意见。

住房城乡建设部会同国家发展改革委、有关业务主管部门，制定和完善各类技术业务用房建设标准，合理区分办公用房和技术业务用房。

第三十七条 各省、自治区、直辖市以及中央和国家机关各部门，应当根据本办法，结合实际制定具体管理办法。

第三十八条 各民主党派机关办公用房管理适用本办法。

不参照公务员法管理的事业单位办公用房管理办法，另行制定。

第三十九条 本办法由国家机关事务管理局、中共中央直属机关事务管理局、国家发展改革委和财政部负责解释。

第四十条 本办法自2017年12月5日起施行。其他有关党政机关办公用房管理的规定，凡与本办法不一致的，按照本办法执行。

中共中央办公厅、国务院办公厅关于继续从严控制党政机关办公楼和培训中心项目建设的通知

2003年1月7日印发

《中共中央、国务院关于党政机关厉行节约制止奢侈浪费行为的若干规定》（中发〔1997〕13号）下发以来，各地区、各部门认真贯彻文件精神，有效地遏制了兴建党政机关办公楼的势头。但是，近几年由于机构调整变化等诸多因素，一些部门和地方又出现了竞相兴建机关办公楼和培训中心的现象。对此，党中央、国务院高度重视，并再次强调，要艰苦奋斗、勤俭建国、勤俭办一切事业，反对讲排场、比阔气、挥霍公款等奢侈浪费现象，领导机关的工作条件只能随着经济发展而逐步改善，要把有限的资金更多地用于改善人民生活方面，继续从严控制党政机关新建办公楼和培训中心。经党中央、国务院同意，现重申并提出以下要求：

一、严格党政机关办公楼建设项目审批程序。中央和地方省级党政机关新建办公楼，无论规模大小，一律报国务院审批。中央直属机关的办公楼建设项目，经中共中央直属机关事务管理局审核同意后报国家计委，由国家计委核报国

务院审批。国务院各部门的办公楼建设项目,总投资在7000万元以下的,由国务院机关事务管理局征求国家计委意见后报国务院审批,总投资在7000万元以上的,由国家计委核报国务院审批。地方省级党政机关的办公楼建设项目,一律由国家计委核报国务院审批。省级以下党政机关办公楼建设项目,由省级计划部门核报省级人民政府审批。

二、加快开展党政机关办公用房存量的调整工作。有关部门和地方省级人民政府在审核党政机关办公用房建设项目时,要严格按照《党政机关办公用房建设标准》,从严核定办公用房面积。对办公用房确有困难的,应首先考虑从现有党政机关办公用房存量中调剂解决;确需新建、改扩建和加固改造的,要严格执行审批程序。

三、从严控制党政机关培训中心项目建设。除特殊情况外,原则上不再批准新建培训中心项目。同时,各地区、各部门对现有党政机关培训中心的改扩建要严格控制,严禁进行高档装修,防止变相扩大规模,提高建设标准。

四、积极推进党政机关培训中心管理社会化。为了改变目前党政机关培训中心总量严重过剩、现有培训设施利用率不高的状况,更好地做好干部培训工作,要积极推行培训中心管理社会化。中央和国家机关的有关具体办法由中共中央直属机关事务管理局、国务院机关事务管理局会同有关部门制定并组织实施。

五、各级党委、政府及有关部门要认真贯彻执行本通知精神,各级纪检监察机关要对有关执行情况进行监督检查。对违反本通知规定的党政机关,要视情节轻重追究直接责任人和主要领导的责任,直至给予党纪政纪处分。

六、本通知所称党政机关,是指党的机关、人大机关、行政机关、政协机关、审判机关、检察机关。工会、共青团、妇联等各人民团体适用本通知。国有企业事业单位参照执行本通知。

中共中央办公厅、国务院办公厅
关于进一步严格控制党政机关办公楼等
楼堂馆所建设问题的通知

2007年3月18日印发

近年来,各地区各部门按照中央的要求,在严格控制党政机关办公楼等楼堂馆所建设方面采取了一些措施,取得了一定成效。但是,最近一些党政机关

违规修建办公楼等楼堂馆所现象又有所抬头，且有愈演愈烈之势。有的违反审批程序，越权审批，擅自提高建设标准、扩大建筑面积；有的不注重建筑的使用功能和经济实用性，盲目攀比，贪大求洋，搞豪华装修；有的不惜贷款、举债，甚至挪用扶贫款、救灾款等专项资金修建办公楼等楼堂馆所，群众反映十分强烈。党中央、国务院对此高度重视，明确要求采取有效措施，坚决刹住这股歪风，维护党和政府的良好形象。经党中央、国务院领导同志同意，现就进一步严格控制党政机关办公楼等楼堂馆所建设问题通知如下。

一、充分认识严格控制党政机关办公楼等楼堂馆所建设的重要意义

严格控制党政机关办公楼等楼堂馆所建设，是发扬艰苦奋斗、勤俭节约优良传统的具体体现，是加强党风廉政建设的重要内容，是密切党群干群关系、维护党和政府形象的客观要求。各级党委、政府和各有关部门要充分认识到，违反规定建设办公楼等楼堂馆所，追求和攀比办公场所豪华气派，是一种严重的铺张浪费行为，也是一种滥用权力的腐败行为。这种做法不仅浪费国家财产和资源，加重人民群众负担，而且败坏党风、政风和社会风气，侵蚀党员干部的进取精神和服务意识，危害党和人民的事业。同时还要看到，虽然我国的经济实力和综合国力在不断增强，但我国还是发展中国家，仍处于并将长期处于社会主义初级阶段，全体人民的生活还不富裕，国家建设和发展需要办的事情还很多，必须继续发扬艰苦奋斗的优良传统，必须继续坚持勤俭办一切事业的方针。各级党政机关和领导干部要牢牢把握立党为公、执政为民的本质要求，始终牢记“两个务必”，全面加强思想作风建设，带头弘扬新风正气，坚决抵制贪图安逸、追求享乐等不正之风，为全社会做好表率。

二、严格审批党政机关办公楼建设项目

所有新建、扩建、迁建、购置、装修改造党政机关办公楼项目，必须严格履行审批程序。根据有关规定，中央直属机关办公楼建设项目经中央直属机关事务管理局审核同意后，由国家发展改革委核报国务院审批。国务院各部门办公楼建设项目，总投资 7000 万元以下（含 7000 万元）的，由国务院机关事务管理局征求国家发展改革委意见后报国务院审批；总投资 7000 万元以上的，经国务院机关事务管理局初审后，由国家发展改革委核报国务院审批。中央和国家机关所属事业单位办公楼建设项目，一律报国家发展改革委审批。其中，使用中央预算内投资 7000 万元以上的，由国家发展改革委核报国务院审批。

省（自治区、直辖市）及计划单列市党政机关办公楼建设项目，一律由国家发展改革委核报国务院审批。省直厅（局）级单位和市（地、州、盟）、县（市、区、旗）党政机关办公楼建设项目，由省（自治区、直辖市）人民政府审批。市

（地、州、盟）、县（市、区、旗）党政机关直属单位和乡镇党政机关办公楼建设项目，由市（地、州、盟）人民政府（行署）审批。地方各级党政机关直属事业单位办公楼建设项目的审批程序，由各省（自治区、直辖市）人民政府规定。

今后一律不再审批党政机关新建、改扩建包括培训中心在内的各类具有住宿、会议、餐饮等接待功能的设施或场所建设项目，也不得安排财政性资金用于部门、地方所属的现有这类设施或场所的维修改造。各级党政机关要积极推进所属接待设施或场所经营管理的社会化进程，实现与所属部门彻底脱钩。

三、从严控制党政机关办公楼建设标准

党政机关办公楼建设必须体现庄重、朴素、实用和节约资源的原则。办公楼面积标准要严格按照原国家计委《关于印发党政机关办公用房建设标准的通知》（计投资〔1999〕2250 号，以下简称《通知》）的规定执行。办公楼主入口不得设置大门厅，门厅高度不得超过两层楼高。各级领导干部办公室的使用面积，要严格控制在《通知》规定的标准内。不得在办公区域内，以任何理由建设阶梯式和有舞台灯光音响、舞台机械、同声传译的会堂、报告厅、大型会议室。建筑物内不得设置阳光房、采光中厅、室内花园、景观走廊等。

党政机关办公楼不得定位为城市标志性建筑，外立面不得搞豪华装修，内装修要简洁朴素，办公设备的配置要科学实用。电梯、采暖、空调、供配电、弱电等设备以及各类建筑材料均应选用高效、节能、环保的国产产品。凡新建、改扩建的，必须严格执行《公共建筑节能设计标准》，建成后应进行建筑节能测评，凡达不到建筑节能标准的，不得进行竣工验收备案。

党政机关办公楼建设必须符合土地利用和城市规划要求，从严控制用地规模，严禁超标准占地、低效利用土地，不得占用耕地，不得配套建设大型广场、公园等设施。同时，要积极创造条件盘活行政事业单位办公楼存量资源，增加存量供给。对办公用房确有困难的，应首先考虑从现有党政机关办公用房存量中调剂解决；确需新建、改扩建的，应打破系统、部门之间界限，实行集中建设。

要充分发挥限额设计在控制投资和建设标准方面的作用，坚决控制党政机关办公楼工程造价标准。党政机关办公楼单位综合造价（不含土地有关费用及市政配套建设费），省（部）级不得超过 4000 元/平方米，市（地）级不得超过 3000 元/平方米，县（处）级及以下单位不得超过 2500 元/平方米。在不超出上述限额的前提下，各省（自治区、直辖市）可根据本地实际情况制定党政机关办公楼单位综合造价标准。凡超出规定标准的，投资主管部门一律不得受理。除明显物价上涨以及国家政策性调整、自然灾害等不可抗力因素外，经批准的初步设计概算一律不得突破和调整。

四、规范党政机关办公楼建设资金来源和管理方式

党政机关和财政全额拨款事业单位办公楼项目建设投资，统一由政府预算内投资安排，不得使用银行贷款，不得接受任何形式的赞助或捐赠，不得搞任何形式的集资或摊派，不得向其他单位借款，不得让施工单位垫资，严禁挪用各类专项资金。土地收益和资产转让收益要按照有关规定严格实行收支两条线管理，不得直接用于办公楼建设。差额拨款和自收自支事业单位使用行政事业性收费等财政性资金建设办公楼的，在申报项目时要出具财政部门对使用行政事业性收费等财政性资金的审核意见。

加快推进党政机关办公楼建设项目代建制试点工作。逐步推行由专业化项目管理单位组织实施项目建设、建成后移交给使用单位的建设管理模式，不再由使用单位自行组织建设。

投资和规模较大的党政机关办公楼建设项目，投资主管部门应对项目施工图进行复核，对不按初步设计和投资概算批复要求编制的施工图，建设和设计单位必须按要求进行修改。在项目实施过程中，有关部门要加强监督检查，使用单位不得随意干涉。项目建成交付使用前，由纪检监察机关、审计、财政和投资主管等部门组成联合检查组，对项目的建设规模、标准、投资、资金来源进行全面检查。

五、全面清理党政机关办公楼等楼堂馆所建设项目

各地区各部门要对近年来修建党政机关办公楼等楼堂馆所情况进行全面彻底的清理。对清理中发现的问题，要根据不同情况分别作出处理。凡是违反规定拟建和在建的办公楼等楼堂馆所项目，必须坚决停建或缓建；凡是没有按规定履行审批手续，擅自建设的办公楼等楼堂馆所项目，一经查实，要予以没收；凡是超规模、超标准、超投资概算建设的办公楼等楼堂馆所项目，要视具体情况作出腾退超标准面积或全部没收、拍卖处理。对招标交易单位不按批复规模、标准受理招标的，有关部门要责令其停业整顿，并追究直接责任人和主要领导人员的责任；对设计单位不按批复规模、标准设计的，有关部门要依法给予其行政处罚，并禁止其承接政府投资项目的设计业务；对项目未按批复规模、标准实施，监理单位未及时制止并向投资主管部门报告的，有关部门要依法给予其行政处罚，并禁止其承接政府投资项目的监理业务。

六、建立健全相关制度和监管机制

各地区各部门要结合实际，抓紧制定相关制度和实施办法，并切实加强领导，严格落实责任制，确保本通知精神落到实处。投资主管部门要进一步完善审批程序，建立健全审批责任制和内部监督机制，对违规审批等行为要严肃处

理。财政部门要严格公共财政支出管理制度，增强预算透明度，对于未经有关部门审批的办公楼建设项目一律不下达财政预算，把党政机关办公楼等楼堂馆所建设预算支出情况作为政务公开的重要内容，主动接受社会监督。建设部门要加强党政机关办公楼等楼堂馆所设计概算、施工预算编制的管理和工程造价标准的制定工作。审计部门要加强对党政机关办公楼等楼堂馆所建设项目的审计监督。纪检监察机关要加强对党政机关办公楼等楼堂馆所建设的监督检查，坚决纠正和查处各种违规违纪行为，对有令不行、有禁不止的，要依照有关规定给予直接责任人党纪政纪处分，并追究有关领导人员的责任。

本通知所称党政机关，包括党的机关、人大机关、行政机关、政协机关、审判机关、检察机关。工会、共青团、妇联等人民团体以及各级党政机关派出机构和直属事业单位适用本通知。国有和国有控股企业参照执行本通知。

中共中央办公厅、国务院办公厅关于党政机关停止新建楼堂馆所和清理办公用房的通知

2013年7月14日印发

近年来，各地区各部门认真贯彻中央要求，在严格控制党政机关楼堂馆所建设方面采取了一些措施，取得了一定成效。但是，近期一些地区和部门又出现了违规修建楼堂馆所的现象，损害党风政风，影响党和政府形象，人民群众反映强烈。党中央、国务院对此高度重视，强调各级党政机关要大力弘扬艰苦奋斗、勤俭节约的优良作风，认真贯彻落实中央八项规定精神，树立过紧日子的思想，全面停止新建楼堂馆所，规范办公用房管理，切实把有限的资金和资源更多用在发展经济、改善民生上。经党中央、国务院同意，现就有关事项通知如下。

一、全面停止新建党政机关楼堂馆所

自本通知印发之日起，5年内，各级党政机关一律不得以任何形式和理由新建楼堂馆所。

（一）停止新建、扩建楼堂馆所。严禁以任何理由新建楼堂馆所，严禁以危房改造等名义改扩建楼堂馆所，严禁以建技术业务用房名义搭车新建楼堂馆所，严禁改变技术业务用房的用途。

（二）停止迁建、购置楼堂馆所。严禁以城市改造、城市规划等理由在他处

重新建设楼堂馆所，严禁以任何理由购置楼堂馆所。

（三）严禁以“学院”、“中心”等名义建设楼堂馆所。严禁接受任何形式的赞助建设和捐赠建设，严禁借企业名义搞任何形式的合作建设、集资建设或专项建设。

（四）已批准但尚未开工建设的楼堂馆所项目，一律停建。

二、严格控制办公用房维修改造项目

办公用房因使用时间较长、设施设备老化、功能不全、存在安全隐患，不能满足办公要求的，可进行维修改造。维修改造项目要以消除安全隐患、恢复和完善使用功能为重点，严格履行审批程序，严格执行维修改造标准，严禁豪华装修。

中央直属机关办公用房维修改造项目，由中直管理局审批。国务院各部门办公用房维修改造项目，由国管局审批。地方各级党政机关办公用房维修改造项目的审批程序，由各省、自治区、直辖市规定。各地区要根据本地区实际制定党政机关办公用房维修改造标准和工程消耗量定额。

各级党政机关要严格按照 2007 年印发的《中共中央办公厅、国务院办公厅关于进一步严格控制党政机关办公楼等楼堂馆所建设问题的通知》要求，加强预算和资金使用管理。党政机关办公用房维修改造项目所需投资，统一纳入预算安排财政资金解决，未经审批的项目，不得安排预算。

各级党政机关不得以任何理由安排财政资金用于包括培训中心在内的各类具有住宿、会议、餐饮等接待功能的设施或场所的维修改造。

三、全面清理党政机关和领导干部办公用房

各级党政机关要对占有、使用的办公用房进行全面清理，根据不同情况分别作出如下处理：

（一）超过《党政机关办公用房建设标准》（原国家计委计投资〔1999〕2250 号）规定的面积标准占有、使用办公用房的，应予以腾退。

（二）未经批准改变办公用房使用功能的，原则上应恢复原使用功能。

（三）已经出租、出借的办公用房到期应予收回，租赁合同未到期的，租金收入严格按照收支两条线规定管理，到期后不得续租。未经批准租用办公用房的，应予以清理并腾退，严禁以租用过渡性用房名义变相购建使用办公用房。

（四）除在立项批复中明确事业单位和行政机关办公用房一并建设外，所属其他企事业单位一律不得占用行政机关办公用房，已占用的，原则上应予以清理并腾退。

（五）部门和单位在机构变动中转为企业的，所占用的办公用房应予腾退，

确实难以腾退的，经批准可租用原办公用房或按规定程序转为企业国有资本金。

（六）各级党政机关领导干部应当严格按照《党政机关办公用房建设标准》的规定配置办公用房。办公用房面积超标准配置的，应予以清理并腾退；领导干部在不同部门同时任职的，应在主要工作部门安排一处办公用房，其他任职部门不再安排办公用房；领导干部工作调动的，由调入部门安排办公用房，原单位的办公用房不再保留；领导干部在人大或政协任职，人大或政协已安排办公用房的，原单位的办公用房不再保留，人大或政协没有安排办公用房的，由原单位根据本人承担工作的实际情况，安排适当的办公用房；领导干部在协会等单位任职的，由协会等单位根据工作需要安排办公用房，原单位的办公用房不再保留；领导干部已办理离退休手续的，原单位的办公用房应及时腾退。

四、严格规范党政机关办公用房管理

各地区要按照有关规定，建立健全办公用房集中统一管理制度，实行统一调配、统一权属登记。要严格按照《党政机关办公用房建设标准》和各部门各单位"三定"规定，从严核定办公用房面积。新建、调整办公用房的部门和单位，要按照"建新交旧"、"调新交旧"原则，在搬入新建或新调整办公用房的同时，及时将原办公用房腾退移交机关事务主管部门。因机构增设、职能调整确需增加办公用房的，应在本部门本单位现有办公用房中解决；本部门本单位现有办公用房不能满足需要的，由机关事务主管部门整合办公用房资源调剂解决；无法调剂、确需租用办公用房的，要严格履行审批手续。各级党政机关要制定本部门本单位办公用房使用管理制度，严格办公用房使用管理。

各级机关事务主管部门要做好办公用房物业管理工作，制定和完善物业服务内容、服务标准和收费标准等制度，并结合机关后勤服务社会化改革，逐步推进办公用房物业服务社会化。

五、切实加强领导，强化监督检查

停止新建党政机关楼堂馆所和清理办公用房，是加强党风廉政建设的重要内容，是密切党群干群关系、维护党和政府形象的客观要求，各级党政机关要高度重视，领导干部要率先垂范。各地区各部门各单位要结合实际，抓紧制定相关制度标准和实施办法，切实加强领导，严格落实责任制，确保本通知精神落到实处。

投资主管部门要进一步完善审批程序，建立健全审批责任制和内部监督机制，对违规审批等行为要严肃处理。财政部门要严格公共财政预算管理，对未按规定履行审批手续的党政机关楼堂馆所建设和维修改造项目一律不得下达财政预算。各部门各单位年终应把楼堂馆所建设和维修改造项目实施情况作为政务公开的重要内容，主动接受社会监督。国土资源管理部门要严格土地供应管理，对未按规定履行审批手续的党政机关楼堂馆所建设和维修改造项目一律不得供地。住房城乡建设部门要加强对党政机关楼堂馆所建设和维修改造项目的监管，并制定相应的标准和工程消耗量定额。机关事务主管部门要完善党政机关办公用房管理制度，定期组织督促检查，并通报检查情况，督促落实办公用房清理工作。审计部门要加强对党政机关楼堂馆所建设和维修改造项目的审计监督。纪检监察机关要坚决纠正和查处党政机关楼堂馆所建设和维修改造项目及办公用房管理使用中的各种违规违纪行为，对有令不行、有禁不止的，依照有关规定严肃追究直接责任人和有关领导人员的责任。

2013 年 9 月 30 日前，各地区要将落实本通知的情况报中央办公厅、国务院办公厅；中央和国家机关各部门落实本通知的情况，按系统分别报中直管理局、国管局，汇总后报中央办公厅、国务院办公厅。中央办公厅、国务院办公厅将视情组织督促检查，并通报检查情况。

本通知所称党政机关，包括党的机关、人大机关、行政机关、政协机关、审判机关、检察机关。各级党政机关派出机构、直属事业单位及工会、共青团、妇联等人民团体适用本通知。国有及国有控股企业参照本通知执行。

本通知所称党政机关楼堂馆所，包括使用财政性资金建设的党政机关办公用房、培训中心，以及以“学院”、“中心”等名义兴建的具有住宿、会议、餐饮等接待功能的设施或场所；领导干部是指省部级以下（含省部级）各级党政领导干部。党政机关使用非财政性资金建设的楼堂馆所，参照本通知执行。

· 法律法规 ·

机关团体建设楼堂馆所管理条例

1. 2017 年 10 月 5 日中华人民共和国国务院令第 688 号公布
2. 自 2017 年 12 月 1 日起施行

第一章 总 则

第一条 为了严格控制机关、团体建设楼堂馆所，厉行节约、反对浪费，制定本条例。

第二条 机关、团体建设楼堂馆所，适用本条例。

本条例所称建设，是指新建、扩建、改建、购置；所称楼堂馆所，是指办公用房以及培训中心等各类具有住宿、会议、餐饮等接待功能的场所和设施。

第三条 建设办公用房应当严格履行审批程序，严格执行建设标准。未经批准，不得建设办公用房。

禁止以技术业务用房等名义建设办公用房或者违反规定在技术业务用房中设置办公用房。

第四条 建设办公用房应当遵循朴素、实用、安全、节能的原则。

国务院发展改革部门会同国务院住房城乡建设部门、财政部门制定办公用房建设标准，并向社会公布。

第五条 机关、团体不得建设培训中心等各类具有住宿、会议、餐饮等接待功能的场所和设施。

第二章 项目审批

第六条 建设办公用房的，应当向负责项目审批的机关（以下简称审批机关）报送项目建议书、可行性研究报告、初步设计；购置办公用房的，不报送初步设计。

根据办公用房项目的具体情况，经审批机关同意，项目建议书、可行性研究报告、初步设计可以合并编制报送。

第七条 办公用房项目的审批机关及其审批权限，按照国家有关规定执行。

第八条 审批机关应当严格审核办公用房项目，按照建设标准核定建设内容、建设规模和投资概算。

第九条 办公用房项目有下列情形之一的，审批机关不得批准：

（一）属于禁止建设办公用房的情形；

（二）建设的必要性不充分；

（三）建设资金来源不符合规定；

（四）建设内容、建设规模等不符合建设标准；

（五）其他不得批准的情形。

第十条 对未经批准的办公用房项目，不得办理规划、用地、施工等相关手续，不得安排预算、拨付资金。

第十一条 办公用房项目应当按照审批机关核定的建设内容、建设规模和投资概算进行设计、施工。因国家政策调整、价格上涨、地质条件发生重大变化等原因确需增加投资概算的，应当经原审批机关批准。

第十二条 审批机关应当完善审批工作流程，建立健全审批工作责任制和内部监督机制。

第三章 建设资金

第十三条 办公用房项目的建设资金由预算资金安排。

办公用房项目的建设资金来源不得有下列情形：

（一）挪用各类专项资金；

（二）向单位、个人摊派；

（三）向银行等金融机构借款；

（四）接受赞助或者捐赠；

（五）其他违反规定的情形。

第十四条　办公用房项目的建设资金按照国库集中支付制度的有关规定支付。

第十五条　办公用房项目竣工后，建设单位应当按照规定及时组织编报竣工财务决算，并及时办理固定资产入账手续。

第四章　监督检查

第十六条　审批机关、财政部门、审计机关、监察机关（以下统称监督检查机关）应当按照各自的职责，加强对建设楼堂馆所活动的监督检查和绩效评价。

监督检查机关应当密切配合，建立信息共享机制，并根据实际需要开展联合监督检查、专项监督检查。

第十七条　监督检查机关对建设楼堂馆所活动实施监督检查，有权要求建设单位以及其他相关单位提供有关文件和资料，向有关人员了解情况，进行现场核查。建设单位以及其他相关单位对监督检查应当予以配合，不得拒绝、阻碍。

第十八条　建设单位应当按照有关规定加强办公用房项目档案管理，将项目审批和实施过程中的有关文件、资料存档备查。

第十九条　除依法应当保密的情形外，下列信息应当通过政府网站等便于公众知晓的方式公开：

（一）办公用房项目审批情况，包括建设单位名称、批准的理由以及建设内容、建设规模、投资概算等；增加投资概算的，还应当公开增加投资概算的情况和理由。

（二）监督检查情况，包括发现的违法建设楼堂馆所的单位名称、基本事实以及处理结果等。

第二十条　对违反本条例规定的行为，任何单位和个人有权向监督检查机关举报。

监督检查机关应当通过公开举报电话和邮箱、在政府网站设置举报专栏等方式，接受单位和个人的举报，并及时依法处理。

第五章　法律责任

第二十一条　机关、团体有下列情形之一的，根据具体情况责令停止相关建设活动或者改正，对所涉楼堂馆所予以收缴、拍卖或者责令限期腾退，对负有责任的领导人员和直接责任人员依法给予处分：

（一）建设培训中心等各类具有住宿、会议、餐饮等接待功能的场所和设施；

（二）未经批准建设办公用房；

（三）以技术业务用房等名义建设办公用房，或者违反规定在技术业务用房中设置办公用房；

（四）擅自改变建设内容、扩大建设规模，或者擅自增加投资概算；

（五）办公用房项目建设资金来源不符合规定。

第二十二条 有下列情形之一的，责令改正，对负有责任的领导人员和直接责任人员依法给予处分：

（一）超越审批权限审批办公用房项目；

（二）对不符合规定的办公用房项目予以批准；

（三）对未经批准的办公用房项目办理规划、用地、施工等相关手续，或者安排预算、拨付资金；

（四）其他滥用职权、玩忽职守、徇私舞弊的情形。

第二十三条 建设单位未按照规定将办公用房项目审批和实施过程中的有关文件、资料存档备查，或者转移、隐匿、篡改、毁弃有关文件、资料的，责令改正，对负有责任的领导人员和直接责任人员依法给予处分。

第二十四条 本条例第二十一条至第二十三条规定的处分，由监察机关或者其他有关机关按照管理权限实施，其他处理措施由审批机关实施。

第二十五条 违反本条例规定，构成犯罪的，依法追究刑事责任。

第六章　附　　则

第二十六条 本条例所称团体，是指工会、共青团、妇联等人民团体。

第二十七条 财政给予经费保障的事业单位和人民团体以外的其他团体建设楼堂馆所，参照适用本条例。

第二十八条 机关、人民团体、财政给予经费保障的事业单位和其他团体维修办公用房，应当严格履行审批程序，执行维修标准。禁止进行超标准装修或者配置超标准的设施。

违反前款规定的，根据具体情况责令停止维修活动或者改正，对负有责任的领导人员和直接责任人员依法给予处分。

第二十九条 财政给予经费补助的事业单位和人民团体以外的其他团体建设、维修楼堂馆所的管理办法，由国务院发展改革部门会同国务院财政部门、住房城乡建设部门等有关部门以及有关机关事务管理部门按照确有必要、严格控制的原则制定。

国有企业建设、维修楼堂馆所的管理办法，由国务院发展改革部门会同国务院国有资产监督管理机构、财政部门、住房城乡建设部门等有关部门，按照前款规定的原则制定。

第三十条　军队单位建设、维修楼堂馆所，按照军队的有关规定执行。

第三十一条　本条例自2017年12月1日起施行。国务院1988年9月22日发布施行的《楼堂馆所建设管理暂行条例》同时废止。

党政机关办公用房建设标准

1. 2014年11月24日国家发展改革委、住房城乡建设部印发

2. 发改投资〔2014〕2674号

第一章　总　　则

第一条　为规范党政机关办公用房建设，提高投资决策科学化水平，合理确定党政机关办公用房的建设内容、建设规模和标准，满足办公使用功能的需要，加强管理和监督，制定本建设标准。

第二条　本建设标准是党政机关办公用房建设项目决策和建设的全国统一标准，是编制、评估和审批党政机关办公用房建设项目的项目建议书、可行性研究报告、初步设计以及对项目建设进行监督检查的重要依据。

第三条　本建设标准适用于全国乡（镇、苏木）级及以上党的机关、人大机关、行政机关、政协机关、审判机关、检察机关，工会、共青团、妇联等人民团体机关，以及各级机关组成机构、直属机构、派出机构和直属事业单位（以下统称党政机关）办公用房的新建（或购置）、改建和扩建工程。配备、租用办公用房参照执行。

第四条　党政机关办公用房建设必须贯彻艰苦奋斗、勤俭节约、反对浪费的方针，按照统筹兼顾、适用为主、满足办公需要的原则进行建设。

集中建设或联合建设的办公用房，应充分利用公共服务和附属设施，打破系统、部门之间的界限，实行统一规划、集中管理、共同使用。

第五条　党政机关办公用房建设必须符合土地利用和城乡规划要求，从严控制用地规模，严格土地审批，节约集约用地，严禁超标准占地、低效利用土地，不得占用耕地，新建项目不得配套建设大型广场、公园等设施。

第六条　党政机关办公用房建设应做到庄重、朴素、经济、适用和资源节约，不得定位为城市标志性建筑。外立面不得搞豪华装修，内装修应简洁朴素。

第七条　党政机关办公用房的建设规模应根据使用单位的类别和各级别编制定员，按照本建设标准的规定确定建筑面积。严禁超规模、超标准、超投资建设党政机关办公用房。

第八条 党政机关办公用房的建设除应符合本建设标准外，还应符合国家关于安全、资源节约、环境保护、卫生、绿色建筑等标准和规范要求。

第二章 建筑分类与面积指标

第九条 党政机关办公用房根据单位级别和性质分为五类，其适用对象见表1。

表1 党政机关办公用房类别划分

类别	适用对象
中央机关	中央部（委）级党的机关、人大机关、行政机关、政协机关、审判机关、检察机关，工会、共青团、妇联等人民团体机关，以及各机关派出机构和直属事业单位。
省级机关	省（自治区、直辖市）级党的机关、人大机关、行政机关、政协机关、审判机关、检察机关，工会、共青团、妇联等人民团体机关，以及各机关的组成机构、直属机构、派出机构和直属事业单位。
市级机关	市（地、州、盟）级党的机关、人大机关、行政机关、政协机关、审判机关、检察机关，工会、共青团、妇联等人民团体机关，以及各机关的组成机构、直属机构、派出机构和直属事业单位。
县级机关	县（市、旗）级党的机关、人大机关、行政机关、政协机关、审判机关、检察机关，工会、共青团、妇联等人民团体机关，以及各机关的组成机构、直属机构、派出机构和直属事业单位。
乡级机关	乡（镇、苏木）级党的机关、人大机关、行政机关及其他机关。

第十条 党政机关办公用房由基本办公用房（办公室、服务用房、设备用房）、附属用房两部分组成，并应符合表2的规定。

表2 党政机关办公用房功能分类

<table>
<tr><th>办公用房</th><th colspan="2">包括内容</th></tr>
<tr><td rowspan="3">基本办公用房</td><td>办公室</td><td>包括领导人员办公室和一般工作人员办公室。</td></tr>
<tr><td>服务用房</td><td>包括会议室、接待室、档案室、图书资料室、机关信息网络用房、机要保密室、文印室、收发室、医务室、值班室、储藏室、物业及工勤人员用房、开水间、卫生间等。</td></tr>
<tr><td>设备用房</td><td>包括变配电室、水泵房、水箱间、中水处理间、锅炉房（或热力交换站）、空调机房、通信机房、电梯机房、建筑智能化系统设备用房等。</td></tr>
</table>

续表

办公用房	包 括 内 容
附属用房	包括食堂、停车库(汽车库,自行车库,电动车、摩托车库)、警卫用房、人防设施等。

注:表中所称领导人员是指独立法人单位的领导班子成员。

第十一条 各级工作人员办公室使用面积不应超过表3的规定:

表3 各级工作人员办公室使用面积

类别	适用对象	使用面积(平方米/人)
中央机关	部级正职	54
	部级副职	42
	正司(局)级	24
	副司(局)级	18
	处级	12
	处级以下	9
省级机关	省级正职	54
	省级副职	42
	正厅(局)级	30
	副厅(局)级	24
	正处级	18
	副处级	12
	处级以下	9
市级机关	市级正职	42
	市级副职	30
	正局(处)级	24
	副局(处)级	18
	局(处)级以下	9

续表

类别	适用对象	使用面积(平方米/人)
县级机关	县级正职	30
	县级副职	24
	正科级	18
	副科级	12
	科级以下	9
乡级机关	乡级正职	由省级人民政府按照中央规定和精神自行做出规定,原则上不得超过县级副职。
	乡级副职	
	乡级以下	

注:1. 副省级城市、副部级单位副职办公室面积指标按不超过省(部)级副职标准执行,其组成部门的正、副局(司)级人员办公室面积指标按不超过省级机关或中央机关相应的正、副厅(局、司)级标准执行。副市(厅)、副县(处)级单位以此类推。

2. 中央机关司(局)级派出机构、事业单位按省级机关厅(局)级单位标准执行,处级派出机构、事业单位按市级机关局(处)级单位标准执行;省级机关处级直属机构、派出机构、事业单位按市级机关局(处)级单位标准执行,科级派出机构、事业单位按县级机关科级单位标准执行。其他以此类推。

3. 各级党政机关领导人员办公室可在上列规定的办公室使用面积范围内配备休息室。

4. 省部级领导人员、省(自治区、直辖市)所属厅(局)正职和市(地、州、盟)、县(市、区、旗)党政正职办公室可在上列规定的办公室使用面积范围内配备不超过 6 平方米的卫生间。

第十二条 服务用房使用面积不应超过表 4 的规定:

表 4 服务用房编制定员人均使用面积

类别	使用面积(平方米/人)	计 算 方 法
中央机关 省级机关	7 ~ 9	200 人及以下取上限,400 人及以上取下限,中间值用公式(1100 - x)/100 计算确定。
市级机关	6 ~ 8	200 人及以下取上限,400 人及以上取下限,中间值用公式(1000 - x)/100 计算确定。
县级机关	6 ~ 8	100 人及以下取上限,200 人及以上取下限,中间值用公式(500 - x)/50 计算确定。

续表

类别	使用面积 （平方米/人）	计 算 方 法
乡级机关	由省级人民政府按照中央规定和精神自行做出规定，原则上不得超过县级机关。	——

注：表中 x 为编制定员。

第十三条 设备用房使用面积应根据地理位置、建设规模以及相关设备需求确定，宜按办公室和服务用房使用面积之和的 9% 测算。

第十四条 党政机关办公用房应合理确定门厅、走廊、电梯厅等面积，提高使用面积系数。基本办公用房建筑总使用面积系数，多层建筑不应低于 65%，高层建筑不应低于 60%。

第十五条 附属用房建筑面积，不应超过下列规定：

1. 食堂：食堂餐厅及厨房建筑面积按编制定员计算，编制定员 100 人及以下的，人均建筑面积为 3.7 平方米；编制定员超过 100 人的，超出人员的人均建筑面积为 2.6 平方米。

2. 停车库：总停车位数应满足城乡规划建设要求，汽车库建筑面积指标为 40 平方米/辆，超出 200 个车位以上部分为 38 平方米/辆，可设置新能源汽车充电桩；自行车库建筑面积指标为 1.8 平方米/辆；电动车、摩托车库建筑面积指标为 2.5 平方米/辆。

3. 警卫用房：宜按警卫编制定员及武警营房建筑面积标准计算，人均建筑面积为 25 平方米。

4. 人防设施：应按国家人防部门规定的设防范围和标准计列建筑面积，本着平战结合、充分利用的原则，在平时可以兼作地下车库、物品仓库等。

第十六条 党政机关办公用房总建筑面积可按下式计算得出：

$$S=[A+B+(A+B)\times 9\%]/K+C$$

式中：S—总建筑面积；

A—各级工作人员办公室总使用面积；

B—服务用房总使用面积；

K—基本办公用房建筑总使用面积系数；

C—附属用房总建筑面积。

第三章 选址、布局与建设用地

第十七条 党政机关办公用房选址应符合当地土地利用总体规划和城乡规划的

要求，在规划确定的城镇建设用地范围内，选择位置适合、交通便利、环境适宜、基础设施和地质条件良好、有利于安全保卫的地点。

第十八条 党政机关办公用房在城市中的布局宜相对集中。联合建设时，其设备用房和附属用房等应统一规划与建设。

第十九条 党政机关办公用房的建筑总平面布置应遵循功能组织合理、建筑组合紧凑、服务资源共享的原则，科学合理组织和利用地上、地下空间。

第二十条 党政机关办公用房建设用地包括：建筑主体及其附属建筑用地、道路及停车用地、绿化用地等。

第二十一条 党政机关办公用房改建、扩建工程应充分利用原有场地和设施，减少新增用地。

第二十二条 党政机关办公用房建设用地不得用于建造与办公无关的居住或商用建筑等，不得占用风景名胜资源。

第二十三条 党政机关办公用房的建筑容积率不应小于表 5 的规定，并应满足所在地城乡规划与建设的相关控制要求。

表 5　建筑容积率指标

类别	容积率
中央机关	2.0
省级机关	2.0
市级机关	1.2
县级机关	1.0
乡级机关	由省级人民政府按照中央规定和精神自行做出规定。

第二十四条 党政机关办公用房总停车位数应满足当地城乡规划建设要求，地面停车场面积指标为：汽车 25 平方米/辆，自行车 1.2 平方米/辆，电动车、摩托车1.8 平方米/辆。

第二十五条 党政机关办公用房建设用地的绿地率不宜低于 30%，并应满足当地城乡规划和建设有关绿地的控制要求。绿化植被应采用本土植物，不得移栽大树、古树，以降低绿化成本。

第四章　建筑标准

第二十六条 党政机关办公用房不宜建造一、二层的低层建筑，也不应建造超高层、超大体量的建筑。

第二十七条 党政机关基本办公用房建筑面积小于（等于）表 6 的规定时，不宜单独建设。

表6　建筑面积控制指标

类别	建筑面积(平方米)
中央机关	6000
省级机关	6000
市级机关	4000
县级机关	2000
乡级机关	——

第二十八条　党政机关办公用房标准层每层建筑面积不应低于表7的规定：

表7　标准层建筑面积

分　　类	建筑面积(平方米)
四层及以下办公用房	600
五层及以上多层办公用房	1000
高层办公用房	1200

第二十九条　党政机关办公用房入口门厅高度不应超过两层,门厅的使用面积不应超过表8的规定：

表8　入口门厅的使用面积指标

类别	使用面积(平方米)
中央机关	300
省级机关	300
市级机关	240
县级机关	120
乡级机关	由省级人民政府按照中央规定和精神自行做出规定,原则上不得超过县级机关。

第三十条　党政机关办公用房不得在办公区域内建设阶梯式和有舞台灯光音

响、舞台机械、同声传译的会堂、报告厅、大型会议室。建筑物内不宜设置阳光房、采光中厅、室内花园、景观走廊等超出办公用房功能的其他空间或房间。

第三十一条 党政机关办公用房标准层的层高应根据办公室净高要求、结构形式及设施情况确定，不得超越净高规定或结构及设施的合理技术条件加大层高。办公室的净高应符合下列规定：

1. 有集中空调设施并有吊顶的标准单间办公室宜为2.5～2.7米；
2. 无集中空调设施的标准单间办公室宜为2.6～2.8米；
3. 有集中空调设施并有吊顶的大空间办公室宜为2.6～2.8米；
4. 无集中空调设施的大空间办公室宜为2.8～3.0米。

第三十二条 党政机关办公用房标准层的走道净宽应符合下列规定：

1. 走道长度≤40米时，单面布房的走道净宽不宜小于1.5米且不宜大于1.8米，双面布房的走道净宽不宜小于1.8米且不宜大于2.1米。

2. 走道长度>40米时，单面布房的走道净宽不宜小于1.5米且不宜大于2.1米，双面布房的走道净宽不宜小于1.8米且不宜大于2.5米。

第三十三条 五层及五层以上的党政机关办公用房应设置乘客电梯，办公用房的办公区域不应设置自动扶梯。

第三十四条 党政机关办公用房应满足国家有关无障碍规范的要求。

第三十五条 党政机关办公用房的建设应满足功能需求，党政机关一般工作人员办公室宜采用大开间，提高办公室利用率。

第三十六条 党政机关办公用房建筑应符合国家有关建筑设计防火、抗震、节能规范等的规定，并确保建筑在设计使用年限期间能正常使用。

第五章 建筑装修

第三十七条 党政机关办公用房装修设计应构造简洁、色彩适宜，营造庄重、实用、协调的装饰效果，因地制宜地选用节能环保装修材料或构配件。

第三十八条 党政机关办公用房室内装修包括楼地面、墙面、柱面、天棚、内门窗、轻质隔墙、细部等，不包括活动家具、窗帘、饰物等。

第三十九条 党政机关办公用房装修标准可分为基本装修、中级装修、中高级装修三类，并宜符合表9的规定。

表9 装修标准

分类	装修要求
基本装修	选用建筑所在地区经济型普通装修材料或构配件。 楼地面可选用普通PVC地材、地砖、水泥砂浆等；墙、柱面选用普通涂料；天棚刷普通涂料或普通饰面板吊顶；门采用普通复合木门。

续表

分类	装修要求
中级装修	选用建筑所在地区中等价位的装修材料或构配件。 楼地面可选用中档复合木地板、PVC 地材、石材、地砖等；墙、柱面可选用中档饰面板、涂料或壁纸；天棚可做中档饰面板吊顶；门采用中档复合木门或玻璃门。
中高级装修	选用建筑所在地区中等价位、局部选用中高价位的装修材料或构配件。 楼地面可选用中高档石材、木材、普通化纤地毯；墙、柱面可选用中档饰面板或涂料；天棚可做中高档饰面板吊顶；门采用中高档复合木门或玻璃门。

注：同等档次室内装修材料，提倡采用新型环保节能材料。

第四十条 党政机关办公用房建筑装修应符合表 10 的规定。

表 10 装修选用标准

房间或部位 \ 类别		中央机关、省级机关	市级机关	县级机关	乡级机关
办公室	一般工作人员办公室	基本	基本	基本	基本
	领导人员办公室	中高级	中级	中级或基本	基本
服务用房	会议室、接待室	中高级或中级	中级	中级或基本	基本
	其他用房	基本	基本	基本	基本
设备用房		基本	基本	基本	基本
附属用房		基本	基本	基本	基本
主入口门厅及电梯厅		中高级	中级	中级或基本	基本

第四十一条 党政机关办公用房的办公室及办公区走廊等应采用普通灯具和高效节能型光源，会议室、接待室及主入口门厅可采用装饰性灯具，配用高效节能型光源，但不应选用豪华灯具。

第四十二条 采暖地区一般工作人员办公室不应做装饰性暖气罩。

第四十三条 党政机关办公用房室外装修包括墙面、柱面、外门窗、门头、台阶、坡道等。

第四十四条 党政机关办公用房室外装修设计，应综合考虑所在地区传统文化特色、经济状况、城镇景观及周边建筑风貌，做到实用、协调、庄重。外墙面不宜大面积采用玻璃幕墙，主入口不应使用铜质门、豪华旋转门。

第四十五条 党政机关办公用房装修工程造价包括:室内装修工程、室外装修工程造价。装修工程造价占建筑安装工程费用的比例,不宜超过表 11 的规定。

表 11 装修工程造价占建筑安装工程费用的比例

类别	比例(%)
中央机关	35
省级机关	35
市级机关	35
县级机关	30
乡级机关	25

第六章 室内环境与建筑设备

第四十六条 党政机关办公用房室内环境应符合公共建筑节能设计标准的规定。其中,办公室冬季采暖设定温度不应高于 20℃,夏季制冷设定温度不应低于 26℃。

第四十七条 党政机关办公用房的一个主立面朝向外窗的窗墙比不应大于 0.6,其余朝向外窗的窗墙比不应大于 0.4,并满足自然采光的要求。

第四十八条 采用集中采暖、空调系统的办公用房,应设置分楼层或分室内区域或分用户的室温可调控装置,并按使用部门或耗能部门设置热、冷量分摊计量装置。

第四十九条 党政机关办公用房的给水系统应充分利用城镇给水管网直接供水,其供水设备宜采用管网叠压供水设备。

第五十条 党政机关办公用房不得采用冲洗水量大于 9 升的便器及水箱,洗手(脸)盆宜采用感应式水嘴、延时自闭水嘴,便器采用感应式或延时自闭冲洗阀。卫生器具和配件均应采用节水型产品。

第五十一条 各类用房或部位的照度标准值应符合表 12 的规定。

表 12 照度标准值

房间或部位	照度标准值(lx)
办公室、会议室、接待室、文印室、门厅等	300
档案室、资料室等	200

第五十二条 走廊、楼梯间、门厅等公共场所的照明,宜采用集中控制,并按建筑使用条件和天然采光状况采取分区、分组控制措施。

第七章　智能化系统

第五十三条　党政机关办公用房智能化系统宜由智能化集成系统、信息设施系统、信息化应用系统、公共安全系统、建筑设备管理系统等构成，党政机关可根据各自需要和实际情况配置相应的办公用房智能化系统。

第五十四条　中央机关、省级机关、市级机关办公用房宜设置智能化集成系统。智能化集成系统建设应根据办公用房规模、办公业务的综合性以及建筑设备的控制要求综合考虑确定。

第五十五条　党政机关办公用房信息设施系统宜包括用户电话交换系统、信息网络系统、综合布线系统、有线电视系统、广播系统、会议系统等。系统配置标准宜符合表 13 的规定。

表 13　信息设施系统配置标准

信息设施系统	中央机关、省级机关	市级机关	县级机关	乡级机关
用户电话交换系统	●	●	●	○
信息网络系统	●	●	●	●
综合布线系统	●	●	●	●
有线电视系统	●	●	●	●
广播系统	●	●	○	○
会议系统	●	●	●	○

注：●表示可配置；○表示不宜配置

第五十六条　党政机关办公用房信息化应用系统宜包括办公业务系统、物业运营管理系统、智能卡应用系统、信息安全管理系统等。系统配置标准宜符合表 14 的规定。

表 14　信息化应用系统配置标准

信息化应用系统	中央机关、省级机关	市级机关	县级机关	乡级机关
办公业务系统	●	●	●	○
物业运营管理系统	●	●	○	○
智能卡应用系统	●	●	○	○
信息安全管理系统	●	●	●	○

注：●表示可配置；○表示不宜配置

第五十七条 党政机关办公用房公共安全系统宜包括火灾自动报警系统、安全技术防范系统及与政府职能相关的应急响应系统等。办公用房内（或部分区域）对安全技术防范具有其他特殊要求的范围，应实施符合特殊安全技术防范管理规定所要求的安全技术措施。系统配置标准宜符合表15的规定。

表15 公共安全系统配置标准

<table>
<tr><th colspan="2">公共安全系统</th><th>中央机关、省级机关</th><th>市级机关</th><th>县级机关</th><th>乡级机关</th></tr>
<tr><td colspan="2">火灾自动报警系统</td><td colspan="4">按国家现行有关标准进行配置</td></tr>
<tr><td rowspan="5">安全技术防范系统</td><td>安全防范综合管理系统</td><td>●</td><td>●</td><td>○</td><td>○</td></tr>
<tr><td>入侵（周界）报警系统</td><td>●</td><td>●</td><td>●</td><td>●</td></tr>
<tr><td>视频安防监控系统</td><td>●</td><td>●</td><td>●</td><td>●</td></tr>
<tr><td>出入口控制系统</td><td>●</td><td>●</td><td>●</td><td>○</td></tr>
<tr><td>电子巡查管理系统</td><td>●</td><td>●</td><td>○</td><td>○</td></tr>
<tr><td colspan="2">应急响应系统</td><td colspan="4">应纳入国家各级行政区域应急体系</td></tr>
</table>

注：●表示可配置；○表示不宜配置

第五十八条 党政机关办公用房综合布线系统建设，应根据各类机关办公工作业务和办公人员的岗位职能，配置相应的数据信息端口和电话通信端口。

第八章 附 则

第五十九条 本建设标准由国家发展和改革委员会、住房和城乡建设部负责解释。

第六十条 本建设标准自发布之日起施行，《国家计委关于印发党政机关办公用房建设标准的通知》（计投资〔1999〕2250号）同时停止执行。

六、示 范 达 标

·党规党纪·

评比达标表彰活动管理办法

1. 2018年12月21日中共中央批准
2. 2018年12月21日中共中央办公厅、国务院办公厅发布

第一条 为了规范评比达标表彰活动,加强评比达标表彰管理工作,根据《中共中央关于建立健全党和国家功勋荣誉表彰制度的意见》、《中华人民共和国国家勋章和国家荣誉称号法》、《中国共产党党内功勋荣誉表彰条例》、《国家功勋荣誉表彰条例》等有关规定,制定本办法。

第二条 评比达标表彰工作坚持以习近平新时代中国特色社会主义思想为指导,围绕中心、服务大局,大力弘扬社会主义核心价值观,遵循严格审批、总量控制、合理设置、注重实效的原则,坚持公开、公平、公正,面向基层和工作一线,严格按照规定的条件、权限和程序进行,坚持以精神激励为主、物质奖励为辅,体现先进性、代表性、时代性。

第三条 全国评比达标表彰工作协调小组在党和国家功勋荣誉表彰工作委员会统一领导下,负责全国评比达标表彰工作的政策指导、统筹协调、审核备案、监督检查。全国评比达标表彰工作协调小组办公室设在人力资源社会保障部,负责日常工作。

各省(自治区、直辖市)评比达标表彰工作协调机构负责本地区省级以下评比达标表彰工作的审核和管理,省级人力资源社会保障部门负责日常工作。

第四条 党的机关、人大机关、行政机关、政协机关、监察机关、审判机关、检察机关、人民团体和经国务院批准免予登记的社会团体(以下简称有关社团)及其所属单位,举办的面向各地区各部门或者本系统本行业的各类评比达标表彰活动,适用本办法。

第五条 党中央、国务院决定开展的评比达标表彰活动,不适用本办法。

年度考核、绩效考核、目标考核、责任制考核,属业务性质的资质评定、等级评定、技术考核，以本单位内设机构和人员为评选对象的评比达标表彰项目，不适用本办法。

第六条 评比达标表彰工作实行中央和省（自治区、直辖市）两级审批制度。审批权限不得擅自下放或者变相下放。

党中央、国务院负责审批中央和国家机关、人民团体、有关社团及其所属单位的评比达标表彰项目和各省（自治区、直辖市）的省级评比达标表彰项目。

各省（自治区、直辖市）党委和政府负责审批本地区省级以下评比达标表彰项目。各省（自治区、直辖市）评比达标表彰工作协调机构应当及时将省级以下项目设立、调整或者变更情况报全国评比达标表彰工作协调小组备案。

各地区各部门开展评比达标表彰活动，必须严格控制数量，不得要求下级单位配套开展。

第七条 设立、调整或者变更评比达标表彰项目，应当符合以下要求：

（一）项目对推进社会主义经济建设、政治建设、文化建设、社会建设、生态文明建设和党的建设具有积极作用和重要意义；

（二）项目名称与评选内容相符合，项目范围与主办单位职能范围相一致；

（三）项目奖项、规模和周期设置科学合理，原则上不设置子项目；

（四）项目评选过程公开、公平、公正，程序严格规范；

（五）项目经费预算符合国家有关规定。

第八条 中央和国家机关、人民团体、有关社团及其所属单位的评比达标表彰项目和各省（自治区、直辖市）省级评比达标表彰项目的设立、调整或者变更，在每年 3 月底前按照归口分别向党中央、国务院提出申请。

各省（自治区、直辖市）省级以下评比达标表彰项目按照归口分别向各省（自治区、直辖市）党委或者政府提出申请。

各地区各部门一般不得开展临时性评比达标表彰活动。因重大事件、重要专项工作等特殊情况，确需临时开展评比达标表彰活动的，可以单独申请。

第九条 按照国家有关规定，可以给予表彰奖励但未经批准的评比达标表彰项目，仍应当按照本办法提出申请。

已经批准的评比达标表彰项目，调整或者变更项目名称、主办单位、活动周期、评选范围、奖项设置、奖励标准等，应当重新提出申请。

第十条 申请设立新的或者临时开展的评比达标表彰项目，申报内容应当包括项目名称、主办单位、理由依据、活动周期、评选范围、参评总数、评选名额、奖项设置、奖励标准、评选条件、奖励办法、组织领导、经费来源和表彰形式等。

第十一条 中央和国家机关、人民团体、有关社团及其所属单位的评比达标表彰项目和各省（自治区、直辖市）省级评比达标表彰项目审批一般按照以下程序进行：

（一）中央办公厅、国务院办公厅分别将各地区各部门报党中央、国务院申请开展评比达标表彰活动的请示转全国评比达标表彰工作协调小组办公室；

（二）全国评比达标表彰工作协调小组办公室研究提出初审意见；

（三）全国评比达标表彰工作协调小组集中审核提出拟批复意见（一般在每年第二季度），并将评比达标表彰项目在有关媒体公示 5 个工作日，涉密项目等可以不公示，因重大事件、重要专项工作等特殊情况需临时开展的，可以单独审核；

（四）全国评比达标表彰工作协调小组将审核意见报党中央、国务院审批后，由全国评比达标表彰工作协调小组批复申报单位；

（五）全国评比达标表彰工作协调小组办公室向社会公布审批结果。

各省（自治区、直辖市）省级以下评比达标表彰项目审批，可以参照以上程序。

第十二条　评比达标表彰活动应当坚持自下而上、逐级审核推荐。主办单位应当就推荐的机关事业单位和干部按照管理权限，征求组织人事部门、纪检监察机关等部门意见；就推荐的企业和企业负责人，征求生态环境、人力资源社会保障、税务、市场监管、应急管理等有关主管部门意见。

第十三条　省部级评比达标表彰一般不评选副司局级或者相当于副司局级以上单位和干部、县级以上党委或者政府，县处级干部原则上不超过评选总数的20%。

第十四条　主办单位应当将评比达标表彰活动的评选条件、评选办法和评选结果等在适当范围内公示。涉及党和国家秘密或者存在不宜公开等事项可以按照规定不予公示。

第十五条　各地区各部门对拟不再举办的评比达标表彰项目，可以申请退出，并按照审批权限向评比达标表彰工作协调机构备案，由评比达标表彰工作协调机构向社会公布。

第十六条　对推动工作失去实际意义或者造成社会负面影响、群众反映比较强烈的评比达标表彰项目，应当按照审批权限由评比达标表彰工作协调机构研究提出撤销意见。各地区各部门省部级拟撤销评比达标表彰项目按照归口分别报经党中央、国务院批准后予以撤销，各省（自治区、直辖市）省级以下拟撤销评比达标表彰项目按照归口分别报经省（自治区、直辖市）党委或者政府批准后予以撤销。对决定撤销的项目，由评比达标表彰工作协调机构向社会公布。

根据需要，全国评比达标表彰工作协调小组可以直接撤销违规或者无存在必要的评比达标表彰项目。

第十七条 各省(自治区、直辖市)评比达标表彰工作协调机构应当及时将本地区省级以下退出和撤销项目报全国评比达标表彰工作协调小组备案。

第十八条 评比达标表彰项目退出或者撤销后,如再次申请同类项目,一般不予受理。

第十九条 主办单位应当承担开展评比达标表彰项目的全部费用,不得以任何形式向参评单位和个人收取费用。

党的机关、人大机关、行政机关、政协机关、监察机关、审判机关、检察机关、人民团体、有关社团、参照公务员法管理的事业单位举办评比达标表彰活动,所需经费按照现行资金渠道解决,纳入部门预算管理。

其他单位举办评比达标表彰活动,所需经费由单位自有资金解决。

第二十条 按照国家有关规定,规范评比达标表彰活动奖金管理。对于表彰奖励获得者发放奖金,标准根据奖励层级、行业特点、表彰规模、物价水平等因素确定,并根据经济社会发展水平动态调整。

对于获得表彰奖励的集体,不发放奖金。

严禁以开展评比达标表彰活动名义违规发放奖金。

第二十一条 各地区各部门应当切实加强对评比达标表彰活动的财务支出管理,坚持厉行节约,严格遵守财经纪律和财务规定。

第二十二条 任何组织和个人,未经批准,不得开展包含"国家"、"中国"、"中华"、"全国"、"亚洲"、"全球"、"世界"以及类似含义字样的评比达标表彰活动,不得开展未冠以上述字样但实质是全国范围的评比达标表彰活动。

对违反前款规定的组织和个人,宣传、发展改革、公安、民政、人力资源社会保障、人民银行、国资、税务、市场监管等部门,按照有关规定,采取责令停止开展活动、消除影响、约谈、公开曝光批评、纳入诚信记录等方式予以处理;违反法律法规的,依法予以行政处罚;构成犯罪的,依法追究刑事责任。

第二十三条 违反本办法规定,有下列情形之一的,由主管机关对单位主要负责人和直接责任人等给予批评教育、诫勉谈话、组织调整或者组织处理;情节严重的,按照有关规定给予党纪、政务处分;构成犯罪的,依法追究刑事责任:

(一)未经批准擅自开展、不按照批准事项开展评比达标表彰活动以及在评比达标表彰活动中违纪违规的;

(二)各级党的机关、人大机关、行政机关、政协机关、监察机关、审判机关、检察机关、人民团体、有关社团、事业单位、国有企业及其工作人员,违规开展或者参加违规开展的评比达标表彰活动的。

第二十四条 对违规开展或者参加违规开展的评比达标表彰活动的单位,由主管机关给予通报批评；情节严重的，5 年内不得开展评比达标表彰活动，取消其 5 年内评优评先资格。

第二十五条　开展评比达标表彰活动，应当主动接受群众监督、社会监督、舆论监督。

各级宣传、互联网信息内容管理工作主管部门应当加强对各类评比达标表彰活动新闻宣传工作的监督管理。任何单位和个人对未经审核批准的评比达标表彰活动，一律不得进行任何形式的宣传报道。

对违规评比达标表彰活动予以宣传报道的，依照本办法第二十二条、第二十三条、第二十四条规定处理。

第二十六条　加强对以国家名义开展评比达标表彰活动的监督管理，搭建查询和公示平台，建立违规评比达标表彰活动举报制度，鼓励群众通过电话、来信、网络等形式及时举报违规开展的评比达标表彰项目和评比达标表彰活动中的违法违规行为。

第二十七条　科学技术奖励活动包括社会力量设立的科学技术奖励，按照《国家科学技术奖励条例》有关规定办理。《国家科学技术奖励条例》规定可以自主设立并报有关部门备案的，应当同时按照本办法要求报全国评比达标表彰工作协调小组备案。

第二十八条　全国性文艺评奖和新闻媒体评奖由中央宣传部按照有关规定办理。

第二十九条　严格控制社会组织举办评比达标表彰活动，具体管理办法由民政部会同有关部门根据有关法律法规另行制定。

第三十条　对境外组织机构在我国境内举办评比达标表彰活动从严审批，具体管理办法另行制定。

第三十一条　《中国共产党党内功勋荣誉表彰条例》另有规定的，从其规定。军队和地方联合开展的评比达标表彰项目参照本办法执行，具体管理办法另行制定。

第三十二条　各省（自治区、直辖市）应当根据本办法制定具体实施细则，报全国评比达标表彰工作协调小组备案。中央和国家机关、人民团体、有关社团可以结合工作实际制定具体措施。

第三十三条　本办法由人力资源社会保障部负责解释。

第三十四条　本办法自 2018 年 12 月 21 日起施行，2010 年 10 月 27 日中央办公厅、国务院办公厅印发的《评比达标表彰活动管理办法（试行）》同时废止。

创建示范活动管理办法(试行)

1. 2022年4月20日中共中央批准
2. 2022年4月20日中共中央办公厅、国务院办公厅发布

第一条 为了规范和加强创建示范活动管理,深入改进作风,力戒形式主义,切实为基层减负,充分发挥创建示范引领作用,根据有关规定,制定本办法。

第二条 创建示范活动管理工作坚持和加强党的领导,提高政治站位,增强"四个意识"、坚定"四个自信"、做到"两个维护";坚持以人民为中心的发展思想,围绕中心、服务大局,立足新发展阶段,完整、准确、全面贯彻新发展理念,服务和融入新发展格局,推动高质量发展;坚持统筹管理、合理设置、严格审批、动态调整、注重实效的原则,严格按照规定的条件、权限和程序进行。

第三条 本办法所称创建示范活动,是指各地区各部门为提高政策落实水平,推动高质量发展,对某项工作设置科学合理的考评指标体系,采取必要的推动措施,动员组织相关地方或者单位开展创建,通过评估、验收等方式,对符合标准的对象以通报、命名、授牌等形式予以认定,总结推广经验做法,发挥示范引领作用的活动。

年度考核、绩效考核、目标考核、责任制考核,属于业务性质的资质评定、等级评定、技术考核,技术示范、改革试点工作,以及以本单位内设机构为对象开展的创建示范活动,不属于本办法规范的创建示范活动。

第四条 中央和省级党的机关、人大机关、行政机关、政协机关、监察机关、审判机关、检察机关等党政机关和群团机关,市县级党委和政府,经批准可以开展创建示范活动。市县级其他党政机关和群团机关以及乡镇(街道)不得开展创建示范活动。

社会组织可以受中央或者省级业务主管单位、行业管理部门委托承办或者受邀参与相关行业领域的创建示范活动。情况特殊的,可以由中央或者省级业务主管单位、行业管理部门按照程序报批后,以社会组织的名义开展创建示范活动。

第五条 创建示范活动实行中央和省(自治区、直辖市)两级审批制度。

中央一级党政机关和群团机关、各省(自治区、直辖市)党委和政府的创建示范活动(以下简称省级以上创建示范活动),由党中央、国务院审批。

省级其他党政机关和群团机关、市县级党委和政府的创建示范活动(以下简称省级以下创建示范活动),由各省(自治区、直辖市)党委和政府审批。

第六条 全国评比达标表彰工作协调小组负责全国创建示范活动的政策指导、统筹协调、审核备案、监督检查。全国评比达标表彰工作协调小组办公室设在人力资源和社会保障部,负责日常工作。

各省(自治区、直辖市)承担评比达标表彰工作协调职能的机构负责本地区省级以下创建示范活动的审核和管理,及时将省级以下创建示范活动设立、调整、变更情况报送全国评比达标表彰工作协调小组备案,日常管理工作由省级人力资源社会保障部门承担。

第七条 创建示范活动实行目录管理,根据情况变化及时调整,实施动态管理。严格控制创建示范活动数量,特别是以城市、乡镇(街道)、村(社区)和企业为对象的创建示范活动的数量。不得在目录范围以外开展创建示范活动。

第八条 申请设立创建示范活动,应当符合下列要求:

(一)对推进经济建设、政治建设、文化建设、社会建设、生态文明建设和党的建设具有积极作用和重要意义;

(二)对推动重大战略实施、重要政策落实、重点工作开展具有示范引领作用和宣传推广意义;

(三)活动内容与主办单位职责一致,活动名称与创建示范活动内容相符合,不与已有创建示范活动重复;

(四)考评指标体系设置科学合理、标准明确、操作性强;

(五)提出推动创建、培育引导和示范推广措施,深入参与创建过程;

(六)原则上应当安排一定的政策支持,经费来源和预算符合有关规定。

第九条 省级以上创建示范活动的设立、调整或者变更,在每年3月底前按照归口分别向党中央、国务院提出申请。

省级以下创建示范活动按照归口分别向各省(自治区、直辖市)党委和政府提出申请。

第十条 申请设立创建示范活动应当提出工作方案,内容包括活动名称、理由依据、主办单位、创建对象或者范围、活动设置、创建数量、考评指标、评估周期、活动时限、具体措施、认定形式、监督管理、退出机制、经费来源等。

已经批准保留的创建示范活动,调整或者变更活动名称、主办单位、创建对象或者范围、活动设置、创建数量等,应当提出调整变更申请。

按照有关规定可以开展创建示范活动但未经批准的,应当按照本办法提出申请。

创建示范活动原则上不再开展表彰活动,确需开展的,应当按照规定程序报批。

第十一条 省级以上创建示范活动审批，一般按照下列程序进行：

（一）中央办公厅、国务院办公厅分别将各地区各部门的请示转全国评比达标表彰工作协调小组办公室办理；

（二）全国评比达标表彰工作协调小组办公室研究提出初审意见；

（三）全国评比达标表彰工作协调小组审核提出拟批复意见，并向社会公示；

（四）全国评比达标表彰工作协调小组将拟批复意见报党中央、国务院批准后，由全国评比达标表彰工作协调小组批复申报单位；

（五）全国评比达标表彰工作协调小组办公室向社会公布。

省级以下创建示范活动的审批，可以参照以上程序进行。情况特殊的，可以简化程序。

第十二条 创建示范活动一般按照下列程序开展：

（一）发布通知。公开发布创建示范活动通知，提出创建示范活动工作方案。

（二）动员组织。动员组织创建对象积极参与，结合实际制定创建工作方案，自愿申报参加创建工作。

（三）推动创建。采取必要的措施，对符合资格的创建对象加强政策指导和培育引导，推动其在评估周期内达到考评指标要求。

（四）评估验收。成立领导小组或者评审委员会，按照科学规范的程序开展评估验收，确保评估结果公平、公正。

（五）组织公示。向社会公示评估验收结果，主动接受社会监督。

（六）认定公布。对达标或者验收合格的对象予以认定，并向社会公布。

（七）总结推广。及时总结创建示范经验做法，组织宣传推广，充分发挥创建示范引领作用。

第十三条 建立健全综合考评机制，统筹设置考评指标体系。积极运用信息化技术优化考评方法，注重采取明察暗访等多种方式开展考评，加强常态化管理，形成长效机制。

对已认定的创建示范对象，复查结果不合格或者不符合标准的，及时取消资格，予以摘牌。

第十四条 创建示范活动主办单位应当切实履行主体责任，通过对创建对象给予政策支持、工作指导、培育引导等措施，深入参与和指导监督，帮助和引导创建对象解决创建过程中的问题和困难，加强经验总结和宣传推广，发挥创建示范引领作用。

第十五条 开展创建示范活动应当坚持厉行节约、反对浪费，严守财经纪律和财务规定。所需经费由各地区各部门通过现有资金渠道统筹解决，不得额外追加预算安排，不得以任何形式向创建对象收取费用。

第十六条 开展创建示范活动，应当主动公开活动开展情况，接受群众监督、社会监督、舆论监督。评比达标表彰工作协调机构应当搭建查询和公示平台，鼓励群众通过电话、来信、网络等形式举报违规开展的创建示范活动以及创建示范活动中的违规违纪违法行为。

第十七条 全国评比达标表彰工作协调小组加强对省级以上创建示范活动的监督检查和评估，采取随机抽查、网上巡查、专项检查等方式，适时开展监督检查和评估工作。各地区各部门适时开展对本地区本系统创建示范活动的监督检查和评估。

纪检监察机关应当将创建示范活动开展情况纳入纪检监察的内容。宣传、网信部门应当加强对创建示范活动新闻宣传工作的监督管理。审计部门应当加强对创建示范活动经费管理使用等情况的审计监督。

第十八条 各地区各部门对已完成创建任务且不再开展的创建示范活动，应当及时进行总结并报送全国评比达标表彰工作协调小组或者各省（自治区、直辖市）承担评比达标表彰工作协调职能的机构，同时提出撤销申请，由全国评比达标表彰工作协调小组或者各省（自治区、直辖市）承担评比达标表彰工作协调职能的机构按照程序报批后予以撤销。

根据新形势、新要求需要进行调整或者变更的创建示范活动，应当按照本办法第九条规定申请报批后实施。

对脱离中心任务、推动工作不力、群众反映强烈、社会影响恶劣的创建示范活动，由全国评比达标表彰工作协调小组或者各省（自治区、直辖市）承担评比达标表彰工作协调职能的机构按照程序报批后予以撤销。

第十九条 任何组织和个人，未经批准，不得开展包含“国家”、“中国”、“中华”、“全国”、“亚洲”、“全球”、“世界”以及类似含义字样的创建示范活动，不得开展未冠以上述字样但实质是上述范围的创建示范活动。

对违反前款规定的组织和个人，宣传、网信、发展改革、公安、民政、人力资源社会保障、人民银行、国资、税务、市场监管等部门，按照有关规定和各自职责，采取责令停止开展活动、消除影响、约谈、公开曝光批评、纳入信用记录等方式予以处理；违反法律法规的，依法予以处罚处理；构成犯罪的，依法追究刑事责任。

第二十条 有下列情形之一的，根据情节轻重，由有关主管部门对单位主要负责人和直接责任人等给予批评教育、责令检查、诫勉、组织处理，或者依规依纪依法给予处分；构成犯罪的，依法追究刑事责任：

（一）未经批准擅自开展创建示范活动；

（二）对未经批准的创建示范活动进行宣传报道；

（三）在创建示范活动中借机收费、变相收费或者存在徇私舞弊、弄虚作假等违规违纪违法行为；

（四）严重扰乱市场秩序，影响公平竞争；

（五）引发严重社会不良影响，加重基层负担，造成恶劣后果；

（六）参与违规开展的创建示范活动；

（七）在创建示范活动管理中存在违规审批、滥用职权、敷衍塞责等违规违纪违法行为；

（八）其他违规违纪违法的情形。

第二十一条 对开展创建示范活动中存在违规违纪违法行为的单位，由主管机关给予通报批评；情节严重的，责令立即停止或者撤销创建示范活动。

第二十二条 各级党组织面向党员和基层党组织开展的创建示范活动，按照党内有关规定执行。

第二十三条 本办法由全国评比达标表彰工作协调小组办公室负责解释。

第二十四条 本办法自发布之日起施行。

关于党员干部带头推动殡葬改革的意见

2013年12月10日中共中央办公厅、国务院办公厅印发

殡葬改革是破千年旧俗、树一代新风的社会改革，关系人民群众切身利益，关系社会主义精神文明建设和生态文明建设，关系党风政风民风。为发挥广大党员、干部带头示范作用，进一步推动殡葬改革，现提出如下意见。

一、深刻认识推动殡葬改革的重要性和紧迫性

新中国成立以来，在老一辈党和国家领导人的积极倡导下，在各级党委和政府大力推动下，广大党员、干部带领群众积极实行火葬，改革土葬，革除丧葬陋俗，树立文明节俭办丧事的新风尚，殡葬改革取得了明显成效。但近年来，一些丧葬陋俗死灰复燃，封建迷信活动重新活跃，突出表现在：火葬区遗体火化率下滑、骨灰装棺再葬问题突出，土葬改革区乱埋乱葬、滥占耕地现象严重，浪费了大量自然资源，破坏了生态环境；重殓厚葬之风盛行，盲目攀比、奢侈浪费现象滋生蔓延，加重了群众负担；少数党员、干部甚至个别领导干部利用丧事活动大操大办、借机敛财，热衷风水迷信，修建大墓豪华墓，损害了党和政府形象,败坏了社会风气。这些现象亟需整治。

党员、干部带头推动殡葬改革,是移风易俗,发扬社会主义新风尚的应尽责任;是推动文明节俭治丧,减轻群众丧葬负担的重要途径;是加强党风政风建设,树立党和政府良好形象的必然要求;是解决人口增长与资源环境矛盾,造福当代和子孙后代,促进经济社会可持续发展的迫切要求。各级党委和政府要充分认识党员、干部带头推动殡葬改革的重要性和紧迫性,进一步统一思想,完善政策措施,逐步形成党员和干部带头、广大群众参与、全社会共同推动的殡葬改革良好局面。

二、充分发挥党员、干部带头作用,积极推动殡葬改革

(一)带头文明节俭办丧事,树立时代风尚。党员、干部应当带头文明治丧,简办丧事。要在殡仪馆或合适场所集中办理丧事活动,自觉遵守公共秩序,尊重他人合法权益,不得在居民区、城区街道、公共场所搭建灵棚。采用佩戴黑纱白花、播放哀乐、发放生平等方式哀悼逝者,自觉抵制迷信低俗活动。除国家另有规定外,党员、干部去世后一般不成立治丧机构,不召开追悼会。举行遗体送别仪式的,要严格控制规模,力求节约简朴。对于逝者生前有丧事从简愿望或要求的,家属、亲友以及所在单位应当予以充分尊重和支持。严禁党员、干部特别是领导干部在丧事活动中大操大办、铺张浪费,严禁借机收敛钱财。

(二)带头火葬和生态安葬,保护生态环境。在人口稠密、耕地较少、交通方便的火葬区,党员、干部去世后必须实行火葬,不得将骨灰装棺再葬,不得超标准建墓立碑。在暂不具备火葬条件的土葬改革区,党员、干部去世后遗体应当在公墓内集中安葬,不得乱埋乱葬。无论是在火葬区还是在土葬改革区,党员、干部都应当带头实行生态安葬,采取骨灰存放、树葬、花葬、草坪葬等节地葬法,积极参与骨灰撒散、海葬或者深埋、不留坟头。鼓励党员、干部去世后捐献器官或遗体。少数民族党员、干部去世后,尊重其民族习俗,按照有关规定予以安葬。

(三)带头文明低碳祭扫,传承先进文化。党员、干部应当带头文明祭奠、低碳祭扫,主动采用敬献鲜花、植树绿化、踏青遥祭、经典诵读等方式缅怀故人,弘扬慎终追远等优秀传统文化,不得在林区、景区等禁火区域焚烧纸钱、燃放鞭炮。积极参与社区公祭、集体共祭、网络祭扫等现代追思活动,带头祭扫先烈,带领群众逐步从注重实地实物祭扫转移到以精神传承为主上来。

(四)带头宣传倡导殡葬改革,弘扬新风正气。党员、干部要积极主动宣传殡葬改革,加强对亲属、朋友和周围群众的教育引导,及时劝阻不良治丧行为,自觉抵制陈规陋俗和封建迷信活动,倡导文明新风。各级领导干部要加强对直系亲属和身边工作人员丧事活动的约束，积极做好思想疏导工作，对不良倾向和苗头性问题，要做到早提醒、早制止、早纠正，决不允许对违法违规殡葬行为听之任之甚至包庇纵容。

三、大力营造有利于殡葬改革的良好环境

（一）加强组织领导，健全工作机制。各级党委和政府要把党员、干部带头推动殡葬改革作为促进社会主义精神文明建设和生态文明建设、保障和改善民生、加强党风政风建设的重要内容，摆上议事日程，建立健全党委领导、政府负责、部门协作、社会参与的工作机制。坚持以党员、干部带头为引领，不断提高人民群众参与殡葬改革的自觉性。组织部门要注意掌握党员、干部治丧情况，加强对党员、干部的教育管理。宣传、文明办等部门要做好殡葬改革宣传引导工作。发展改革、公安、民政、财政、人力资源社会保障、国土资源、工商、林业等部门要各司其职、密切配合，加强基本殡葬服务供给，完善惠民殡葬政策措施，规范殡葬服务市场秩序，督促党员、干部破除丧葬陋俗，加快推动殡葬改革。工会、共青团、妇联等人民团体和基层党组织、村（居）委会以及红白理事会、老年人协会等社会组织要充分发挥作用，广泛动员群众积极参与殡葬改革。

（二）注重统筹规划，提高保障水平。各级党委和政府要立足实际，制定和完善殡葬事业发展规划，明确殡葬改革目标任务和方法步骤，并纳入当地国民经济和社会发展规划。根据人口、耕地、交通等情况，科学划分火葬区和土葬改革区，统筹确定殡葬基础设施数量、布局、规模和功能。加大投入，重点完善殡仪馆、骨灰堂、公益性公墓等基本殡葬公共服务设施，逐步形成布局合理、设施完善、功能齐全、服务便捷的基本殡葬公共服务网络，为推动殡葬改革创造有利条件。

（三）完善法规制度，强化监督管理。加快修订《殡葬管理条例》，健全基本殡葬服务保障、殡葬服务市场监管、丧事活动管理执法等方面制度。进一步健全和规范对乱埋乱葬、违规建墓等行为的行政强制执行制度。积极建立殡葬改革激励引导机制，实行生态安葬奖补等奖励政策。加强监督检查，强化责任追究，对党员、干部尤其是领导干部在丧事活动中的违纪违法行为，要依纪依法严肃查处。

（四）加大宣传力度，做好舆论引导。充分利用各种媒体和传播手段，深入宣传殡葬法规政策，普及科学知识，倡导文明节俭、生态环保、移风易俗的殡葬新风尚。大力宣传党员、干部带头推动殡葬改革的先进典型，传播正能量。充分发挥媒体监督作用，曝光负面案例，努力营造有利于殡葬改革的良好氛围。

各地区各有关部门要按照本意见精神，结合实际制定贯彻落实的具体措施。

中共中央办公厅、国务院办公厅关于领导干部带头在公共场所禁烟有关事项的通知

2013年12月25日印发

我国《公共场所卫生管理条例实施细则》等对公共场所禁止吸烟作出了明确规定，一些部门和地方也制定了相关规章规定和地方性法规。近年来，通过各方共同努力，公共场所禁烟工作取得积极进展。但也要看到，在公共场所吸烟的现象仍较普遍，特别是少数领导干部在公共场所吸烟，不仅危害公共环境和公众健康，而且损害党政机关和领导干部形象，造成不良影响。为进一步做好公共场所禁烟控烟工作，经中央领导同志同意，现就领导干部带头在公共场所禁烟有关事项通知如下。

一、各级领导干部要充分认识带头在公共场所禁烟的重要意义，模范遵守公共场所禁烟规定，以实际行动作出表率，自觉维护法规制度权威，自觉维护党政机关和领导干部形象。

二、各级领导干部不得在学校、医院、体育场馆、公共文化场馆、公共交通工具等禁止吸烟的公共场所吸烟，在其他有禁止吸烟标识的公共场所要带头不吸烟。同时，要积极做好禁烟控烟宣传教育和引导工作，督促公共场所经营者设置醒目的禁止吸烟警语和标志，及时劝阻和制止他人违规在公共场所吸烟。

三、各级党政机关公务活动中严禁吸烟。公务活动承办单位不得提供烟草制品，公务活动参加人员不得吸烟、敬烟、劝烟。要严格监督管理，严禁使用或变相使用公款支付烟草消费开支。

四、要把各级党政机关建成无烟机关。机关内部禁止销售或提供烟草制品，禁止烟草广告，公共办公场所禁止吸烟，传达室、会议室、楼道、食堂、洗手间等场所要张贴醒目的禁烟标识。各级党政机关要动员本单位职工控烟，鼓励吸烟职工戒烟。卫生、宣传等有关部门和单位要广泛动员各方力量，深入开展形式多样的禁烟控烟宣传教育活动，在全社会形成禁烟控烟的良好氛围。

五、各级领导干部要主动接受群众监督和舆论监督。各级党政机关要加强监督检查，对违反规定在公共场所吸烟的领导干部，要给予批评教育，造成恶劣影响的，要依纪依法严肃处理。

七、廉洁自律

·党规党纪·

中国共产党廉洁自律准则

1. 2015年10月12日中共中央政治局会议审议批准
2. 2015年10月18日中共中央发布

中国共产党全体党员和各级党员领导干部必须坚定共产主义理想和中国特色社会主义信念，必须坚持全心全意为人民服务根本宗旨，必须继承发扬党的优良传统和作风，必须自觉培养高尚道德情操，努力弘扬中华民族传统美德，廉洁自律，接受监督，永葆党的先进性和纯洁性。

党员廉洁自律规范

第一条 坚持公私分明，先公后私，克己奉公。

第二条 坚持崇廉拒腐，清白做人，干净做事。

第三条 坚持尚俭戒奢，艰苦朴素，勤俭节约。

第四条 坚持吃苦在前，享受在后，甘于奉献。

党员领导干部廉洁自律规范

第五条 廉洁从政，自觉保持人民公仆本色。

第六条 廉洁用权，自觉维护人民根本利益。

第七条 廉洁修身，自觉提升思想道德境界。

第八条 廉洁齐家，自觉带头树立良好家风。

党政机关厉行节约反对浪费条例

1. 2013 年 10 月 29 日中共中央政治局会议审议批准
2. 2013 年 11 月 18 日中共中央、国务院发布

第一章 总 则

第一条 为了进一步弘扬艰苦奋斗、勤俭节约的优良作风，推进党政机关厉行节约反对浪费，建设节约型机关，根据国家有关法律法规和中央有关规定，制定本条例。

第二条 本条例适用于党的机关、人大机关、行政机关、政协机关、审判机关、检察机关，以及工会、共青团、妇联等人民团体和参照公务员法管理的事业单位。

第三条 本条例所称浪费，是指党政机关及其工作人员违反规定进行不必要的公务活动，或者在履行公务中超出规定范围、标准和要求，不当使用公共资金、资产和资源，给国家和社会造成损失的行为。

第四条 党政机关厉行节约反对浪费，应当遵循下列原则：坚持从严从简，勤俭办一切事业，降低公务活动成本；坚持依法依规，遵守国家法律法规和党内法规制度的相关规定，严格按程序办事；坚持总量控制，科学设定相关标准，严格控制经费支出总额，加强厉行节约绩效考评；坚持实事求是，从实际出发安排公务活动，取消不必要的公务活动，保证正常公务活动；坚持公开透明，除涉及国家秘密事项外，公务活动中的资金、资产、资源使用等情况应予公开，接受各方面监督；坚持深化改革，通过改革创新破解体制机制障碍，建立健全厉行节约反对浪费工作长效机制。

第五条 中共中央办公厅、国务院办公厅负责统筹协调、指导检查全国党政机关厉行节约反对浪费工作，建立协调联络机制承办具体事务。地方各级党委办公厅（室）、政府办公厅（室）负责指导检查本地区党政机关厉行节约反对浪费工作。

纪检监察机关和组织人事、宣传、外事、发展改革、财政、审计、机关事务管理等部门根据职责分工，依法依规履行对厉行节约反对浪费相关工作的管理、监督等职责。

第六条 各级党委和政府应当加强对厉行节约反对浪费工作的组织领导。党政机关领导班子主要负责人对本地区、本部门、本单位的厉行节约反对浪费工作负总责，其他成员根据工作分工，对职责范围内的厉行节约反对浪费工作负主要领导责任。

第二章 经费管理

第七条 党政机关应当加强预算编制管理，按照综合预算的要求，将各项收入和支出全部纳入部门预算。

党政机关依法取得的罚没收入、行政事业性收费、政府性基金、国有资产收益和处置等非税收入，必须按规定及时足额上缴国库，严禁以任何形式隐瞒、截留、挤占、挪用、坐支或者私分，严禁转移到机关所属工会、培训中心、服务中心等单位账户使用。

第八条 党政机关应当遵循先有预算、后有支出的原则，严格执行预算，严禁超预算或者无预算安排支出，严禁虚列支出、转移或者套取预算资金。

严格控制国内差旅费、因公临时出国（境）费、公务接待费、公务用车购置及运行费、会议费、培训费等支出。年度预算执行中不予追加，因特殊需要确需追加的，由财政部门审核后按程序报批。

建立预算执行全过程动态监控机制，完善预算执行管理办法，建立健全预算绩效管理体系，增强预算执行的严肃性，提高预算执行的准确率，防止年底突击花钱等现象发生。

第九条 推进政府会计改革，进一步健全会计制度，准确核算机关运行经费，全面反映行政成本。

第十条 财政部门应当会同有关部门，根据国内差旅、因公临时出国（境）、公务接待、会议、培训等工作特点，综合考虑经济发展水平、有关货物和服务的市场价格水平，制定分地区的公务活动经费开支范围和开支标准。

加强相关开支标准之间的衔接，建立开支标准调整机制，定期根据有关货物和服务的市场价格变动情况调整相关开支标准，增强开支标准的协调性、规范性、科学性。

严格开支范围和标准，严格支出报销审核，不得报销任何超范围、超标准以及与相关公务活动无关的费用。

第十一条 全面实行公务卡制度。健全公务卡强制结算目录，党政机关国内发生的公务差旅费、公务接待费、公务用车购置及运行费、会议费、培训费等经费支出，除按规定实行财政直接支付或者银行转账外，应当使用公务卡结算。

第十二条 党政机关采购货物、工程和服务，应当遵循公开透明、公平竞争、诚实信用原则。

政府采购应当依法完整编制采购预算，严格执行经费预算和资产配置标准，合理确定采购需求，不得超标准采购，不得超出办公需要采购服务。

严格执行政府采购程序,不得违反规定以任何方式和理由指定或者变相指定品牌、型号、产地。采购公开招标数额标准以上的货物、工程和服务,应当进行公开招标,确需改变采购方式的,应当严格执行有关公示和审批程序。列入政府集中采购目录范围的,应当委托集中采购机构代理采购,并逐步实行批量集中采购。严格控制协议供货采购的数量和规模,不得以协议供货拆分项目的方式规避公开招标。

党政机关应当按照政府采购合同规定的采购需求组织验收。政府采购监督管理部门应当逐步建立政府采购结果评价制度,对政府采购的资金节约、政策效能、透明程度以及专业化水平进行综合、客观评价。

加快政府采购管理交易平台建设,推进电子化政府采购。

第三章　国内差旅和因公临时出国(境)

第十三条　党政机关应当建立健全并严格执行国内差旅内部审批制度,从严控制国内差旅人数和天数,严禁无明确公务目的的差旅活动,严禁以公务差旅为名变相旅游,严禁异地部门间无实质内容的学习交流和考察调研。

第十四条　国内差旅人员应当严格按规定乘坐交通工具、住宿、就餐,费用由所在单位承担。

差旅人员住宿、就餐由接待单位协助安排的,必须按标准交纳住宿费、餐费。差旅人员不得向接待单位提出正常公务活动以外的要求,不得接受礼金、礼品和土特产品等。

第十五条　统筹安排年度因公临时出国计划,严格控制团组数量和规模,不得安排照顾性、无实质内容的一般性出访,不得安排考察性出访,严禁集中安排赴热门国家和地区出访,严禁以各种名义变相公款出国旅游。严格执行因公临时出国限量管理规定,不得把出国作为个人待遇、安排轮流出国。严格控制跨地区、跨部门团组。

组织、外专等有关部门应当加强出国培训总体规划和监督管理,严格控制出国培训规模,科学设置培训项目,择优选派培训对象,提高出国培训的质量和实效。

第十六条　外事管理部门应当加强因公临时出国审核审批管理,对违反规定、不适合成行的团组予以调整或者取消。

加强因公临时出国经费预算总额控制,严格执行经费先行审核制度。无出国经费预算安排的不予批准,确有特殊需要的,按规定程序报批。严禁违反规定使用出国经费预算以外资金作为出国经费,严禁向所属单位、企业、我国驻外机构等摊派或者转嫁出国费用。

第十七条　出国团组应当按规定标准安排交通工具和食宿,不得违反规定乘坐民航包机，不得乘坐私人、企业和外国航空公司包机，不得安排超标准住房和用车，不得擅自增加出访国家或者地区，不得擅自绕道旅行，不得擅自延长在国外停留时间。

出国期间，不得与我国驻外机构和其他中资机构、企业之间用公款互赠礼品或者纪念品，不得用公款相互宴请。

第十八条 严格根据工作需要编制出境计划，加强因公出境审批和管理，不得安排出境考察，不得组织无实质内容的调研、会议、培训等活动。

严格遵守因公出境经费预算、支出、使用、核算等财务制度，不得接受超标准接待和高消费娱乐，不得接受礼金、贵重礼品、有价证券、支付凭证等。

第四章 公务接待

第十九条 建立健全国内公务接待集中管理制度。党政机关公务接待管理部门应当加强对国内公务接待工作的管理和指导。

第二十条 党政机关应当建立公务接待审批控制制度，对无公函的公务活动不予接待，严禁将非公务活动纳入接待范围。

第二十一条 党政机关应当严格执行国内公务接待标准，实行接待费支出总额控制制度。

接待单位应当严格按标准安排接待对象的住宿用房，协助安排用餐的按标准收取餐费，不得在接待费中列支应当由接待对象承担的费用，不得以举办会议、培训等名义列支、转移、隐匿接待费开支。

建立国内公务接待清单制度，如实反映接待对象、公务活动、接待费用等情况。接待清单作为财务报销的凭证之一并接受审计。

第二十二条 外宾接待工作应当遵循服务外交、友好对等、务实节俭的原则。外宾邀请单位应当严格按照有关规定安排接待活动，从严从紧控制外宾团组和接待费用。

第二十三条 有关部门和地方应当参照国内公务接待标准，制定招商引资等活动的接待办法，严格审批，强化管理，严禁超规格、超标准接待，严禁扩大接待范围、增加接待项目，严禁以招商引资等名义变相安排公务接待。

第二十四条 党政机关不得以任何名义新建、改建、扩建所属宾馆、招待所等具有接待功能的设施或者场所。

建立接待资源共享机制，推进机关所属接待、培训场所的集中统一管理和利用。健全服务经营机制，推行机关所属接待、培训场所企业化管理，降低服务经营成本。

积极推进国内公务接待服务社会化改革，有效利用社会资源为国内公务接待提供住宿、餐饮、用车等服务。

第五章 公务用车

第二十五条 坚持社会化、市场化方向，改革公务用车制度，合理有效配置公务用车资源，创新公务交通分类提供方式，保障公务出行，降低行政成本，建立符合国情的新型公务用车制度。

改革公务用车实物配给方式，取消一般公务用车，保留必要的执法执勤、机要通信、应急和特种专业技术用车及按规定配备的其他车辆。普通公务出行由公务人员自主选择，实行社会化提供。取消的一般公务用车，采取公开招标、拍卖等方式公开处置。

适度发放公务交通补贴，不得以车改补贴的名义变相发放福利。

第二十六条 党政机关应当从严配备实行定向化保障的公务用车，不得以特殊用途等理由变相超编制、超标准配备公务用车，不得以任何方式换用、借用、占用下属单位或者其他单位和个人的车辆，不得接受企事业单位和个人赠送的车辆。

严格按规定配备专车，不得擅自扩大专车配备范围或者变相配备专车。

从严控制执法执勤用车的配备范围、编制和标准。执法执勤用车配备应当严格限制在一线执法执勤岗位，机关内部管理和后勤岗位以及机关所属事业单位一律不得配备。

第二十七条 公务用车实行政府集中采购，应当选用国产汽车，优先选用新能源汽车。

公务用车严格按照规定年限更新，已到更新年限尚能继续使用的应当继续使用，不得因领导干部职务晋升、调任等原因提前更新。

公务用车保险、维修、加油等实行政府采购，降低运行成本。

第二十八条 除涉及国家安全、侦查办案等有保密要求的特殊工作用车外，执法执勤用车应当喷涂明显的统一标识。

第二十九条 根据公务活动需要，严格按规定使用公务用车，严禁以任何理由挪用或者固定给个人使用执法执勤、机要通信等公务用车，领导干部亲属和身边工作人员不得因私使用配备给领导干部的公务用车。

第六章 会议活动

第三十条 党政机关应当精简会议，严格执行会议费开支范围和标准。

党政机关会议实行分类管理、分级审批。财政部门应当会同机关事务管理等部门制定本级党政机关会议费管理办法，从严控制会议数量、会期和参会人员规模。完善并严格执行严禁党政机关到风景名胜区开会制度规定。

第三十一条 会议召开场所实行政府采购定点管理。会议住宿用房以标准间为主，用餐安排自助餐或者工作餐。

会议期间，不得安排宴请，不得组织旅游以及与会议无关的参观活动，不得以任何名义发放纪念品。

完善会议费报销制度。未经批准以及超范围、超标准开支的会议费用，一律不予报销。严禁违规使用会议费购置办公设备，严禁列支公务接待费等与会议无关的任何费用，严禁套取会议资金。

第三十二条 建立健全培训审批制度，严格控制培训数量、时间、规模，严禁以培训名义召开会议。

严格执行分类培训经费开支标准，严格控制培训经费支出范围，严禁在培训经费中列支公务接待费、会议费等与培训无关的任何费用。严禁以培训名义进行公款宴请、公款旅游活动。

第三十三条 未经批准，党政机关不得以公祭、历史文化、特色物产、单位成立、行政区划变更、工程奠基或者竣工等名义举办或者委托、指派其他单位举办各类节会、庆典活动，不得举办论坛、博览会、展会活动。严禁使用财政性资金举办营业性文艺晚会。从严控制举办大型综合性运动会和各类赛会。

经批准的节会、庆典、论坛、博览会、展会、运动会、赛会等活动，应当严格控制规模和经费支出，不得向下属单位摊派费用，不得借举办活动发放各类纪念品，不得超出规定标准支付费用邀请名人、明星参与活动。为举办活动专门配备的设备在活动结束后应当及时收回。

第三十四条 严格控制和规范各类评比达标表彰活动，实行中央和省（自治区、直辖市）两级审批制度。评比达标表彰项目费用由举办单位承担，不得以任何方式向相关单位和个人收取费用。

第七章 办公用房

第三十五条 党政机关办公用房建设应当从严控制。凡是违反规定的拟建办公用房项目，必须坚决终止；凡是未按照规定程序履行审批手续、擅自开工建设的办公用房项目，必须停建并予以没收；凡是超规模、超标准、超投资概算建设的办公用房项目，应当根据具体情况限期腾退超标准面积或者全部没收、拍卖。

党政机关办公用房应当严格管理，推进办公用房资源的公平配置和集约使用。凡是超过规定面积标准占有、使用办公用房以及未经批准租用办公用房的，必须腾退；凡是未经批准改变办公用房使用功能的，原则上应当恢复原使用功能。严禁出租出借办公用房，已经出租出借的，到期必须收回；租赁合同未到期的，租金收入应当按照收支两条线管理。

第三十六条 党政机关新建、改建、扩建、购置、置换、维修改造、租赁办公用房，必须严格按规定履行审批程序。采取置换方式配给办公用房的，应当执行新建办公用房各项标准，不得以未使用政府预算建设资金、资产整合等名义规避审批。

第三十七条　党政机关办公用房建设项目应当按照朴素、实用、安全、节能原则，严格执行办公用房建设标准、单位综合造价标准和公共建筑节能设计标准，符合土地利用和城市规划要求。党政机关办公楼不得追求成为城市地标建筑，严禁配套建设大型广场、公园等设施。

第三十八条　党政机关办公用房建设项目投资，统一由政府预算建设资金安排。土地收益和资产转让收益应当按照有关规定实行收支两条线管理，不得直接用于办公用房建设。

党政机关办公用房维修改造项目所需投资，统一列入预算由财政资金安排解决，未经审批的项目不得安排预算。

第三十九条　办公用房建设应当严格执行工程招投标和政府采购有关规定，加强对工程项目的全过程监理和审计监督。加快推行办公用房建设项目代建制。

办公用房因使用时间较长、设施设备老化、功能不全，不能满足办公需求的，可以进行维修改造。维修改造项目应当以消除安全隐患、恢复和完善使用功能、降低能源资源消耗为重点，严格履行审批程序，严格执行维修改造标准。

第四十条　建立健全办公用房集中统一管理制度，对办公用房实行统一调配、统一权属登记。

党政机关应当严格按照有关标准和本单位"三定"方案，从严核定、使用办公用房。超标部分应当移交同级机关事务管理部门用于统一调剂。

新建、调整办公用房的单位，应当按照"建新交旧"、"调新交旧"的原则，在搬入新建或者新调整办公用房的同时，将原办公用房腾退移交机关事务管理部门统一调剂使用。

因机构增设、职能调整确需增加办公用房的，应当在本单位现有办公用房中解决；本单位现有办公用房不能满足需要的，由机关事务管理部门整合办公用房资源调剂解决；无法调剂、确需租用解决的，应当严格履行报批手续，不得以变相补偿方式租用由企业等单位提供的办公用房。

第四十一条　党政机关领导干部应当按照标准配置使用一处办公用房，确因工作需要另行配置办公用房的，应当严格履行审批程序。领导干部不得长期租用宾馆、酒店房间作为办公用房。配置使用的办公用房，在退休或者调离时应当及时腾退并由原单位收回。

第八章　资源节约

第四十二条　党政机关应当节约集约利用资源，加强全过程节约管理，提高能源、水、粮食、办公家具、办公设备、办公用品等的利用效率和效益，统筹利用土地，杜绝浪费行为。

第四十三条 对能源、水的使用实行分类定额和目标责任管理。推广应用节能技术产品，淘汰高耗能设施设备，重点推广应用新能源和可再生能源。积极使用节水型器具，建设节水型单位。

健全节能产品政府采购政策，严格执行节能产品政府强制采购和优先采购制度。

第四十四条 优化办公家具、办公设备等资产的配置和使用，通过调剂方式盘活存量资产，节约购置资金。已到更新年限尚能继续使用的，不得报废处置。

对产生的非涉密废纸、废弃电器电子产品等废旧物品进行集中回收处理，促进循环利用；涉及国家秘密的，按照有关保密规定进行销毁。

第四十五条 党政机关政务信息系统建设应当统筹规划，统一组织实施，防止重复建设和频繁升级。

建立共享共用机制，加强资源整合，推动重要政务信息系统互联互通、信息共享和业务协同，降低软件开发、系统维护和升级等方面费用，防止资源浪费。

积极利用信息化手段，推行无纸化办公，减少一次性办公用品消耗。

第九章 宣传教育

第四十六条 宣传部门应当把厉行节约反对浪费作为重要宣传内容，充分发挥各级各类媒体作用，重视运用互联网等新兴媒体，通过新闻报道、文化作品、公益广告等形式，广泛宣传中华民族勤俭节约的优秀品德，宣传阐释相关制度规定，宣传推广厉行节约的经验做法和先进典型，倡导绿色低碳消费理念和健康文明生活方式。

第四十七条 党政机关应当把加强厉行节约反对浪费教育作为作风建设的重要内容，融入干部队伍建设和机关日常管理之中，建立健全常态化工作机制。对各种铺张浪费现象和行为，应当严肃批评、督促改正。

纪检监察机关应当不定期曝光铺张浪费的典型案例，发挥警示教育作用。

组织人事部门和党校、行政学院、干部学院应当把厉行节约反对浪费作为干部教育培训的重要内容，创新教育方法，切实增强教育培训的针对性和实效性。

第四十八条 党政机关应当围绕建设节约型机关，组织开展形式多样、便于参与的活动，引导干部职工增强节约意识、珍惜物力财力，积极培育和形成崇尚节约、厉行节约、反对浪费的机关文化，为在全社会形成节俭之风发挥示范表率作用。

第十章 监督检查

第四十九条 各级党委和政府应当建立厉行节约反对浪费监督检查机制，明确监督检查的主体、职责、内容、方法、程序等，加强经常性督促检查，针对突出问题开展重点检查、暗访等专项活动。

下级党委和政府应当每年向上级党委和政府报告本地区厉行节约反对浪费工作情况，党委和政府所属部门、单位应当每年向本级党委和政府报告本部门、本单位厉行节约反对浪费工作情况。报告可结合领导班子年度考核和工作报告一并进行。

第五十条 领导干部厉行节约反对浪费工作情况，应当列为领导班子民主生活会和领导干部述职述廉的重要内容并接受评议。

第五十一条 党委办公厅（室）、政府办公厅（室）负责统筹协调相关部门开展对厉行节约反对浪费工作的督促检查。每年至少组织开展一次专项督查，并将督查情况在适当范围内通报。专项督查可以与党风廉政建设责任制检查考核、年终党建工作考核等相结合，督查考核结果应当按照干部管理权限送纪检监察机关和组织人事部门，作为干部管理监督、选拔任用的依据。

第五十二条 纪检监察机关应当加强对厉行节约反对浪费工作的监督检查，受理群众举报和有关部门移送的案件线索，及时查处违纪违法问题。

中央和省、自治区、直辖市党委巡视组应当按照有关规定，加强对有关党组织领导班子及其成员厉行节约反对浪费工作情况的巡视监督。

第五十三条 财政部门应当加强对党政机关预算管理有关工作以及财务、政府采购和会计事项的监督，依法处理发现的违规问题，并及时向本级党委和政府汇报有关结果。

审计部门应当加强对党政机关预算执行、决算和其他财政收支情况，以及有关经济活动的审计监督，加大对党政机关公务支出和公款消费的审计力度，及时向本级党委和政府汇报审计结果，依法处理、督促整改违规问题，并将涉嫌违纪违法问题移送有关部门查处。

第五十四条 党政机关应当建立健全厉行节约反对浪费信息公开制度。除依照法律法规和有关要求须保密的内容和事项外，下列内容应当按照及时、方便、多样的原则，以适当方式进行公开：

（一）预算和决算信息；

（二）政府采购文件、采购预算、中标成交结果、采购合同等情况；

（三）国内公务接待的批次、人数、经费总额等情况；

（四）会议的名称、主要内容、支出金额等情况；

（五）培训的项目、内容、人数、经费等情况；

（六）节会、庆典、论坛、博览会、展会、运动会、赛会等活动举办信息；

（七）办公用房建设、维修改造、使用、运行费用支出等情况；

（八）公务支出和公款消费的审计结果；

（九）其他需要公开的内容。

第五十五条 推动和支持人民代表大会及其常务委员会依法严格审查批准党政机关公务支出预算，加强对预算执行情况的监督。发挥人大代表的监督作用，通过提出意见、建议、批评以及询问、质询等方式加强对党政机关厉行节约反对浪费工作的监督。

支持人民政协对党政机关厉行节约反对浪费工作的监督，自觉接受并积极支持政协委员通过调研、视察、提案等方式加强对党政机关厉行节约反对浪费工作的监督。

第五十六条 重视各级各类媒体在厉行节约反对浪费方面的舆论监督作用。建立舆情反馈机制，及时调查处理媒体曝光的违规违纪违法问题。

发挥群众对党政机关及其工作人员铺张浪费行为的监督作用，认真调查处理群众反映的问题。

第十一章 责任追究

第五十七条 建立党政机关厉行节约反对浪费工作责任追究制度。

对违反本条例规定造成浪费的，应当依纪依法追究相关人员的责任，对负有领导责任的主要负责人或者有关领导干部实行问责。

第五十八条 有下列情形之一的，追究相关人员的责任：

（一）未经审批列支财政性资金的；

（二）采取弄虚作假等手段违规取得审批的；

（三）违反审批要求擅自变通执行的；

（四）违反管理规定超标准或者以虚假事项开支的；

（五）利用职务便利假公济私的；

（六）有其他违反审批、管理、监督规定行为的。

第五十九条 有下列情形之一的，追究主要负责人或者有关领导干部的责任：

（一）本地区、本部门、本单位铺张浪费、奢侈奢华问题严重，对发现的问题查处不力，干部群众反映强烈的；

（二）指使、纵容下属单位或者人员违反本条例规定造成浪费的；

（三）不履行内部审批、管理、监督职责造成浪费的；

（四）不按规定及时公开本地区、本部门、本单位有关厉行节约反对浪费工作信息的；

（五）其他对铺张浪费问题负有领导责任的。

第六十条　违反本条例规定造成浪费的，根据情节轻重，由有关部门依照职责权限给予批评教育、责令作出检查、诫勉谈话、通报批评或者调离岗位、责令辞职、免职、降职等处理。

应当追究党纪政纪责任的，依照《中国共产党纪律处分条例》、《行政机关公务员处分条例》等有关规定给予相应的党纪政纪处分。

涉嫌违法犯罪的，依法追究法律责任。

第六十一条　违反本条例规定获得的经济利益，应当予以收缴或者纠正。

违反本条例规定，用公款支付、报销应由个人支付的费用，应当责令退赔。

第六十二条　受到责任追究的人员对处理决定不服的，可以按照相关规定向有关机关提出申诉。受理申诉机关应当依据有关规定认真受理并作出结论。

申诉期间，不停止处理决定的执行。

第十二章　附　　则

第六十三条　各省、自治区、直辖市党委和政府，中央和国家机关各部委，可以根据本条例，结合实际制定实施细则。有关职能部门应当根据各自职责，制定完善相关配套制度。

国有企业、国有金融企业、不参照公务员法管理的事业单位，参照本条例执行。

中国人民解放军和中国人民武装警察部队按照军队有关规定执行。

第六十四条　本条例由中共中央办公厅、国务院办公厅会同有关部门负责解释。

第六十五条　本条例自发布之日起施行。1997 年 5 月 25 日发布的《中共中央、国务院关于党政机关厉行节约制止奢侈浪费行为的若干规定》同时废止。其他有关党政机关厉行节约反对浪费的规定，凡与本条例不一致的，按照本条例执行。

节庆活动管理办法（试行）

2012 年 5 月 29 日中共中央办公厅、国务院办公厅印发

第一章　总　　则

第一条　为规范节庆活动举办行为，促进节庆活动健康发展，防止节庆活动过多过滥，根据中央有关规定，制定本办法。

第二条　本办法所称节庆活动，是指以公祭、旅游、历史文化、特色物产、机关单位成立、行政区划变更、工程奠基或者竣工等名义举办的各类节会、庆典活动。

第三条 本办法适用于党的机关、人大机关、行政机关、政协机关、审判机关、检察机关、人民团体、经国务院批准免于登记的社会团体(以下简称有关社团),以及上述单位所属的事业单位等举办的各类节庆活动。

党中央、国务院决定开展的节庆活动,国家设立的节日、纪念日、活动日的节庆活动,少数民族传统节日的节庆活动,不适用本办法。

第二章 审批权限

第四条 节庆活动实行中央和省(自治区、直辖市)分级审批制度。

党中央、国务院负责审批下列节庆活动:

(一)中央和国家机关、人民团体、有关社团举办的节庆活动;

(二)各省(自治区、直辖市)党委、人大、政府、政协举办的节庆活动;

(三)省级以下地区、部门和单位,中央和国家机关、人民团体、有关社团所属机关、事业单位等举办的公祭类节庆活动;

(四)各省会(自治区首府)城市、副省级城市举办的行政区划变更类节庆活动。

各省(自治区、直辖市)党委、政府负责审批本地区省级以下地区、部门和单位举办的除第二款第(三)项、第(四)项以外的各类节庆活动。

中央和国家机关、人民团体、有关社团负责审批所属机关、事业单位等举办的除第二款第(三)项以外的各类节庆活动。

第五条 全国清理和规范庆典研讨会论坛活动工作领导小组负责全国节庆活动管理工作的政策指导、统筹协调和监督检查,并对报党中央、国务院审批的节庆活动进行审核。文化和旅游部是节庆活动日常管理部门。

第六条 各省(自治区、直辖市)设立的清理和规范庆典研讨会论坛活动工作领导机构,负责对报省(自治区、直辖市)党委、政府审批的节庆活动进行审核和管理,并将审批同意开展的活动项目报全国清理和规范庆典研讨会论坛活动工作领导小组备案。

第七条 中央和国家机关、人民团体、有关社团审批同意所属机关、事业单位等举办有关节庆活动的,应当及时将活动项目报全国清理和规范庆典研讨会论坛活动工作领导小组备案。

第三章 审批原则

第八条 节庆活动的审批应当按照依据明确、数量适当、规模适度、经费合规的总体要求,从严掌握,注重实效,防止形式主义和铺张浪费。

第九条 举办节庆活动必须贯彻落实科学发展观,坚持围绕中心、服务大局,对推动经济发展、弘扬先进文化、丰富群众生活、促进社会和谐具有重要意义。

第十条 公祭类节庆活动应当以祭祀中华民族人文始祖、祭拜作出重要贡献的历史人物、纪念重大历史事件为主题，具有传承优秀文化、激发爱国热情、弘扬传统美德、增进民族团结的积极作用。

第十一条 严禁举办宣扬封建迷信、文化糟粕的节庆活动。

第十二条 严格控制举办机关单位成立、行政区划变更的纪念性庆典。直辖市、省会（自治区首府）城市及副省级城市一般不举办城市周年庆典，市（地）、县（市）不得举办任何形式的周年庆典活动。

第十三条 学校、医院、科研院所等事业单位一般不举办周年庆典活动，逢十逢百周年等确需举办的，应当按规定报批。

第十四条 各级党政机关不得举办楼堂馆所奠基和竣工庆典活动。

第十五条 中央和国家机关及其所属机关、事业单位等原则上不得与地方联合举办（包括主办、协办、赞助、支持等名义）节庆活动，确需联合举办的，应当按审批权限报党中央、国务院或主管部门批准。

第四章 审批程序

第十六条 主办单位应当至少提前 6 个月按归口分别向党中央、国务院提出新增申请，提前 3 个月向全国清理和规范庆典研讨会论坛活动工作领导小组提出备案申请。

第十七条 申请举办公祭类节庆活动，应当事先履行专家论证和公开听证程序；申请举办涉外节庆活动，应当事先书面征得外交部同意；申请举办旅游类节庆活动，应当事先书面征得省级以上旅游行政管理部门同意；申请举办行政区划变更类节庆活动，应当事先书面征得省级以上民政部门同意。

第十八条 全国清理和规范庆典研讨会论坛活动工作领导小组对申请项目进行审核，并提出建议批准项目名单，报党中央、国务院审批后 1 个月内通过中国政府网向社会公布。

第十九条 省（自治区、直辖市）清理和规范庆典研讨会论坛活动工作领导机构对申请项目进行审核，并提出建议批准项目名单，报省级党委、政府审批后 1 个月内通过省级政府网站向社会公布。

第五章 经费管理

第二十条 举办节庆活动应当坚持厉行节约，严格控制活动规模和开支，所需经费实行谁举办谁负责，由举办单位承担，不得向下级单位、企业和个人转嫁费用。

第二十一条 各单位应当严格经费预算，加强对节庆活动的财务收支管理。不得借举办活动发放礼金、礼品、贵重纪念品和各种有价证券、支付凭证，不得重金邀请各类名人参与活动，不得利用节庆活动为单位或者个人谋取私利。

第六章　领导干部出席

第二十二条　严格控制县处级以上领导干部(包括离退休领导干部)出席节庆活动。未经批准,领导干部不得出席各类节庆活动,不得在活动中挂名任职、发贺信贺电、题词、剪彩等。

领导干部原则上不得出席与本职工作无关的节庆活动。

第二十三条　各地区各部门举办的节庆活动,原则上不邀请党和国家领导人出席。确需邀请党和国家领导人出席节庆活动的,举办单位应当提前3个月按归口分别报中央办公厅、全国人大常委会办公厅、国务院办公厅、全国政协办公厅批准。

第二十四条　中央和国家机关各部门主要负责同志出席节庆活动,应当报中央分管领导同志批准;其他负责同志出席活动,应当向主要负责同志报告;其他领导干部出席活动,应当报上级领导批准。

第七章　监督检查

第二十五条　各地区各部门应当严格按照中央有关规定,加强对本地区本部门节庆活动管理工作的组织领导、政策指导和监督检查。

第二十六条　纪检监察、审计机关和财政等部门应当加强对举办节庆活动的监督检查。对擅自举办活动,违规邀请领导干部出席以及领导干部违规出席活动,以举办活动为由向基层、企业和群众收费、摊派、拉赞助,挥霍浪费、滥发钱物等违规违纪行为,依照有关规定严肃处理。

第二十七条　举办节庆活动,应当严格按照有关规定,做好监管、服务工作,制定应急预案,防止安全事故的发生。

第八章　附　　则

第二十八条　各省(自治区、直辖市)应当根据本办法制定实施细则,并报全国清理和规范庆典研讨会论坛活动工作领导小组备案。中央和国家机关、人民团体、有关社团可以结合工作实际制定具体措施。

第二十九条　国有和国有控股企业举办节庆活动,参照本办法执行。

第三十条　中国人民解放军和中国人民武装警察部队举办节庆活动,按照军队的有关规定执行。

第三十一条　本办法由中央办公厅、国务院办公厅负责解释。

第三十二条　本办法自发布之日起施行。以前有关规定,凡与本办法不一致的,以本办法为准。

国有企业领导人员廉洁从业若干规定

2009年7月1日中共中央办公厅、国务院办公厅印发

第一章 总 则

第一条 为规范国有企业领导人员廉洁从业行为，加强国有企业反腐倡廉建设，维护国家和出资人利益，促进国有企业科学发展，依据国家有关法律法规和党内法规，制定本规定。

第二条 本规定适用于国有独资企业、国有控股企业（含国有独资金融企业和国有控股金融企业）及其分支机构的领导班子成员。

第三条 国有企业领导人员应当遵守国家法律法规和企业规章制度，依法经营、开拓创新、廉洁从业、诚实守信，切实维护国家利益、企业利益和职工合法权益，努力实现国有企业又好又快发展。

第二章 廉洁从业行为规范

第四条 国有企业领导人员应当切实维护国家和出资人利益。不得有滥用职权、损害国有资产权益的下列行为：

（一）违反决策原则和程序决定企业生产经营的重大决策、重要人事任免、重大项目安排及大额度资金运作事项；

（二）违反规定办理企业改制、兼并、重组、破产、资产评估、产权交易等事项；

（三）违反规定投资、融资、担保、拆借资金、委托理财、为他人代开信用证、购销商品和服务、招标投标等；

（四）未经批准或者经批准后未办理保全国有资产的法律手续，以个人或者其他名义用企业资产在国（境）外注册公司、投资入股、购买金融产品、购置不动产或者进行其他经营活动；

（五）授意、指使、强令财会人员进行违反国家财经纪律、企业财务制度的活动；

（六）未经履行国有资产出资人职责的机构和人事主管部门批准，决定本级领导人员的薪酬和住房补贴等福利待遇；

（七）未经企业领导班子集体研究，决定捐赠、赞助事项，或者虽经企业领导班子集体研究但未经履行国有资产出资人职责的机构批准，决定大额捐赠、赞助事项；

（八）其他滥用职权、损害国有资产权益的行为。

第五条 国有企业领导人员应当忠实履行职责。不得有利用职权谋取私利以及损害本企业利益的下列行为：

（一）个人从事营利性经营活动和有偿中介活动，或者在本企业的同类经营企业、关联企业和与本企业有业务关系的企业投资入股；

（二）在职或者离职后接受、索取本企业的关联企业、与本企业有业务关系的企业，以及管理和服务对象提供的物质性利益；

（三）以明显低于市场的价格向请托人购买或者以明显高于市场的价格向请托人出售房屋、汽车等物品，以及以其他交易形式非法收受请托人财物；

（四）委托他人投资证券、期货或者以其他委托理财名义，未实际出资而获取收益，或者虽然实际出资，但获取收益明显高于出资应得收益；

（五）利用企业上市或者上市公司并购、重组、定向增发等过程中的内幕消息、商业秘密以及企业的知识产权、业务渠道等无形资产或者资源，为本人或者配偶、子女及其他特定关系人谋取利益；

（六）未经批准兼任本企业所出资企业或者其他企业、事业单位、社会团体、中介机构的领导职务，或者经批准兼职的，擅自领取薪酬及其他收入；

（七）将企业经济往来中的折扣费、中介费、佣金、礼金，以及因企业行为受到有关部门和单位奖励的财物等据为己有或者私分；

（八）其他利用职权谋取私利以及损害本企业利益的行为。

第六条 国有企业领导人员应当正确行使经营管理权，防止可能侵害公共利益、企业利益行为的发生。不得有下列行为：

（一）本人的配偶、子女及其他特定关系人，在本企业的关联企业、与本企业有业务关系的企业投资入股；

（二）将国有资产委托、租赁、承包给配偶、子女及其他特定关系人经营；

（三）利用职权为配偶、子女及其他特定关系人从事营利性经营活动提供便利条件；

（四）利用职权相互为对方及其配偶、子女和其他特定关系人从事营利性经营活动提供便利条件；

（五）本人的配偶、子女及其他特定关系人投资或者经营的企业与本企业或者有出资关系的企业发生可能侵害公共利益、企业利益的经济业务往来；

（六）按照规定应当实行任职回避和公务回避而没有回避；

（七）离职或者退休后三年内，在与原任职企业有业务关系的私营企业、外资企业和中介机构担任职务、投资入股，或者在上述企业或者机构从事、代理与原任职企业经营业务相关的经营活动；

（八）其他可能侵害公共利益、企业利益的行为。

第七条　国有企业领导人员应当勤俭节约，依据有关规定进行职务消费。不得有下列行为：

（一）超出报履行国有资产出资人职责的机构备案的预算进行职务消费；

（二）将履行工作职责以外的费用列入职务消费；

（三）在特定关系人经营的场所进行职务消费；

（四）不按照规定公开职务消费情况；

（五）用公款旅游或者变相旅游；

（六）在企业发生非政策性亏损或者拖欠职工工资期间，购买或者更换小汽车、公务包机、装修办公室、添置高档办公设备等；

（七）使用信用卡、签单等形式进行职务消费，不提供原始凭证和相应的情况说明；

（八）其他违反规定的职务消费以及奢侈浪费行为。

第八条　国有企业领导人员应当加强作风建设，注重自身修养，增强社会责任意识，树立良好的公众形象。不得有下列行为：

（一）弄虚作假，骗取荣誉、职务、职称、待遇或者其他利益；

（二）大办婚丧喜庆事宜，造成不良影响，或者借机敛财；

（三）默许、纵容配偶、子女和身边工作人员利用本人的职权和地位从事可能造成不良影响的活动；

（四）用公款支付与公务无关的娱乐活动费用；

（五）在有正常办公和居住场所的情况下用公款长期包租宾馆；

（六）漠视职工正当要求，侵害职工合法权益；

（七）从事有悖社会公德的活动。

第三章　实施与监督

第九条　国有企业应当依据本规定制定规章制度或者将本规定的要求纳入公司章程，建立健全监督制约机制，保证本规定的贯彻执行。

国有企业党委（党组）书记、董事长、总经理为本企业实施本规定的主要责任人。

第十条　国有企业领导人员应当将贯彻落实本规定的情况作为民主生活会对照检查、年度述职述廉和职工代表大会民主评议的重要内容，接受监督和民主评议。

第十一条　国有企业应当明确决策原则和程序，在规定期限内将生产经营的重大决策、重要人事任免、重大项目安排及大额度资金运作事项的决策情况报告履行国有资产出资人职责的机构，将涉及职工切身利益的事项向职工代表大会报告。

需经职工代表大会讨论通过的事项,应当经职工代表大会讨论通过后实施。

第十二条 国有企业应当完善以职工代表大会为基本形式的企业民主管理制度,实行厂务公开制度,并报履行国有资产出资人职责的机构备案。

第十三条 国有企业应当按照有关规定建立健全职务消费制度,报履行国有资产出资人职责的机构备案,并将职务消费情况作为厂务公开的内容向职工公开。

第十四条 国有企业领导人员应当按年度向履行国有资产出资人职责的机构报告兼职、投资入股、国(境)外存款和购置不动产情况,配偶、子女从业和出国(境)定居及有关情况,以及本人认为应当报告的其他事项,并以适当方式在一定范围内公开。

第十五条 国有企业应当结合本规定建立领导人员从业承诺制度,规范领导人员从业行为以及离职和退休后的相关行为。

第十六条 履行国有资产出资人职责的机构和人事主管部门应当结合实际,完善国有企业领导人员的薪酬管理制度,规范和完善激励和约束机制。

第十七条 纪检监察机关、组织人事部门和履行国有资产出资人职责的机构,应当对国有企业领导人员进行经常性的教育和监督。

第十八条 履行国有资产出资人职责的机构和审计部门应当依法开展各项审计监督,严格执行国有企业领导人员任期和离任经济责任审计制度,建立健全纪检监察和审计监督工作的协调运行机制。

第十九条 各级纪检监察机关、组织人事部门和履行国有资产出资人职责机构的纪检监察机构,应当对所管辖的国有企业领导人员执行本规定的情况进行监督检查。

国有企业的纪检监察机构应当结合年度考核,每年对所管辖的国有企业领导人员执行本规定的情况进行监督检查,并作出评估,向企业党组织和上级纪检监察机构报告。

对违反本规定行为的检举和控告,有关机构应当及时受理,并作出处理决定或者提出处理建议。

对违反本规定行为的检举和控告符合函询条件的,应当按规定进行函询。

对检举、控告违反本规定行为的职工进行打击报复的,应当追究相关责任人的责任。

第二十条 各级组织人事部门和履行国有资产出资人职责的机构,应当将廉洁从业情况作为对国有企业领导人员考察、考核的重要内容和任免的重要依据。

第二十一条 国有企业的监事会应当依照有关规定加强对国有企业领导人员廉洁从业情况的监督。

按照本规定第十一条至第十四条向履行国有资产出资人职责的机构报告、备案的事项，应当同时抄报本企业监事会。

第四章 违反规定行为的处理

第二十二条 国有企业领导人员违反本规定第二章所列行为规范的，视情节轻重，由有关机构按照管理权限分别给予警示谈话、调离岗位、降职、免职处理。

应当追究纪律责任的，除适用前款规定外，视情节轻重，依照国家有关法律法规给予相应的处分。

对于其中的共产党员，视情节轻重，依照《中国共产党纪律处分条例》给予相应的党纪处分。

涉嫌犯罪的，依法移送司法机关处理。

第二十三条 国有企业领导人员受到警示谈话、调离岗位、降职、免职处理的，应当减发或者全部扣发当年的绩效薪金、奖金。

第二十四条 国有企业领导人员违反本规定获取的不正当经济利益，应当责令清退；给国有企业造成经济损失的，应当依据国家或者企业的有关规定承担经济赔偿责任。

第二十五条 国有企业领导人员违反本规定受到降职处理的，两年内不得担任与其原任职务相当或者高于其原任职务的职务。

受到免职处理的，两年内不得担任国有企业的领导职务；因违反国家法律，造成国有资产重大损失被免职的，五年内不得担任国有企业的领导职务。

构成犯罪被判处刑罚的，终身不得担任国有企业的领导职务。

第五章 附　　则

第二十六条 国有企业领导班子成员以外的对国有资产负有经营管理责任的其他人员、国有企业所属事业单位的领导人员参照本规定执行。

国有参股企业（含国有参股金融企业）中对国有资产负有经营管理责任的人员参照本规定执行。

第二十七条 本规定所称履行国有资产出资人职责的机构，包括作为国有资产出资人代表的各级国有资产监督管理机构、尚未实行政资分开代行出资人职责的政府主管部门和其他机构以及授权经营的母公司。

本规定所称特定关系人，是指与国有企业领导人员有近亲属以及其他共同利益关系的人。

第二十八条 国务院国资委，各省、自治区、直辖市，可以根据本规定制定实施办法，并报中央纪委国家监委备案。

中国银保监会、中国证监会,中央管理的国有独资金融企业和国有控股金融企业,可以结合金融行业的实际,制定本规定的补充规定,并报中央纪委国家监委备案。

第二十九条 本规定由中央纪委国家监委商中央组织部解释。

第三十条 本规定自发布之日起施行。2004 年发布的《国有企业领导人员廉洁从业若干规定(试行)》同时废止。

现行的其他有关规定,凡与本规定不一致的,依照本规定执行。

中共中央办公厅、国务院办公厅关于认真贯彻执行《国务院关于在对外公务活动中赠送和接受礼品的规定》的通知

1993 年 12 月 16 日印发

《国务院关于在对外公务活动中赠送和接受礼品的规定》(以下简称《规定》),是我国制定的关于在对外公务活动中赠送和接受礼品的行政法规。加强在对外公务活动中赠送和接受礼品的管理,对于严肃外事纪律,保持党和国家工作人员廉洁奉公,维护我国国际声誉,保证对外交往的顺利进行,具有重要意义。党和国家机关工作人员尤其是各级党政领导干部应当模范遵守,带头执行。为了认真贯彻执行这个《规定》,经党中央、国务院同意,现将在对外公务活动中赠送和接受礼品有关具体事项通知如下:

一、国家领导人、政府部门和地方政府负责人出国访问,根据国际惯例和国别情况,可以酌情赠送礼物。对首次访问我国的外宾,如果对方赠礼,可以适当回赠。

对来华帮助建设、免费讲学或者长期工作的外国专家、学者和技术人员离华回国时,可以赠送纪念品。

对再次或者多次访问我国的外宾,包括参加定期磋商、会晤、会议等活动的外宾,可以商对方互相免赠礼品。如果对方坚持赠礼,可以向代表团团长及其夫人、重要成员适当回礼。

对外赠送礼物必须贯彻节约、从简原则,礼物应尽量选择具有民族特色的纪念品、传统手工艺品和实用物品,朴素大方,不求奢华。

二、所受礼物,价值按照我国市价折合人民币不满 200 元的,留归受礼人使用;200 元以上的,按照以下办法处理:

（一）贵重礼品，黄金、珠宝制品，高级工艺品，有重要历史价值的礼品，由受礼单位交礼品管理部门送有关机构或者博物馆保存、陈列。

（二）专业用品、设备器材和具有科研价值的礼品，可以留给受礼单位。

（三）高级耐用品，汽车、摩托车，交礼品管理部门：电视机、摄像机、录像机、组合音响、高档照像机等，交礼品管理部门处理，经礼品管理部门同意后也可以留给受礼单位。

（四）食品、烟酒、水果类礼品，可以归受礼人本人或者其所在单位。

（五）高中档实用物品，如钟表、收录机、衣料、服装等，按照国内市价折半价由受礼人所在单位处理，可以照顾受礼人，每人一年以两件为限。

（六）其他贵重物品和未经礼品管理部门批准归受礼人或者其所在单位的物品，全部交由礼品管理部门处理。

礼物变卖收入一律上缴国库。

三、在对外公务活动中如果对方赠送礼金、有价证券，应当谢绝；确实难以谢绝的，所收礼金、有价证券一律上缴国库。

四、受礼人应当按照《规定》的要求填写礼品申报单。

五、出访、来访以外的其他对外交往中赠送礼品的标准和接受礼品的处理，参照前列有关规定办理。

六、对外赠送礼物金额由财政部和外交部规定。两部可以根据我国物价的变动，对金额作出调整并发文通知，其他任何部门均无权变更。

七、《规定》和本通知也适用于党的各级组织、国家权力机关、审判机关、检察机关、政协、各人民团体和军队。上述部门和单位在对外公务活动中都应当依照《规定》和本通知的要求，做好赠送、接受和处理礼品的管理工作。

国务院关于在对外公务活动中赠送和接受礼品的规定

（1993年12月5日中华人民共和国国务院令第133号发布）

第一条 为了加强对国家行政机关工作人员在对外公务活动中赠送和接受礼品的管理，严肃外事纪律，保持清廉，制定本规定。

第二条 本规定所称的礼品，是指礼物、礼金、有价证券。

第三条 根据国际惯例和对外工作需要，必要时可以对外赠送礼物。礼物的金额标准另行规定。

第四条 对外赠送礼物必须贯彻节约、从简的原则。礼物应当以具有民族特色的纪念品、传统手工艺品和实用物品为主。

第五条 对来访的外宾,不主动赠送礼物。外宾向我方赠送礼物的,可以适当回赠礼物。

第六条 对外赠送礼物或者回赠礼物,必须经国务院所属部门或者省、自治区、直辖市人民政府批准,或者由其授权的机关批准。审批时,应当从严掌握。

第七条 在对外公务活动中接受的礼物,应当妥善处理。价值按我国市价折合人民币200元以上的,自接受之日起(在国外接受礼物的,自回国之日起)一个月内填写礼品申报单并将应上缴的礼物上缴礼品管理部门或者受礼人所在单位;不满200元的,归受礼人本人或者受礼人所在单位。

在对外公务活动中,对方赠送礼金、有价证券时,应当予以谢绝;确实难以谢绝的,所收礼金、有价证券必须一律上缴国库。

第八条 在对外公务活动中,不得私相授受礼品,不得以明示或者暗示的方式索取礼品。

第九条 国务院机关事务管理局负责保管、处理国务院各部门上缴的礼品。

县级以上地方各级人民政府指定专门单位负责保管、处理该级人民政府各部门上缴的礼品。

第十条 礼品管理部门及有关部门对于收缴的礼品,应当登记造册,妥善保管,及时处理。礼品保管部门应当每年向受礼单位通报礼品处理情况。受礼单位应当将礼品处理情况告知受礼人。

第十一条 国家行政监察机关按照有关规定负责对对外赠送和接受礼品的情况进行监督、检查。

第十二条 国家行政机关工作人员违反本规定的,对负直接责任的机关有关领导人和直接责任人,给予行政处分;构成犯罪的,由司法机关依法追究刑事责任。

对国家行政机关工作人员的行政处分,按照干部管理权限和规定程序办理。

第十三条 国家行政机关工作人员在公务活动中向华侨和香港、澳门、台湾地区的居民赠送礼品和接受其礼品,依照本规定执行。

第十四条 本规定由国务院办公厅负责解释。

第十五条 本规定自发布之日起施行。

中共中央办公厅、国务院办公厅关于严禁党政机关及其工作人员在公务活动中接受和赠送礼金、有价证券的通知

1993年4月27日印发

党中央、国务院对党政机关及其工作人员在公务活动中不得接受和赠送礼品问题曾多次作过规定。但是,一些地区、部门和单位违反规定的现象仍时有发生。特别严重的是,一些企业在开展业务、举办新闻发布会和纪念庆典等活动中,不顾党中央、国务院的明令禁止,以各种名义和形式向党政机关及其工作人员赠送礼金和代币购物券、礼仪储蓄单、债券、股票及其他有价证券。在党政机关工作人员中,接受礼金和有价证券的现象有蔓延的趋势。接受和赠送礼金、有价证券,腐蚀性很大,不仅违反了国家金融管理制度和财经纪律,而且诱发行贿受贿、搞权钱交易、不给好处不办事等腐败行为,败坏党风、政风,损害党和政府的形象,影响改革开放和经济建设的健康发展。广大群众对此反映强烈,如不及时加以坚决制止,将贻害无穷。为此,经党中央、国务院领导同志同意,特作如下通知:

一、各级党政机关及其工作人员(包括离休、退休干部和受党政机关委托、聘任从事公务的人员),特别是领导机关和领导干部,在公务活动包括礼仪庆典、新闻发布会和经济活动中,不得以任何名义和变相形式接受礼金和有价证券。凡违反规定接受礼金和有价证券者,要坚决追究,根据数额多少和情节轻重,给予党纪、政纪处分。对索要或暗示对方赠送礼金和有价证券的,要从重处分。触犯刑律的,要依法惩处。

二、各地区、各部门、各单位(包括企业、事业单位)不得以业务会、招待会、定货展销会、新闻发布会等各种会议和礼仪、庆典、纪念、商务等各种活动及其他的形式或名义,向党政机关及其工作人员赠送礼金和有价证券。凡违反规定的,要追究有关领导的责任。

三、各级党政机关及其工作人员在涉外活动(包括与华侨和港澳台同胞交往活动)中,由于难以谢绝而接受的礼金和有价证券,必须在一个月内全部交出并上缴国库。凡不按期交出的,以贪污论处。

四、各地区、各部门、各单位对上述规定必须坚决贯彻执行。各级领导干部要切实负起责任,严以律己,带头贯彻执行,并对本地区、本部门、本单位的工作人

员加强教育管理，对执行本通知的情况加强监督检查，绝不允许敷衍塞责。各级财政部门要加强财务管理，严格把好礼金和有价证券的开支关。各级审计机关要把赠送礼金和有价证券问题作为审计监督的一项经常性内容，严格执行财经纪律。银行要加强现金管理，严防套取现金；各储蓄机构一律不准接受国内任何单位和个人用公款办理礼仪储蓄的业务。各级党的纪律检查机关和行政监察机关，要认真受理群众举报，严肃查处党政机关及其工作人员在公务活动中接受和赠送礼金、有价证券的案件，对于情节严重、影响恶劣的典型案件，要公开处理，以儆效尤。

五、各地区、各部门、各单位过去制定的有关规定，凡与本通知精神不一致的，一律以本通知为准。

关于对党和国家机关工作人员在国内交往中收受的礼品实行登记制度的规定

1995年4月30日中共中央办公厅、国务院办公厅印发

第一条 为保持党和国家机关工作人员廉洁从政，加强党风廉政建设，制定本规定。

第二条 党和国家机关工作人员在国内交往中，不得收受可能影响公正执行公务的礼品馈赠，因各种原因未能拒收的礼品，必须登记上交。

党和国家机关工作人员在国内交往（不含亲友之间的交往）中收受的其他礼品，除价值不大的以外，均须登记。

第三条 按照第二条的规定须登记的礼品，自收受礼品之日起（在外地接受礼品的，自回本单位之日起）一个月内由本人如实填写礼品登记表，并将登记表交所在机关指定的受理登记的部门。受理登记的部门可将礼品的登记情况在本机关内公布。

登记的礼品按规定应上交的，与礼品登记表一并上交所在机关指定的受理登记的部门。

第四条 对于收受后应登记、上交的礼品在规定期限内不登记或不如实登记、不上交的，由所在党组织、行政部门或纪检监察机关责令其登记、上交，并给予批评教育或者党纪处分、政务处分或者其他处分。

第五条 本规定所称党和国家机关工作人员，是指党的机关、人大机关、行政机关、政协机关、审判机关、检察机关中从事公务的人员。

国有企业、事业单位的负责人,国家拨给经费的各社会团体中依照法律从事公务的人员,适用本规定。

第六条 本规定由各级党组织和行政部门负责执行,各级纪检监察机关负责监督检查。

第七条 各省、自治区、直辖市应根据本规定,结合本地区的实际,制定具体的礼品登记标准;中共中央直属机关和中央国家机关的礼品登记标准,由中共中央直属机关事务管理局、国务院机关事务管理局制定。各省、自治区、直辖市和中共中央直属机关事务管理局、国务院机关事务管理局还应制定具体的礼品上交处理办法。各省、自治区、直辖市和中共中央直属机关事务管理局、国务院机关事务管理局制定的礼品登记标准和上交处理办法,要报中央纪委国家监委备案。

第八条 本规定由中央纪委国家监委负责解释。

第九条 本规定自发布之日起施行。

附件:礼品登记表(略)

关于各级领导干部接受和赠送现金、有价证券和支付凭证的处分规定

2001年3月26日中央纪委、监察部印发

第一条 为保证各级领导干部廉洁从政,根据2000年12月中央纪委第五次全体会议精神,制定本规定。

第二条 各级领导干部一律不得接受下列单位或者个人的现金、有价证券和支付凭证:

(一)管理和服务的对象;

(二)主管范围内的下属单位和个人;

(三)外商、私营企业主;

(四)其他与行使职权有关系的单位和个人。

第三条 本规定所称领导干部,是指党的机关、人大机关、行政机关、政协机关、审判机关、检察机关中担任副科级以上职务的领导干部,事业单位、人民团体中相当于副科级以上职务的领导干部,国有企业的中层以上领导人员。

第四条 中央纪委第五次全体会议后,领导干部接受第二条所列单位或者个人赠送的现金、有价证券和支付凭证的,不论数额多少,一律给予警告以上的党

纪处分直至开除党籍，或者责令辞职、免职、解聘、辞退等组织处理。

需要给予行政处分或者其他纪律处分的，按照有关规定给予相应的处分。

违反本规定，涉嫌犯罪的，移送司法机关处理。

第五条 领导干部的父母、配偶、子女接受与该领导干部行使职权有关系的单位和个人赠送的现金、有价证券和支付凭证，应当追究该领导干部的责任，根据情节轻重，给予相应的纪律处分。

查实本人知道的，依照本规定第四条处理。

第六条 向领导干部赠送现金、有价证券和支付凭证的个人和单位，应当根据情节轻重，给予责任人相应的纪律处分。

第七条 中央纪委第五次全体会议前接受和赠送现金、有价证券和支付凭证，主动如数上交、如实报告组织的，根据情节，可以不予处分、免予处分或者减轻处分；不上交、不主动报告组织的，依照本规定处理。

第八条 本规定由中共中央纪律检查委员会负责解释。

第九条 本规定自发布之日起施行。

关于深入开展“小金库”治理工作的意见

2009年4月14日中共中央办公厅、国务院办公厅印发

党中央、国务院历来高度重视治理“小金库”问题，多次明令禁止，要求坚决治理。各地区各部门按照中央的要求，积极采取措施治理“小金库”，取得了一定成效。但近年来，一些地方、部门和单位设立“小金库”的现象仍时有发生，有的还相当严重，人民群众对此反映强烈。“小金库”的存在，不仅导致会计信息失真，扰乱市场经济秩序，造成国家财政收入和国有资产的流失，而且诱发和滋生一系列腐败现象，严重败坏党风政风和社会风气，是妨碍经济健康发展、影响社会和谐稳定、危害党和国家各项事业发展的毒瘤，必须坚决清除。为此，党中央、国务院决定，在全国范围内深入开展“小金库”治理工作。现就“小金库”治理工作提出如下意见。

一、总体要求和基本原则

（一）总体要求。高举中国特色社会主义伟大旗帜，以邓小平理论和“三个代表”重要思想为指导，深入贯彻落实科学发展观，全面贯彻落实党的十七大精神，按照《建立健全惩治和预防腐败体系2008—2012年工作规划》的要求，深入开展“小金库”治理工作，坚决查处和纠正各种形式的“小金库”，建立和完善防治“小金库”的长效机制。

(二)基本原则。“小金库”治理工作要掌握以下原则:

——分级负责,分口把关。在党中央、国务院的统一领导下,实行中央和地方分级负责、各有关职能部门和行业主管部门分口把关的工作机制。建立“小金库”治理工作责任制,一级抓一级、层层抓落实。

——统筹兼顾,整体推进。“小金库”治理工作既要与规范津贴补贴、规范行政事业单位经营性资产管理、节约和控制行政成本支出、加强银行账户监管等工作相结合,又要与财政监管、审计监督、税务稽查等日常工作相结合,形成整体合力。

——依纪依法,宽严相济。坚持依纪依法办事,本着“惩前毖后、治病救人”的方针,对自查出的“小金库”责任单位和责任人从宽处理,对被查出的“小金库”责任单位和责任人从严处理。

——标本兼治,纠建并举。在坚决查处和纠正违纪违规问题的同时,更加注重治本,更加注重预防,更加注重制度建设,不断深化财政、金融、国有资产经营管理等体制改革,逐步建立和完善防治“小金库”的长效机制。

二、治理范围和方法步骤

(一)治理范围。违反法律法规及其他有关规定,应列入而未列入符合规定的单位账簿的各项资金(含有价证券)及其形成的资产,均纳入治理范围。

2009年首先在全国党政机关和事业单位开展专项治理,事业单位中要以财政全额拨款事业单位为重点,然后再逐步扩展到社会团体、国有及国有控股企业。

(二)方法步骤。“小金库”治理工作分为4个阶段:

——动员部署。按照中央的统一要求和部署,抓紧建立健全“小金库”治理工作领导体制和工作机制,制定具体实施方案。深入做好思想发动、政策宣传等工作,营造良好的社会舆论氛围。拓宽群众监督渠道,认真做好信访举报受理工作。

——自查自纠。对存在的“小金库”进行全面自查,摸清底数,及时纠正,如实上报,做到不走过场、全面覆盖。

——重点检查。对举报线索比较具体、社会反映比较集中、日常监管发现“小金库”问题比较多的部门、单位和企业,由有关职能部门组织对其进行重点检查。对检查发现的问题,按照有关规定及时纠正处理。

——整改落实。对自查和重点检查发现的问题,有针对性地制定整改措施,落实整改责任,明确整改时限,确保整改到位。要健全制度,堵塞漏洞,加强管理,强化监督,巩固和深化治理成果。

三、把握政策界限

"小金库"治理工作鼓励自查,对自查发现的问题从轻从宽处理。凡自查认真、纠正及时的,对责任单位可从轻、减轻或免予行政处罚,对有关责任人员可从轻、减轻或免予处分。对自查出的"小金库",要如数转入符合规定的单位账簿,依法进行财务、税务等相关处理。

对被查发现的"小金库",除依法进行财务、税务等相关处理外,还要对责任单位和责任人员依法予以行政处罚,并依纪依法追究责任。

对治理工作中走过场的部门和单位,主管部门和专项治理领导机构要及时了解掌握有关情况,给予通报批评并责令整改;对问题严重的,要追究主要负责人的责任。

对在治理工作中弄虚作假、压案不查、对抗检查、拒不纠正、销毁证据、突击花钱、打击报复举报人的,或重点检查中发现"小金库"数额巨大、情节严重的,要按照有关规定从重处理。涉嫌犯罪的,移交司法机关依法处理。

本意见下发后再设立"小金库"的,对主要领导、分管领导和直接责任人要严肃处理,按照组织程序先予免职,再依据党纪政纪和有关法律法规追究责任。

四、强化源头治理

(一)加强教育。要加强对各级领导干部尤其是各单位主要负责人的教育,增强开展"小金库"治理工作的自觉性,进一步强化遵纪守法观念和廉洁从政意识。结合"小金库"治理工作中查处的典型案例,组织开展廉政警示教育,切实提高教育的针对性和实效性。

(二)完善制度。对治理工作中发现的问题,要深入剖析原因,适时制定和完善有关法律法规和规章制度。进一步加强财政收支日常管理和监督,提高财政资金使用的规范性和有效性。按照《中华人民共和国政府信息公开条例》的要求,建立健全政府预算公开和单位财务公开制度,增强预算、财务透明度。进一步规范并严格执行财务会计管理制度,完善内控和监督机制。

(三)深化改革。进一步深化财政、金融、国有资产经营管理等体制改革。健全中央和地方财力与事权相匹配的财政体制,完善财政转移支付制度,深化部门预算和国库集中收付制度改革,推行综合预算,落实"收支两条线"规定,实行国库单一账户制度。严禁违规发放津贴补贴和奖金福利。逐步规范行政事业单位、国有企业收入分配秩序。深化金融管理体制改革,加强资金流向控制,强化账户和现金管理。继续深化国有企业改革,加强国有资产管理。积极推进行政事业单位经营性资产的规范管理,资产收益要逐步纳入预算。

五、加强组织领导

（一）健全领导体制。中央成立由中央纪委、监察部、财政部、审计署牵头，有关部门参加的治理“小金库”工作领导小组。领导小组主要负责指导和协调全国范围内“小金库”治理工作，研究制定相关政策规定，协调解决有关重要问题。领导小组办公室设在财政部，负责“小金库”治理的日常组织协调工作。

各地区各部门要切实加强对“小金库”治理工作的领导，建立健全领导体制和工作机制，精心组织，强化指导，狠抓落实。各单位主要领导对“小金库”治理工作负总责，领导班子其他成员根据工作分工，对职责范围内的有关工作负直接领导责任。

（二）完善协调机制。中央治理“小金库”工作领导小组各成员单位之间、各成员单位与各地区各部门之间要加强协调配合，对“小金库”治理工作的政策规定、工作方案、执行落实、重大案件移送等情况及时进行沟通，建立起运转顺畅、配合有力的工作协调机制。各地区各部门要完善相应的工作协调机制，明确工作分工，加强协调配合，共同做好“小金库”治理工作。

有关“小金库”专项治理工作的实施办法另行制定下发。

关于严禁公款购买印制寄送贺年卡等物品的通知

2013年10月31日中共中央纪委印发

最近，习近平总书记在指导河北省委常委班子专题民主生活会时强调，要认清“四风”的严重性、危害性和顽固性、反复性，锲而不舍、驰而不息抓下去。多年来，每逢元旦、春节，一些地方和单位用公款大量购买、印制、邮寄、赠送贺年卡、明信片、年历等物品，印制越来越奢华、浪费越来越严重。这既是形式主义的表现，又助长了奢靡之风。党的群众路线教育实践活动开展以来，对纠正此风，从党内到社会均有反思、倡议和呼声。为深入落实中央八项规定精神，坚决反对“四风”，现就严禁公款购买印制寄送贺年卡等物品提出如下要求：

各级党政机关、国有企事业单位和金融机构，严禁用公款购买、印制、邮寄、赠送贺年卡、明信片、年历等物品。涉及外事、港澳台事务、侨务等工作需要不在此限，但也要提倡节俭。要严肃财经纪律，强化审计监督，相关费用不准转嫁摊派，一律不予公款报销。

各级纪检监察机关要持之以恒强化监督检查，及时发现问题，坚决予以纠正。对顶风违纪的，发现一起、查处一起，严肃责任追究，通报曝光典型案例。以改进作风的实际成效，不断深化和巩固落实中央八项规定精神的成果。

关于严禁元旦春节期间公款购买赠送烟花爆竹等年货节礼的通知

2013年11月21日中共中央纪委印发

元旦、春节将至，遵照中央指示，要继续落实好八项规定精神、坚决反对“四风”。节日期间，公款赠送节礼现象普遍，不正之风易发多发，广大群众反映强烈。现提出如下纪律要求：

各级党政机关、人民团体、国有企事业单位和金融机构，严禁用公款购买赠送烟花爆竹、烟酒、花卉、食品等年货节礼（慰问困难群众职工不在此限）。要严肃财经纪律，强化审计监督，相关费用不准转嫁摊派，一律不予公款报销。

各级纪检监察机关要强化执纪监督，对违纪行为快查快办，严格责任追究，及时通报曝光。深入落实八项规定精神，必须在坚持中深化，在深化中坚持，不断巩固纠正“四风”成果。广大党员干部要带头勤俭节约、移风易俗，以优良党风政风带动民风社风，过一个平安欢乐祥和的佳节。

关于严禁在历史建筑、公园等公共资源中设立私人会所的暂行规定

1．2014年10月19日中共中央批准

2．2014年10月19日中共中央办公厅、国务院办公厅发布

第一条 历史建筑、公园等公共资源具有社会公益属性。在历史建筑、公园等公共资源中设立私人会所，侵占群众利益，助长不正之风，社会各方面对此反映强烈。为做好对历史建筑、公园等公共资源中私人会所的清理整治工作，根据国家有关法律法规和中央有关规定，制定本规定。

第二条 本规定所称历史建筑，是指各级各类国有文物保护单位以及烈士纪念设施保护单位、宗教活动场所中具有特殊历史文化价值的建（构）筑物。

本规定所称公园，是指政府投资建设和管理，具有相应设施和管理机构的

公共绿地；向公众开放，用于开展游览观赏、休憩健身、文化娱乐、科学普及等活动的公共场所。

本规定所称私人会所，是指改变历史建筑、公园等公共资源属性设立的高档餐饮、休闲、健身、美容、娱乐、住宿、接待等场所，包括实行会员制的场所、只对少数人开放的场所、违规出租经营的场所。

第三条 严禁在历史建筑、公园等公共资源中以自建、租赁、承包、转让、出借、抵押、买断、合资、合作等形式设立私人会所。

第四条 对在历史建筑、公园等公共资源中已经设立的私人会所依法依规整治，区分情况处置：

（一）没有合法手续或者手续不健全的予以关停；

（二）有合法手续但有违规违法行为的予以停业整顿，情节严重的吊销资质；

（三）有合法手续但经营对象、范围、形式等违反相关规定的予以转型或者停业整顿；

（四）出租给单位或者个人作为非经营用途的，由所在地人民政府协调产权单位提出解决办法，租赁合同到期后收回。

第五条 坚持谁主管、谁负责原则。住房城乡建设（园林）、文化、公安、民政、商务、税务、工商、旅游、宗教、文物等部门，应当按照各自职能，认真履行职责，对历史建筑、公园等公共资源中涉及的项目立项、规划建设、消防审批、经营许可、工商登记、税务登记等事项严格审核把关，属于私人会所性质的不予办理。

完善监督管理制度，加强监督检查，发现问题限期整改。对工作失职、徇私舞弊的，依纪依法追究直接责任人和有关领导责任。

第六条 历史建筑、公园等公共资源实行信息公开，接受社会、公众和新闻媒体监督。有关职能部门应当畅通监督渠道，认真受理举报，对违规违法行为，一经发现，严肃查处。

第七条 地方各级党委和政府应当切实加强领导，健全管理体制和工作机制，明确职能职责，搞好统筹协调，研究解决问题，制定政策措施，坚决防止和纠正侵占历史建筑、公园等公共资源的问题。

第八条 本规定自 2014 年 11 月 1 日起施行。

·法律法规·

设立"小金库"和使用"小金库"款项违法违纪行为政纪处分暂行规定

1. 2010年1月5日监察部、人社部、财政部、审计署令第19号公布
2. 自2010年2月15日起施行

第一条 为规范财政秩序,严肃财经纪律,惩处设立"小金库"和使用"小金库"款项违法违纪行为,确保"小金库"治理工作取得实效,根据《中华人民共和国行政监察法》、《中华人民共和国公务员法》、《行政机关公务员处分条例》、《财政违法行为处罚处分条例》及其他有关法律、行政法规,制定本规定。

第二条 本规定所称"小金库",是指违反法律法规及其他有关规定,应列入而未列入符合规定的单位账簿的各项资金(含有价证券)及其形成的资产。

第三条 国家行政机关及其内设机构有设立"小金库"或者使用"小金库"款项行为的,对负有责任的领导人员和其他直接责任人员(以下统称有关责任人员),由任免机关或者监察机关按照管理权限,依法给予处分。

国有及国有控股企业、事业单位有设立"小金库"或者使用"小金库"款项行为的,对负有责任的领导人员和其他直接责任人员中由国家行政机关任命的人员(以下统称有关责任人员),由任免机关或者监察机关按照管理权限,依法给予处分。

第四条 有设立"小金库"行为的,对有关责任人员,给予记过或者记大过处分;情节严重的,给予降级或者撤职处分。

第五条 使用"小金库"款项吃喝、旅游、送礼、进行娱乐活动或者有其他类似行为的,对有关责任人员,给予警告处分;情节较重的,给予记过或者记大过处分;情节严重的,给予降级或者撤职处分。

第六条 使用"小金库"款项新建、改建、扩建、装修办公楼或者培训中心等的,对有关责任人员,给予警告处分;情节较重的,给予记过或者记大过处分;情节严重的,给予降级或者撤职处分。

第七条 使用"小金库"款项提高福利补贴标准或者扩大福利补贴范围、滥发奖金实物或者有类似支出行为的,对有关责任人员,给予警告处分;情节较重的,给予记过或者记大过处分;情节严重的,给予降级或者撤职处分。

第八条 使用"小金库"款项报销应由个人负担的费用的,对有关责任人员,给予记过或者记大过处分;情节较重的,给予降级或者撤职处分;情节严重的,给予开除处分。

第九条 以单位名义将"小金库"财物集体私分给单位职工的,对有关责任人员,给予记过或者记大过处分;情节较重的,给予降级或者撤职处分;情节严重的,给予开除处分。

第十条 有设立"小金库"或者使用"小金库"款项行为,并且有本规定之外的其他违法违纪行为需要合并处理的,对有关责任人员,依照《行政机关公务员处分条例》第十条的规定追究责任。

第十一条 对在治理"小金库"工作中有弄虚作假、对抗检查、拒不纠正、销毁证据、突击花钱、压案不查、打击报复举报人等行为的,依法从重处理。

第十二条 中共中央办公厅、国务院办公厅《关于深入开展"小金库"治理工作的意见》(中办发〔2009〕18 号)印发前,有设立"小金库"或者使用"小金库"款项行为,情节较轻,且能够按照有关规定认真自查自纠的,可以免予处分;情节较重,但能够按照有关规定自查自纠的,可以减轻或者从轻处分;情节严重,但能够按照有关规定自查自纠的,可以从轻处分。

第十三条 中共中央办公厅、国务院办公厅《关于深入开展"小金库"治理工作的意见》(中办发〔2009〕18 号)印发后再设立或者继续设立"小金库"的,对有关责任人员,按照组织程序先予免职,再依据本规定追究责任。

第十四条 本规定由监察部、人力资源社会保障部、财政部、审计署负责解释。

第十五条 本规定自 2010 年 2 月 15 日起施行。

违规发放津贴补贴行为处分规定

1. 2013 年 6 月 13 日监察部、人社部、财政部、审计署令第 31 号公布
2. 自 2013 年 8 月 1 日起施行

第一条 为维护收入分配秩序,严肃财经纪律,规范津贴补贴政策执行,根据《中华人民共和国行政监察法》、《中华人民共和国公务员法》、《行政机关公务员处分条例》及其他有关法律、行政法规,制定本规定。

第二条 本规定所称津贴补贴包括国家统一规定的津贴补贴和工作性津贴、生活性补贴、离退休人员补贴、改革性补贴以及奖金、实物、有价证券等。

第三条 有违规发放津贴补贴行为的单位,其负有责任的领导人员和直接责任人员,以及有违规发放津贴补贴行为的个人,应当承担纪律责任。属于下列人员的，由任免机关或者监察机关按照管理权限依法给予处分：

（一）行政机关公务员；

（二）法律、法规授权的具有公共事务管理职能的事业单位中经批准参照《中华人民共和国公务员法》管理的工作人员。

法律、行政法规对违规发放津贴补贴行为的处分另有规定的，从其规定。

第四条 有下列行为之一的，给予警告处分；情节较重的，给予记过或者记大过处分；情节严重的，给予降级或者撤职处分：

（一）违反规定自行新设项目或者继续发放已经明令取消的津贴补贴的；

（二）超过规定标准、范围发放津贴补贴的；

（三）违反中共中央组织部、人力资源社会保障部有关公务员奖励的规定，以各种名义向职工普遍发放各类奖金的；

（四）在实施职务消费和福利待遇货币化改革并发放补贴后，继续开支相关职务消费和福利费用的；

（五）违反规定发放加班费、值班费和未休年休假补贴的；

（六）违反《中共中央纪委、中共中央组织部、监察部、财政部、人事部、审计署关于规范公务员津贴补贴问题的通知》（中纪发〔2006〕17 号）等规定，擅自提高标准发放改革性补贴的；

（七）超标准缴存住房公积金的；

（八）以有价证券、支付凭证、商业预付卡、实物等形式发放津贴补贴的；

（九）违反规定使用工会会费、福利费及其他专项经费发放津贴补贴的；

（十）借重大活动筹备或者节日庆祝之机，变相向职工普遍发放现金、有价证券或者与活动无关的实物的；

（十一）违反规定向关联单位（企业）转移好处，再由关联单位（企业）以各种名目给机关职工发放津贴补贴的；

（十二）其他违反规定发放津贴补贴的。

第五条 将执收执罚工作与津贴补贴挂钩，使用行政事业性收费、罚没收入发放津贴补贴的，给予记大过处分；情节严重的，给予降级或者撤职处分。

第六条 以发放津贴补贴的形式，变相将国有资产集体私分给个人的，给予记大过处分；情节较重的，给予降级或者撤职处分；情节严重的，给予开除处分。

第七条 违反财政部关于行政事业单位工资津贴补贴有关会计核算的规定核算津贴补贴的，给予警告处分；情节较重的，给予记过或者记大过处分；情节严重的，给予降级或者撤职处分。

第八条 使用“小金库”款项发放津贴补贴的，给予警告处分；情节较重的，给予记过或者记大过处分；情节严重的，给予降级或者撤职处分。

第九条 利用职务上的便利或者职务影响,违反规定在其他单位领取津贴补贴的,给予记过或者记大过处分;情节较重的,给予降级或者撤职处分;情节严重的,给予开除处分。

第十条 以虚报、冒领等手段骗取财政资金发放津贴补贴的,给予记大过处分;情节较重的,给予降级或者撤职处分;情节严重的,给予开除处分。

以虚报、冒领等手段骗取财政资金,并以发放津贴补贴的形式合伙私分的,依照前款规定从重处分。

第十一条 在执行津贴补贴政策中不负责任,导致本地区、本部门、本系统和本单位发生严重违规发放津贴补贴行为的,给予记过或者记大过处分;情节较重的,给予降级或者撤职处分;情节严重的,给予开除处分。

第十二条 不制止、不查处本地区、本部门、本系统和本单位发生的严重违规发放津贴补贴行为的,给予记过或者记大过处分;情节较重的,给予降级或者撤职处分;情节严重的,给予开除处分。

第十三条 对违规发放的津贴补贴,应当按有关规定责令整改,并清退收回。

第十四条 经费来源由财政补助的事业单位工作人员有本规定所列行为的,参照本规定第四条至第十二条规定的违纪情节,依照《事业单位工作人员处分暂行规定》处理。

第十五条 处分的程序和不服处分的申诉,依照《中华人民共和国行政监察法》、《中华人民共和国公务员法》、《行政机关公务员处分条例》等有关法律法规的规定办理。

第十六条 有违规发放津贴补贴行为,应当给予党纪处分的,移送党的纪律检查机关处理;涉嫌犯罪的,移送司法机关处理。

第十七条 本规定由监察部、人力资源社会保障部、财政部、审计署负责解释。

第十八条 本规定自 2013 年 8 月 1 日起施行。

八、形式主义、官僚主义

·党规党纪·

关于解决形式主义突出问题为基层减负的通知

2019年3月6日中共中央办公厅印发

各省、自治区、直辖市党委，中央各部委，国家机关各部委党组（党委），解放军各大单位、中央军委机关各部门党委，各人民团体党组：

党的十八大以来，习近平总书记就加强党的作风建设，力戒形式主义、官僚主义作出一系列重要指示。近期，习近平总书记专门作出重要批示，强调2019年要解决一些困扰基层的形式主义问题，切实为基层减负。为贯彻落实习近平总书记重要指示批示精神，更好为基层干部松绑减负，激励广大干部担当作为、不懈奋斗，经中央领导同志同意，决定将2019年作为"基层减负年"，现就有关工作要求通知如下。

一、以党的政治建设为统领加强思想教育，着力解决党性不纯、政绩观错位的问题

坚持用习近平新时代中国特色社会主义思想武装头脑，在深化消化转化上下功夫，把理论学习的成效体现到增强党性修养、提高工作能力、改进工作作风、推动党的事业发展上。将力戒形式主义、官僚主义作为全党开展的"不忘初心、牢记使命"主题教育重要内容，教育引导党员干部牢记党的宗旨，坚持实事求是的思想路线，树立正确政绩观，把对上负责与对下负责统一起来。从领导机关首先是中央和国家机关做起，开展作风建设专项整治行动，发扬斗争精神，对困扰基层的形式主义问题进行大排查，着重从思想观念、工作作风和领导方法上找根源、抓整改。严明政治纪律和政治规矩，认真汲取秦岭北麓西安境内违建别墅问题的深刻教训，坚决防止和纠正落实党中央决策部署不用心、不务实、不尽力，口号喊得震天响、行动起来轻飘飘的问题，真正把树牢"四个意识"、做到"两个维护"的要求落到实处。（中央纪委国家监委机关、中央办公厅、中央组织部、中央宣传部、中央和国家机关工委等落实）

二、严格控制层层发文、层层开会，着力解决文山会海反弹回潮的问题

认真贯彻落实中央八项规定及其实施细则精神，从中央层面做起，层层大幅度精简文件和会议，确保发给县级以下的文件、召开的会议减少30%—50%。发扬“短实新”文风，坚决压缩篇幅，防止穿靴戴帽、冗长空洞，中央印发的政策性文件原则上不超过10页，地方和部门也要按此从严掌握。地方各级、基层单位贯彻落实中央和上级文件，可结合实际制定务实管用的举措，除有明确规定外，不再制定贯彻落实意见和实施细则。科学确定中央文件密级和印发范围，能公开的公开。少开会、开短会，开管用的会。上级会议原则上只开到下一级，经批准直接开到县级的会议，不再层层开会。严禁随意拔高会议规格、扩大会议规模，未经批准不得要求党委和政府主要负责同志以及部门一把手参会，减少陪会。提倡合并开会、套开会议，多采用电视电话、网络视频会议等形式。提高会议实效，不搞照本宣科，不搞泛泛表态，不刻意搞传达不过夜，坚决防止同一事项议而不决、反复开会。进一步改革会议公文制度，选择一些地方和单位开展治理文山会海工作试点。（中央办公厅、国务院办公厅等落实）

三、加强计划管理和监督实施，着力解决督查检查考核过多过频、过度留痕的问题

抓好《中共中央办公厅关于统筹规范督查检查考核工作的通知》贯彻落实，严格控制总量，实行年度计划和审批报备制度，中央和国家机关有关部门原则上每年搞1次综合性督查检查考核，对县乡村和厂矿企业学校的督查检查考核事项减少50%以上的目标要确保执行到位。强化结果导向，考核评价一个地方和单位的工作，关键看有没有解决实际问题、群众的评价怎么样。坚决纠正机械式做法，不得随意要求基层填表报数、层层报材料，不得简单将有没有领导批示、开会发文、台账记录、工作笔记等作为工作是否落实的标准，不得以微信工作群、政务APP上传工作场景截图或录制视频来代替对实际工作评价。严格控制“一票否决”事项，不能动辄签“责任状”，变相向地方和基层推卸责任。对涉及城市评选评比表彰的各类创建活动进行集中清理，该撤销的撤销，该合并的合并。对巡视巡察、环保督察、脱贫攻坚督查考核、政府大督查、党建考核等，牵头部门也要倾听基层意见进行完善，提出优化改进措施。调查研究、执法检查等要轻车简从、务求实效，不干扰基层正常工作。（中央纪委国家监察委机关、中央办公厅、中央组织部、中央宣传部、全国人大常委会办公厅、国务院办公厅、全国政协办公厅等落实）

四、完善问责制度和激励关怀机制，着力解决干部不敢担当作为的问题

坚持严管和厚爱结合，实事求是、依规依纪依法严肃问责、规范问责、精准问责、慎重问责，真正起到问责一个、警醒一片的效果。修订《中国共产党问责条例》。有效解决问责不力和问责泛化简单化等问题。正确对待被问责的干部,对影响期满、表现好的干部,符合有关条件的,该使用的要使用。制定纪检监察机关处理检举控告工作规则,保障党员权利,及时为干部澄清正名,严肃查处诬告陷害行为。改进谈话和函询工作方法,有效减轻干部不必要的心理负担。把“三个区分开来”的要求具体化,正确把握干部在工作中出现失误错误的性质和影响,切实保护干部干事创业的积极性,为担当者担当,为负责者负责。对基层干部特别是困难艰苦地区和奋战在脱贫攻坚第一线的干部,给予更多理解和支持,在政策、待遇等方面给予倾斜。(中央纪委国家监委机关、中央组织部等落实)

五、加强组织领导,为解决困扰基层的形式主义问题提供坚强保障

在党中央集中统一领导下,建立中央层面整治形式主义为基层减负专项工作机制,由中央办公厅牵头,中央纪委国家监委机关、中央组织部、中央宣传部、中央改革办、中央和国家机关工委、全国人大常委会办公厅、国务院办公厅、全国政协办公厅等参加,负责统筹协调推进落实工作。各地区各部门党委(党组)要切实履行主体责任,一把手负总责,党委办公厅(室)负责协调推进落实,把力戒形式主义、官僚主义作为重要任务,拿出有效管用的整治措施。加强政治巡视和政治督查,加大舆论监督力度,对形式主义、官僚主义典型问题点名道姓通报曝光,对干实事、作风好的先进典型及时总结推广,为广大党员干部作示范、树标杆。(中央纪委国家监委机关、中央办公厅、中央组织部、中央宣传部、国务院办公厅等落实)

中共中央办公厅、国务院办公厅
关于进一步精简会议和文件的意见

2001年12月4日印发

党的十五届六中全会作出的《关于加强和改进党的作风建设的决定》明确提出:“改进领导方式和工作方法。下决心精简会议和文件,改进会风和文风。”近年来,党中央、国务院多次强调要改进作风,深入实际,切实精简会议和文件,并采取了一些实际措施,取得了一定成效。但是,会议过多,请领导同志出席事务性活动过多,各类文件简报过多的情况仍然没有根本改变,影响了领导机关和领导干部同人民群众的密切联系,不利于各级党委和政府集中精力抓工作。为此,要把进一步精简会议和文件,作为全面实践“三个代表”要求,

认真落实十五届六中全会精神的一个突出问题来抓。经党中央、国务院同意，现重申并提出以下规定和要求：

一、采取有力措施，坚决精简各类会议活动

1. 减少会议活动数量。从中央和国家机关做起，各地区、各部门安排会议活动一律要从严掌握。能不开的会议坚决不开，可以合并开的合并召开；要尽可能利用现代通信和技术手段召开电视电话会议，条件具备的可以直接开到基层，避免层层开会。一律不准巧立名目召开各种属联谊性、轮流做东的“片会”。以党中央、国务院名义召开的全国性会议要统筹安排，从严控制；中央和国家机关各部门每年召开的本系统全国性工作会议原则上只开1次，特殊情况不得超过2次。各地区、各部门首先是省部级以上的党政机关要严格控制举行各类纪念会、研讨会、表彰会、剪彩、奠基、首发首映式以及各种检查、评比等活动。元旦、春节期间，党政机关之间不搞相互走访拜年活动。对必须举办的会议和活动，要明确主题，充分准备，注重实效。

2. 压缩会议活动规模。各类会议活动要尽量压缩规模，减少参加人员。以党中央、国务院名义召开的会议和举办的活动，应按照批准的方案组织实施。中央和国家机关各部门召开的全国性会议，会期不得超过3天，与会人员最多不得超过300人，未经党中央、国务院批准不得邀请各省区市党委、政府主要负责同志和分管负责同志出席。中央和国家机关各部门不能以地方领导同志是否出席本系统的会议活动作为衡量地方是否重视某项工作的依据。省区市召开的会议，未经批准，也不要邀请中央和国家机关有关部门负责同志出席。各地区、各部门要从严控制举办大规模的群众性活动，少数确需举办的活动经批准后方可举行，并要加强领导，精心组织，周密安排，确保安全。

3. 严格控制会议活动经费。各地区、各部门举办会议活动要认真执行有关财务规定，厉行节约，反对铺张浪费。不得超标准使用经费和摊派、转嫁经费负担；不得借召开会议、举办活动名义发放纪念品；不得组织高消费娱乐、健身活动；不得到中央明令禁止的风景名胜区召开会议和举办活动。需要安排住宿的，要在定点接待的宾馆、招待所，不得安排豪华宾馆、涉外旅游饭店。领导干部下基层要轻车简从，不搞层层陪同，不得超标准安排用餐。财政、审计等部门要严格按照有关规定加强对会议活动经费的控制、管理和审核。未经批准召开的会议，会议经费一律不予报销。各级纪检、监察机关对违反有关规定和纪律的行为要坚决查处。

4. 严格会议活动报批程序。以党中央、国务院名义召开的全国性会议和举行的重大活动，由承办部门提出具体方案，经中共中央办公厅、国务院办公厅审核后报党中央、国务院审批。中央和国家机关各部门召开的全国性会议

和举行的重要活动，应事先明确名称、主题、时间、地点、人员范围，经中共中央办公厅、国务院办公厅审核后报批。

二、严格把关，减少请领导同志参加事务性活动

5. 安排领导同志出席会议活动要坚持突出重点、精简务实的原则。为了减少请领导同志出席事务性活动，除因特殊需要外，原则上不邀请领导同志参加剪彩、奠基、首发首映式、颁奖等活动。中央党政军群各部门召开的表彰会、座谈会、研讨会、报告会、周年纪念活动，一般不邀请中央领导同志出席、发贺信和接见会议代表，各种商业性节庆活动不得邀请领导同志参加。省部一级和省以下部门批准兴建的纪念物、建筑物和创办的出版物以及周年纪念等，原则上不请中央领导同志题词、题字。不得请中央领导同志为商业性活动和单位题词、题字。确需领导同志参加的会议活动，要精心组织，讲求实效。

6. 严格请领导同志出席会议活动的报批程序。各地区、各部门举行的会议活动，确需邀请党中央、国务院领导同志出席的，要严格按照规定，经各地区、各部门主要负责同志把关后送中共中央办公厅、国务院办公厅审核报批，不得通过其他渠道直接邀请。

7. 改进领导同志出席会议活动的新闻报道。中央领导同志出席部门举办的会议活动，原则上不作新闻报道；需要报道的，须报经参加该会议活动的领导同志同意。中央领导同志观看一般性的文艺演出，不作新闻报道。由中央组织或经中央批准举行的有重大影响的会议活动，中央领导同志下基层考察工作、调查研究等活动，新闻报道应从实际工作需要出发，内容要准确、鲜明、生动，播报时间、篇幅要尽量简短，力戒空泛和一般化。不要把中央领导同志是否出席作为报道与否或报道规格的标准。

8. 地方领导同志出席会议活动要从实际出发，不搞层层仿效。中央举办或中央领导同志出席一些必要的会议活动，地方和部门要从实际出发，不要一概仿效举行相应的会议活动。地方领导同志出席会议活动的新闻报道，也要参照中央领导同志出席会议活动的新闻报道原则严格掌握。

三、加强管理，切实精简各类文件简报

9. 大力压缩发文数量。发文应当注重实效，切实解决实际问题，坚持少而精的原则，可发可不发的公文坚决不发，可长可短的公文一定要短。凡是法律法规已有明确规定的一律不再发文，已全文公开播发见报的不再印发文件。对党中央、国务院文件，各地区、各部门要结合实际提出具体贯彻落实意见，不得照抄照搬，层层转发。对现有的简报要清理压缩，该停的停，能并的并。对确定印发的文件简报，要从内容、形式、发送范围、印数等方面拟定具体改进措施。

10. 进一步压缩文件简报报送范围。各地区、各部门的文件简报可以报送党中央、国务院，省部级内设机构和下属单位的文件简报一律不得直接报送党中央、国务院。各地区、各部门需要报送党中央、国务院或中共中央办公厅、国务院办公厅的文件简报，应向中共中央办公厅、国务院办公厅备案，今后凡不在备案之列的文件简报一律不予受理。

11. 严格按照隶属关系和职权范围行文。各地区、各部门向党中央、国务院报文，属于党委职权范围以内的工作以党委（党组）名义报党中央，属于政府职权范围以内的工作以政府或部门名义报国务院。凡本部门发文或几个部门联合发文能够解决的，不得要求党中央、国务院批转或由中共中央办公厅、国务院办公厅转发；未经党中央、国务院批准，中央和国家机关各部门不得向地方党委、政府发文，也不能要求地方党委、政府向本部门报文；部门的内设机构除办公厅（室）根据授权可以对外正式行文外，其它内设机构不得对外正式行文。

12. 下大气力提高文件简报质量。各地区、各部门印发的文件简报既要加强对全局工作的指导性，又要注重在具体工作中的可操作性，切实提高针对性和时效性。要注意改进文风，文件简报要简明扼要，分析问题要切中要害，所提建议要切实可行。

四、加强督促检查，确保收到实效

13. 各地区、各部门要按照党的十五届六中全会《决定》精神和本《意见》的要求，对本地区、本部门的各类会议活动和现有的文件简报进行全面清理，该精简的精简，该取消的取消。各级领导机关和领导干部要切实负起责任，带头转变作风，带头精简会议和文件，带头深入基层调查研究，注重解决实际问题，在狠抓各项工作的落实上下功夫。要充分利用现代化办公手段，推动党政机关信息化建设，切实改进领导方式和工作方法，真正从源头上解决文山会海问题。中共中央办公厅、国务院办公厅将对本《意见》的贯彻落实情况进行督促检查。

中共中央办公厅、国务院办公厅关于进一步治理党政部门报刊散滥和利用职权发行，减轻基层和农民负担的通知

2003年7月15日印发

改革开放以来，我国报刊业取得了长足发展，规模实力明显增强，质量效

益不断提高，在宣传党的理论路线方针政策，促进改革发展，维护社会稳定，丰富人民群众精神文化生活等方面，发挥了积极作用，作出了重要贡献。同时，伴随着报刊业的快速发展，结构不合理、忽视质量等散滥现象日益凸现。党中央、国务院对此高度重视，各级党委、政府和有关部门多次进行治理，取得了一定成效，但问题并没有得到根本解决。特别是党政部门报刊散滥和利用职权摊派发行、增加基层和农民负担现象仍然十分严重。有的利用职权强行推销、滥拉广告，有的变换手法隐形摊派，有的赠钱赠物提成回扣等等。这种状况不仅扰乱报刊发行秩序，妨碍报刊业健康发展，挤压重要党报党刊市场空间，更为严重的是助长不正之风，影响党同人民群众的关系。对此，社会反映强烈，群众意见很大。为进一步治理党政部门报刊散滥和利用职权发行，减轻基层和农民负担，经党中央、国务院领导同志同意，现就有关事项通知如下。

一、充分认识治理党政部门报刊散滥和利用职权发行，减轻基层和农民负担的重要性、紧迫性

进一步治理党政部门报刊散滥和利用职权发行，减轻基层和农民负担，事关党和政府的形象，事关人民群众的切身利益，事关宣传文化事业的健康发展。各级党委、政府和有关部门一定要从全面贯彻落实“三个代表”重要思想和党的十六大精神的高度，充分认识进一步治理党政部门报刊散滥和利用职权发行，减轻基层和农民负担的重要性、紧迫性。

这次治理工作的重点是：通过压缩党政部门报刊总量，调整结构，有效治理报刊散滥现象；报刊经营活动与部门权利分离，有效制止利用职权摊派发行；因地制宜，制定乡镇、村级组织、农村中小学校等基层单位公费订阅报刊最高限额标准和订阅重点党报党刊范围，有效减轻基层和农民负担。

二、压缩总量、调整结构，解决党政部门报刊散滥问题

党政部门办报办刊过多，是摊派发行问题屡禁不止的重要原因之一。总结以往的经验教训，解决这个问题必须从源头抓起。要停办一批，减少党政部门报刊数量；分离一批，切断部门权力与报刊经营之间的利益纽带；整合一批，解决党政部门报刊结构不合理、质量不高等散滥问题。具体要求是：

1. 中央党政部门与所办报刊实行管办分离。即报刊在人员上不与党政部门公务员混岗，财务上自主经营、独立核算，发行上不得利用部门职权搞摊派。管办分离后，主管部门和报刊社都必须加强对报刊导向的监管。在管办分离中，对有条件的报刊可划转到报业集团、出版集团和经国务院批准的全国性行业组织。对质量低劣、主要靠摊派发行的报刊予以停办，对内容相近、交叉重复的报刊进行合并，个别确因指导工作需要保留的报刊，可转为内部资料性出版物，免费赠阅。

2. 省、自治区、直辖市党委统一办好一份党报和一份党刊，政府办好一份免费赠阅的政府公报。个别省、自治区党委没有办党刊的，可将党委有关部门所办刊物合并为一份党刊。党政各部门所办报刊原则上划转到省级党报集团、广电集团、出版集团或有实力的报刊社。对质量低劣、主要靠摊派发行的报刊予以停办，对内容相近、交叉重复的报刊进行合并，个别确因指导工作需要保留的报刊，可转为内部资料性出版物，免费赠阅。对一些导向好、影响大、已经面向市场的报刊，可仍由原主管部门主管，实行管办分离，在人员上不与党政部门公务员混岗，财务上自主经营、独立核算，发行上不得利用部门职权搞摊派。管办分离后，主管部门和报刊社都必须加强对报刊导向的监管。省级和省级以下行业组织不办报刊，已办的要停办。

3. 市（地、州、盟）除保留一份党报外，其他党政部门所办报刊一律停办。确因指导工作需要保留的，可转为内部资料性出版物，免费赠阅。县（市、旗）和城市区不再办报刊，已办的要停办。对个别影响大、有一定规模的县市报，可由省级党报或地市级党报进行有偿兼并，或改办为地市级党报的县市版。

三、采取切实有效措施，坚决制止党政部门报刊利用职权摊派发行

按照标本兼治的原则，在深化改革、治散治滥的同时，完善监督机制，严肃工作纪律，加大监管力度，狠刹报刊发行中的不正之风。对继续搞摊派发行、增加基层和农民负担的报刊，坚决进行查处。

1. 所有党政部门均不得通过发文件、下指标等手段摊派发行报刊。不得将乡镇、村级组织等基层单位是否订阅报刊与工作考核、评优达标挂钩，搞所谓“一票否决”。不得利用登记、年检、办证、办照等工作之便向服务和管理对象摊派报刊。不得采取电话通知、利用系统工作会议提要求、下发报刊订阅“建议表”等手段变相摊派报刊。党政部门不得为报刊承揽广告业务提供方便，不得以任何名目向报刊社收取管理费、发行费，更不得把报刊的经营收入变成机关的“小金库”；党政部门公务员不得与报刊社工作人员混岗；不得以党政部门名义参与协办报刊。

2. 所有报刊都要实行编辑业务与经营活动相分离，不得采取提成回扣、赠钱赠物、出国考察、公费旅游等办法推销报刊，不得搞有偿新闻扩大发行。党报党刊要带头规范经营行为，所办子报、子刊、地方版、形象版等不得以党报党刊名义搭车发行，搞变相摊派。限定发行范围的报刊不得超范围发行。报刊社要加强对采编人员和记者站工作人员的教育管理，杜绝违规违纪行为。

3. 各省、自治区、直辖市要区分欠发达、中等、发达地区的不同情况，分别制定乡镇、村级组织、农村中小学校等基层单位公费订阅报刊的最高限额标准,并由纪检、监察(纠风)部门和新闻出版行政部门负责监督落实。

4. 各级新闻出版行政部门要建立健全监督机制,加强对报刊发行活动的监管。制定和完善报刊发行管理办法,依法整顿和规范报刊发行秩序。建立违规发行举报制度,公布举报电话,鼓励群众举报。修订完善“内部资料性出版物管理办法”,严禁内部资料性出版物变相公开发行和刊登广告,严禁各种收费行为。

5. 加大对违规违纪行为的查处力度。纪检、监察(纠风)、财政、工商、税务、审计等部门要充分发挥职能作用,依法查处违规违纪行为。对有令不行、有禁不止、继续搞摊派发行的,要予以停刊整顿直至撤销刊号,同时要追究主要负责人和有关当事人的责任。对提取报刊经营收入作为“小金库”的部门以及在报刊征订发行活动中提取或变相提取发行费的部门和个人,要追究责任,严肃查处。

四、改进党报党刊发行工作,进一步减轻基层和农民负担

党报党刊是党和人民的喉舌,是社会主义意识形态的重要阵地,对于宣传党的理论路线方针政策,指导实际工作,动员组织群众,推进改革开放和社会主义现代化建设事业具有重要作用。要按照十六大关于扶持党和国家重要新闻媒体的要求,加大政府对党报党刊的财政投入。同时,要改进党报党刊发行工作,进一步减轻基层和农民负担。

1. 规范重点党报党刊在基层发行的种类和范围。村级组织、乡镇用定额管理的公费订阅的党报党刊,是指党中央和地方党委的机关报刊。即人民日报、求是杂志,各省、自治区、直辖市党委办的一份党报和一份党刊,各市(地、州、盟)党委办的一份党报。有关部门要研究制定用党费订阅党报党刊的具体办法,保证每年有一定比例的党费用于本地区本单位的党组织,特别是贫困地区的村组、乡镇、中小学校的党组织订阅党报党刊。

2. 改进党报党刊的发行方式。从实际出发,实事求是地确定各地区各部门订阅党报党刊的数量,不搞强迫指令,坚决制止层层加码,把负担转嫁给基层和农民。有条件的村级组织应订阅人民日报。求是杂志用公费订阅原则上只到乡镇一级。对农村地区,重点党报可发行版面较少、价格较低、针对性和实用性较强的农村版。

3. 不断提高党报党刊质量,努力增强吸引力和影响力。要大力提倡各级党组织和广大党员干部积极订阅和有效使用党报党刊。凡是公费订阅报刊的乡镇以上机关单位和领导干部,要首先订阅党报党刊特别是中央级党报党刊。同时,党报党刊要认真改进宣传方法,紧密联系改革开放和现代化建设的实际,联系人们的思想实际,把体现党的意志与反映人民群众心声统一起来,坚持正确导向,贴近实际、贴近生活、贴近群众,不断增强针对性、实效性和吸引力、感染力。通过改进工作、提高质量,赢得更多读者,增加市场份额,进一步巩固和扩大舆论阵地。

五、加强领导,务求实效

治理党政部门报刊散滥和利用职权发行,减轻基层和农民负担,涉及面广,政策性强,任务很重,难度很大。各地区各部门要解放思想、与时俱进,用创新的思路、改革的办法解决存在的问题。要增强政治意识、大局意识和责任意识,保证各项措施落到实处,务求取得实际效果。

1. 高度重视,加强领导。各级党委、政府和各有关部门要把进一步治理党政部门报刊散滥和利用职权发行,减轻基层和农民负担作为深入贯彻落实十六大精神,带头实践"三个代表"重要思想,加强和改进党的作风建设的具体举措,摆上重要议事日程,统一思想、统一部署、统一行动。要明确目标任务,落实责任分工,保证领导到位,工作到位。中央成立治理党政部门报刊散滥和利用职权发行工作协调领导小组,由中央纪委、中央宣传部、中央直属机关工委、中央国家机关工委、中央机构编制委员会办公室、新闻出版总署、监察部(国务院纠风办)、财政部、农业部、国家工商行政管理总局、国家税务总局、审计署、国家邮政局等部门和单位负责同志组成,新闻出版总署承担具体工作。各省、自治区、直辖市都要成立领导小组,负责本地区的治理工作。中央、国家机关治理工作任务比较重的部门,也要成立领导小组。中央将在适当时间派出联合督查组,对各地区各部门的工作进行检查。各省、自治区、直辖市也要加强监督检查,发现问题,及时解决。

2. 精心组织,狠抓落实。新闻出版总署要根据本通知的要求,制定具体实施细则。各地区各部门要结合实际,制定切实可行的实施方案。要把握政策,区分情况,分类指导。要严格程序,严守规定,所有保留、分离、划转、合并和停办的报刊,都要报新闻出版总署办理手续,合并和停办报刊的刊号由新闻出版总署收回。今后,党政部门原则上不再新批办报刊。各地区各部门要采取切实措施,妥善处理分离、划转、停办过程中的有关问题。要细致稳妥做好停办报刊的人员安置工作,对符合公务员条件、确有需要又有编制的,可以到党政部门工作;对素质好、适合做新闻出版工作的,可以转到其他新闻出版单位;鼓励一部分人自己创业,为其提供必要的帮助。有关部门要制定具体办法,认真解决好停办、分离、整合报刊的资产划转、债权债务问题,防止国有资产流失。要保证分离、划转报刊业务正常运转和工作的连续性、稳定性。

3. 加强管理,把握导向。报刊特别是党报党刊是重要的思想舆论阵地,各级党委和有关部门一定要从讲政治的高度,切实加强和改善对报刊业的领导和管理,始终坚持正确舆论导向,巩固马克思列宁主义、毛泽东思想、邓小平理论和“三个代表”重要思想在意识形态领域的指导地位。调整后的报刊主管单位,要对所属报刊的宣传导向、领导班子建设和国有资产保值增值,切实负起责任。所有报刊无论划转还是整合,无论主管、主办单位如何变化,都要牢固树立政治意识、大局意识和责任意识,严格自律、严守纪律,成为宣传科学理论、传播先进文化、倡导科学精神、塑造美好心灵、弘扬社会正气的阵地,决不给违反四项基本原则、违反改革开放政策、违反党的路线方针的错误思想和文化垃圾提供传播渠道。

中共中央办公厅、国务院办公厅关于进一步精简文件和简报的意见(略有删改)

2012年5月19日印发

为深入贯彻落实科学发展观,大力弘扬求真务实作风,按照中央关于整治文风、精简文件、严格控制发文数量和范围的要求,经党中央、国务院同意,现就进一步精简文件和简报问题提出如下意见。

一、减少各类文件

1. 凡国家法律法规和党内法规已作出明确规定的,一律不再制发文件。现行文件规定仍然适用的,不再重复发文。没有实质内容、可发可不发的文件,一律不发。由部门发文或部门联合发文能够解决的,不再由中共中央、国务院(含中央办公厅、国务院办公厅,下同)转发或印发。

2. 对中共中央、国务院文件,各地区各部门要结合实际贯彻落实,不得层层转发。已标注公开发布的文件,各地区各部门不再翻印。通过媒体公开发布的中共中央、国务院文件,不再下发纸质文件。

3. 未经党中央、国务院批准,中央和国家机关各部门、各议事协调机构不得向地方党委和政府发布指示性公文,也不得要求地方党委和政府报文。中央和国家机关各部门、各议事协调机构的文件,不得要求地方党委和政府转发。临时机构一般不对外发文。

4. 各地区各部门不得多头报文。属于党委(党组)职权范围内的工作,以党委(党组)名义报送党中央;属于政府或部门职权范围内的工作,以政府或部门名义报送国务院;属于地方党委和政府职能部门职权范围内的工作,直接报送上级主管部门。

二、减少各类简报

5. 各部门报送党中央、国务院的简报原则上只保留 1 种。确有特殊报送需要的综合性部门，经中央办公厅、国务院办公厅核准，可适当增加 1 至 2 种。

6. 有关部门报送党中央、国务院的参考资料和研究报告要从严控制，尽量压缩合并。

7. 各部门内设机构和下属单位的简报，一律不报送党中央、国务院。

8. 各部门的会议简报，一般不报送党中央、国务院。确需报送的，应综合汇总后以部门简报形式报送。

9. 各部门的专项工作简报，应坚持少而精的原则，只报送分管中央领导同志。

10. 各部门通过正式文件或信息资料上报的情况，不再通过简报报送。

11. 各部门拟报送党中央、国务院的简报、参考资料和研究报告种类及格式，须分别报中央办公厅、国务院办公厅审批，经批准后由各部门办公厅（室）负责审核报送。具体分送范围由中央办公厅、国务院办公厅核定，报文部门不得自行确定。

三、提高文件和简报的质量和时效

12. 各地区各部门应严格按照中央办公厅、国务院办公厅的有关要求，对文件和简报资料的报送程序及格式进行规范，加强综合协调和审核把关，切实提高运转效率。

13. 文件要突出思想性、针对性和可操作性，严格控制篇幅，做到主题鲜明、重点突出、结构严谨、表述准确、语言精练。

14. 简报要重点反映重要的动态、举措、经验、问题以及工作意见建议等内容，减少一般性工作情况汇报。简报资料要短而精，简报每期篇幅应控制在 3000 字以内；参考资料和研究报告一般不超过 5000 字，超过 5000 字的应有内容摘要。

15. 报送党中央、国务院的文件和简报资料，应由本地区本部门主要负责同志或经授权的分管负责同志签批。不符合行文规则、格式不规范的文件，由中央办公厅、国务院办公厅退回报文单位修改重报；未履行报批程序的简报资料，中央办公厅、国务院办公厅一律不予受理。

16. 各地区各部门要加快推进机关信息化建设，积极推广电子公文和二维条码应用，逐步实现文件和简报资料的网络传输和网上办理，减少纸质文件和简报资料，降低运行成本，缩短流转时间，确保办理工作高效有序。

四、加强督促检查

17. 各地区各部门要严格执行本意见。同时，要结合实际做好本地区本部门精简文件和简报工作，根据本意见制定具体办法，认真组织实施，确保取得实效。

18. 各地区各部门每年年底要对精简文件和简报工作组织自查，并将检查情况报中央办公厅、国务院办公厅。

19. 中央办公厅、国务院办公厅定期对各地区各部门精简文件和简报工作进行督查，并通报督查情况。

人大、政协、军队、人民团体机关精简文件和简报工作，参照本意见执行。

·法律法规·

关于防治“指尖上的形式主义”的若干意见

2023年12月18日中央网络安全和信息化委员会印发

“指尖上的形式主义”是形式主义问题在数字化背景下的变异翻新，也是加重基层负担的主要表现之一。防治“指尖上的形式主义”，事关党的形象，事关人心向背，事关国家治理体系和治理能力现代化，对于推进党风政风社会风气向上向好具有重要意义。为贯彻党中央决策部署，落实中央层面整治形式主义为基层减负专项工作机制有关要求，规范政务移动互联网应用程序（以下称政务应用程序）、政务公众账号和工作群组管理，现提出如下意见。

一、总体要求

1. 指导思想。以习近平新时代中国特色社会主义思想为指导，深入贯彻党的二十大精神，全面贯彻习近平总书记关于力戒形式主义官僚主义的重要论述，坚持党的全面领导，加强对政务应用程序、政务公众账号和工作群组的标准化规范化管理，将规划统筹、集约高效、便民减负、安全可靠的原则贯穿建设、使用和安全管理全生命周期，刹住通过数字化手段变相加重基层负担的歪风邪气，减少基层干部在数字时代的无谓劳动，让广大干部有更多时间和精力抓落实，为胜利推进强国建设、民族复兴的历史伟业提供坚强作风保障。

2. 目标任务。用1到2年时间，建立健全统筹管理、审核备案、评价反馈、清理退出等机制，压实主体责任，大幅提升数字政务管理服务效能，有效解决“指尖上的形式主义”突出问题；用3到5年时间，健全完善常态化监管措施和长效工作机制，推动实现主体责任、监管责任、监督责任的贯通联动，防止“指尖上的形式主义”反弹回潮和隐形变异，全面推进数字政务高质量发展，努力做到为基层真减负、减真负。

二、强化建设管理

3. 加强统一规划。充分发挥移动互联网技术在机关履职、公共服务、社会治理等领域的作用，将政务应用程序建设纳入信息化、数字化总体规划，加强顶层设计，推动统建共用，统筹用好地方媒体资源，提高数字政务标准化规范化水平。

4. 加强立项审核。新建、改建或者采用购买服务方式的政务应用程序，应纳入信息化项目审批范围，开展立项审核，从防治“指尖上的形式主义”方面，审核是否符合信息化数字化规划、是否与已有政务应用程序存在功能交叉重复、是否能作为功能模块嵌入到已有政务应用程序、是否能与相关政务应用程序项目进行业务协同、是否满足数据管理和共享要求等内容。

5. 突出便捷集约。政务应用程序设计应坚持以用户为中心，注重功能聚合，强化数据共享，优化界面设计，依托“一站式”综合平台设计开发，统一办事入口、统一身份认证、统一服务事项。政务应用程序建设部署应充分利用政务云的网络、计算、存储和安全防护等软硬件资源。对于功能相近、重复的政务应用程序，要进行整合迁移，防止同质化。

6. 限制强制功能。除安保、应急等特殊规定外，政务应用程序原则上不得设置打卡签到、积分排名、在线时长等强制使用功能。确需设置或已经设置的，应严格审批，且上述功能不得向用户和个人开放，仅供内部掌握。

7. 防止“空壳”“僵尸”。政务应用程序上线前原则上应对功能完整性、性能稳定性、交互便捷性等进行验收，运行过程中注重收集用户意见，持续优化完善功能性能，提升服务质量和用户体验。对于使用频率低、实用性不强的政务应用程序，应及时关停注销并提前发布公告，依法依规处置相关数据，防止数据泄露及流失。注册运营政务公众账号，要严格控制数量，加强信息更新。

三、强化使用管理

8. 防止强制使用。应制定政务应用程序使用规范，明确目标对象、应用场景、使用要求等，不得强制推广下载，不得限定用户安装使用率，不得强制要求定期登录等。政务公众账号的推广使用应从实际需求出发，不得作强制性要求。在工作群组中，不得脱离工作实际强制要求打卡接龙、即时响应，不得随意摊派任务、索要材料。

9. 防止过度留痕。不得把政务应用程序作为工作考核日常化、督导检查线上化的载体，不得简单以工作留痕代替实际工作成效评价，不得随意要求下级和基层单位通过政务应用程序、工作群组上传不必要的截图或视频。

10. 防止滥用排名。不得滥用政务应用程序、政务公众账号的关注点赞、转发评论功能，不得将其作为考核评价、评比评选的依据。设置积分排名、在线时长的政务应用程序，不应将内部掌握的相关数据用于通报排名和考评。

11. 防止多头填报。要求基层使用政务应用程序报送数据应加强统筹，针对同一事项或数据，原则上应通过“一站式”综合平台、“一张表”形式报送，实现数据互通、信息共享，防止多头填报、重复索要数据。

四、强化安全管理

12. 健全安全体系。严格落实党委（党组）网络意识形态工作责任制、网络安全工作责任制，建立政务应用程序、政务公众账号和工作群组安全管理制度，健全应急处置机制，配强配齐应急处置力量，制定应急预案，开展应急演练，不断优化应急处置流程，有效防范各类突发情况。

13. 加强分类防护。落实网络安全、数据安全、关键信息基础设施安全保护、个人信息保护等相关法律规定，加强全生命周期数据安全管理，依法依规保护数据和个人信息安全。遵守国家保密法律法规，完善保密自监管设施，及时发现处置违反保密法律法规行为。组织做好政务应用程序运行监测，建立健全运维管理规范，严格值班值守和巡查巡检，保障可靠稳定运行。

五、强化组织保障

14. 压实主体责任。按照“谁主办谁负责，谁使用谁负责”的要求确定主办（使用）单位，履行建设、使用和安全管理等各环节的主体责任，主动发现“指尖上的形式主义”问题，及时整改纠错。主办单位上线政务应用程序，应按要求履行 ICP 备案等手续，并在首页上以醒目方式标示主办单位及 ICP 备案编号。鼓励在已备案的应用程序分发平台上架政务应用程序。主办单位应在政务应用程序中提供投诉建议功能，设置“指尖上的形式主义”问题投诉专区，实现在线受理、跟踪反馈和回访评价等。

15. 夯实属地责任。省级党委网络安全和信息化委员会加强本行政区域内政务应用程序、政务公众账号和工作群组管理的指导、协调和监督，加强与省级层面整治形式主义为基层减负工作机制联络沟通，健全工作机制，明确管理机构，规范管理流程。依托现有投诉举报渠道，将“指尖上的形式主义”问题纳入群众监督范围，督促主办（使用）单位及时受理、处置、整改、反馈，回应社会关切。省级党委网信办应组织开展自查自评，并将有关情况向中央网信办报告。

16. 落实监督责任。在中央网络安全和信息化委员会的领导下，中央网信办加强全国政务应用程序、政务公众账号和工作群组的统筹协调管理、政策标准制定和业务监督指导。根据政务应用程序、政务公众账号的用户规模、功能应用、使用频次、影响范围等情况，开展重点监测。会同有关部门对建设、使用、安全管理情况进行抽查评估，开展情况通报，推广先进做法。对于发现的突出问题，及时提出整改意见和问责建议，督促整改纠正。发现违规违纪、严重加重基层负担的突出问题，及时移送纪检监察机关处置。

九、党纪政务处分

·党规党纪·

中国共产党纪律处分条例

1. 2003年12月23日中共中央政治局会议审议批准,2003年12月31日中共中央发布
2. 2023年12月8日中共中央政治局会议第三次修订,2023年12月19日中共中央发布

第一编 总 则

第一章 总体要求和适用范围

第一条 为了维护党章和其他党内法规,严肃党的纪律,纯洁党的组织,保障党员民主权利,教育党员遵纪守法,维护党的团结统一,保证党的理论、路线、方针、政策、决议和国家法律法规的贯彻执行,根据《中国共产党章程》,制定本条例。

第二条 党的纪律建设必须坚持以马克思列宁主义、毛泽东思想、邓小平理论、"三个代表"重要思想、科学发展观、习近平新时代中国特色社会主义思想为指导,坚持和加强党的全面领导,坚决维护习近平总书记党中央的核心、全党的核心地位,坚决维护以习近平同志为核心的党中央权威和集中统一领导,弘扬伟大建党精神,坚持自我革命,贯彻全面从严治党战略方针,落实新时代党的建设总要求,推动解决大党独有难题、健全全面从严治党体系,全面加强党的纪律建设,为以中国式现代化全面推进强国建设、民族复兴伟业提供坚强纪律保障。

第三条 党章是最根本的党内法规,是管党治党的总规矩。党的纪律是党的各级组织和全体党员必须遵守的行为规则。党组织和党员必须坚守初心使命,牢固树立政治意识、大局意识、核心意识、看齐意识,始终坚定道路自信、理论自信、制度自信、文化自信,切实践行正确的权力观、政绩观、事业观,自觉遵守和维护党章,严格执行和维护党的纪律,自觉接受党的纪律约束,模范遵守国家法律法规。

第四条 党的纪律处分工作遵循下列原则:

（一）坚持党要管党、全面从严治党。把严的基调、严的措施、严的氛围长期坚持下去，加强对党的各级组织和全体党员的教育、管理和监督，把纪律挺在前面，抓早抓小、防微杜渐。

（二）党纪面前一律平等。对违犯党纪的党组织和党员必须严肃、公正执行纪律，党内不允许有任何不受纪律约束的党组织和党员。

（三）实事求是。对党组织和党员违犯党纪的行为，应当以事实为依据，以党章、其他党内法规和国家法律法规为准绳，执纪执法贯通，准确认定行为性质，区别不同情况，恰当予以处理。

（四）民主集中制。实施党纪处分，应当按照规定程序经党组织集体讨论决定，不允许任何个人或者少数人擅自决定和批准。上级党组织对违犯党纪的党组织和党员作出的处理决定，下级党组织必须执行。

（五）惩前毖后、治病救人。处理违犯党纪的党组织和党员，应当实行惩戒与教育相结合，做到宽严相济。

第五条　深化运用监督执纪"四种形态"，经常开展批评和自我批评，及时进行谈话提醒、批评教育、责令检查、诫勉，让"红红脸、出出汗"成为常态；党纪轻处分、组织调整成为违纪处理的大多数；党纪重处分、重大职务调整的成为少数；严重违纪涉嫌犯罪追究刑事责任的成为极少数。

第六条　本条例适用于违犯党纪应当受到党纪责任追究的党组织和党员。

第二章　违纪与纪律处分

第七条　党组织和党员违反党章和其他党内法规，违反国家法律法规，违反党和国家政策，违反社会主义道德，危害党、国家和人民利益的行为，依照规定应当给予纪律处理或者处分的，都必须受到追究。

重点查处党的十八大以来不收敛、不收手，问题线索反映集中、群众反映强烈，政治问题和经济问题交织的腐败案件，违反中央八项规定精神的问题。

第八条　对党员的纪律处分种类：

（一）警告；

（二）严重警告；

（三）撤销党内职务；

（四）留党察看；

（五）开除党籍。

第九条　对于违犯党纪的党组织，上级党组织应当责令其作出书面检查或者给予通报批评。对于严重违犯党纪、本身又不能纠正的党组织，上一级党的委员会在查明核实后，根据情节严重的程度，可以予以：

（一）改组；

（二）解散。

第十条 党员受到警告处分一年内、受到严重警告处分一年半内，不得在党内提拔职务或者进一步使用，也不得向党外组织推荐担任高于其原任职务的党外职务或者进一步使用。

第十一条 撤销党内职务处分，是指撤销受处分党员由党内选举或者组织任命的党内职务。对于在党内担任两个以上职务的，党组织在作处分决定时，应当明确是撤销其一切职务还是一个或者几个职务。如果决定撤销其一个职务，必须撤销其担任的最高职务。如果决定撤销其两个以上职务，则必须从其担任的最高职务开始依次撤销。对于在党外组织担任职务的，应当建议党外组织撤销其党外职务。

对于在立案审查中因涉嫌违犯党纪被免职的党员，审查后依照本条例规定应当给予撤销党内职务处分的，应当按照其原任职务给予撤销党内职务处分。对于应当受到撤销党内职务处分，但是本人没有担任党内职务的，应当给予其严重警告处分。同时，在党外组织担任职务的，应当建议党外组织撤销其党外职务。

党员受到撤销党内职务处分，或者依照前款规定受到严重警告处分的，二年内不得在党内担任和向党外组织推荐担任与其原任职务相当或者高于其原任职务的职务。

第十二条 留党察看处分，分为留党察看一年、留党察看二年。对于受到留党察看处分一年的党员，期满后仍不符合恢复党员权利条件的，应当延长一年留党察看期限。留党察看期限最长不得超过二年。

党员受留党察看处分期间，没有表决权、选举权和被选举权。留党察看期间，确有悔改表现的，期满后恢复其党员权利；坚持不改或者又发现其他应当受到党纪处分的违纪行为的，应当开除党籍。

党员受到留党察看处分，其党内职务自然撤销。对于担任党外职务的，应当建议党外组织撤销其党外职务。受到留党察看处分的党员，恢复党员权利后二年内，不得在党内担任和向党外组织推荐担任与其原任职务相当或者高于其原任职务的职务。

第十三条 党员受到开除党籍处分，五年内不得重新入党，也不得推荐担任与其原任职务相当或者高于其原任职务的党外职务。另有规定不准重新入党的，依照规定。

第十四条 党员干部受到党纪处分，需要同时进行组织处理的，党组织应当按照规定给予组织处理。

党的各级代表大会的代表受到留党察看以上处分的，党组织应当终止其代表资格。

第十五条 对于受到改组处理的党组织领导机构成员，除应当受到撤销党内职务以上处分的外，均自然免职。

第十六条 对于受到解散处理的党组织中的党员，应当逐个审查。其中，符合党员条件的，应当重新登记，并参加新的组织过党的生活；不符合党员条件的，应当对其进行教育、限期改正，经教育仍无转变的，予以劝退或者除名；有违纪行为的，依照规定予以追究。

第三章 纪律处分运用规则

第十七条 有下列情形之一的，可以从轻或者减轻处分：

（一）主动交代本人应当受到党纪处分的问题；

（二）在组织谈话函询、初步核实、立案审查过程中，能够配合核实审查工作，如实说明本人违纪违法事实；

（三）检举同案人或者其他人应当受到党纪处分或者法律追究的问题，经查证属实，或者有其他立功表现；

（四）主动挽回损失、消除不良影响或者有效阻止危害结果发生；

（五）主动上交或者退赔违纪所得；

（六）党内法规规定的其他从轻或者减轻处分情形。

第十八条 根据案件的特殊情况，由中央纪委决定或者经省（部）级纪委（不含副省级市纪委）决定并呈报中央纪委批准，对违纪党员也可以在本条例规定的处分幅度以外减轻处分。

第十九条 对于党员违犯党纪应当给予警告或者严重警告处分，但是具有本条例第十七条规定的情形之一或者本条例分则中另有规定的，可以给予批评教育、责令检查、诫勉或者组织处理，免予党纪处分。对违纪党员免予处分，应当作出书面结论。

党员有作风纪律方面的苗头性、倾向性问题或者违犯党纪情节轻微的，可以给予谈话提醒、批评教育、责令检查等，或者予以诫勉，不予党纪处分。

党员行为虽然造成损失或者后果，但不是出于故意或者过失，而是由于不可抗力等原因所引起的，不追究党纪责任。

第二十条 有下列情形之一的，应当从重或者加重处分：

（一）强迫、唆使他人违纪；

（二）拒不上交或者退赔违纪所得；

（三）违纪受处分后又因故意违纪应当受到党纪处分；

（四）违纪受处分后，又被发现其受处分前没有交代的其他应当受到党纪处分的问题；

（五）党内法规规定的其他从重或者加重处分情形。

第二十一条 党员在党纪处分影响期内又受到党纪处分的，其影响期为原处分尚未执行的影响期与新处分影响期之和。

第二十二条 从轻处分，是指在本条例规定的违纪行为应当受到的处分幅度以内，给予较轻的处分。

从重处分，是指在本条例规定的违纪行为应当受到的处分幅度以内，给予较重的处分。

第二十三条 减轻处分，是指在本条例规定的违纪行为应当受到的处分幅度以外，减轻一档给予处分。

加重处分，是指在本条例规定的违纪行为应当受到的处分幅度以外，加重一档给予处分。

本条例规定的只有开除党籍处分一个档次的违纪行为，不适用第一款减轻处分的规定。

第二十四条 一人有本条例规定的两种以上应当受到党纪处分的违纪行为，应当合并处理，按其数种违纪行为中应当受到的最高处分加重一档给予处分；其中一种违纪行为应当受到开除党籍处分的，应当给予开除党籍处分。

第二十五条 一个违纪行为同时触犯本条例两个以上条款的，依照处分较重的条款定性处理。

一个条款规定的违纪构成要件全部包含在另一个条款规定的违纪构成要件中，特别规定与一般规定不一致的，适用特别规定。

第二十六条 二人以上共同故意违纪的，对为首者，从重处分，本条例另有规定的除外；对其他成员，按照其在共同违纪中所起的作用和应负的责任，分别给予处分。

对于经济方面共同违纪的，按照个人参与数额及其所起作用，分别给予处分。对共同违纪的为首者，情节严重的，按照共同违纪的总数额处分。

教唆他人违纪的，应当按照其在共同违纪中所起的作用追究党纪责任。

第二十七条 党组织领导机构集体作出违犯党纪的决定或者实施其他违犯党纪的行为，对具有共同故意的成员，按共同违纪处理；对过失违纪的成员，按照各自在集体违纪中所起的作用和应负的责任分别给予处分。

第四章 对违法犯罪党员的纪律处分

第二十八条 对违法犯罪的党员，应当按照规定给予党纪处分，做到适用纪律和适用法律有机融合，党纪政务等处分相匹配。

第二十九条 党组织在纪律审查中发现党员有贪污贿赂、滥用职权、玩忽职守、权力寻租、利益输送、徇私舞弊、浪费国家资财等违反法律涉嫌犯罪行为的，应当给予撤销党内职务、留党察看或者开除党籍处分。

第三十条 党组织在纪律审查中发现党员有刑法规定的行为，虽不构成犯罪但须追究党纪责任的，或者有其他破坏社会主义市场经济秩序、违反治安管理等违法行为，损害党、国家和人民利益的，应当视具体情节给予警告直至开除党籍处分。

违反国家财经纪律，在公共资金收支、税务管理、国有资产管理、政府采购管理、金融管理、财务会计管理等财经活动中有违法行为的，依照前款规定处理。

党员有嫖娼或者吸食、注射毒品等丧失党员条件，严重败坏党的形象行为的，应当给予开除党籍处分。

第三十一条 党组织在纪律审查中发现党员严重违纪涉嫌违法犯罪的，原则上先作出党纪处分决定，并按照规定由监察机关给予政务处分或者由任免机关（单位）给予处分后，再移送有关国家机关依法处理。

第三十二条 党员被依法留置、逮捕的，党组织应当按照管理权限中止其表决权、选举权和被选举权等党员权利。根据监察机关、司法机关处理结果，可以恢复其党员权利的，应当及时予以恢复。

第三十三条 党员犯罪情节轻微，人民检察院依法作出不起诉决定的，或者人民法院依法作出有罪判决并免予刑事处罚的，应当给予撤销党内职务、留党察看或者开除党籍处分。

党员犯罪，被单处罚金的，依照前款规定处理。

第三十四条 党员犯罪，有下列情形之一的，应当给予开除党籍处分：

（一）因故意犯罪被依法判处刑法规定的主刑（含宣告缓刑）；

（二）被单处或者附加剥夺政治权利；

（三）因过失犯罪，被依法判处三年以上（不含三年）有期徒刑。

因过失犯罪被判处三年以下有期徒刑或者被判处管制、拘役的，一般应当开除党籍。对于个别可以不开除党籍的，应当对照处分违纪党员批准权限的规定，报请再上一级党组织批准。

第三十五条 党员依法受到刑事责任追究的，党组织应当根据司法机关的生效判决、裁定、决定及其认定的事实、性质和情节，依照本条例规定给予党纪处分，是公职人员的由监察机关给予相应政务处分或者由任免机关（单位）给予相应处分。

党员依法受到政务处分、任免机关（单位）给予的处分、行政处罚，应当追究党纪责任的，党组织可以根据生效的处分、行政处罚决定认定的事实、性质和情节，经核实后依照规定给予相应党纪处分或者组织处理。其中，党员依法受到撤职以上处分的，应当依照本条例规定给予撤销党内职务以上处分。

党员违反国家法律法规、企事业单位或者其他社会组织的规章制度受到其他处分，应当追究党纪责任的，党组织在对有关方面认定的事实、性质和情节进行核实后，依照规定给予相应党纪处分或者组织处理。

党组织作出党纪处分或者组织处理决定后，监察机关、司法机关、行政机关等依法改变原生效判决、裁定、决定等，对原党纪处分或者组织处理决定产生影响的，党组织应当根据改变后的生效判决、裁定、决定等重新作出相应处理。

第五章　其他规定

第三十六条　预备党员违犯党纪，情节较轻，可以保留预备党员资格的，党组织应当对其批评教育或者延长预备期；情节较重的，应当取消其预备党员资格。

第三十七条　对违纪后下落不明的党员，应当区别情况作出处理：

（一）对有严重违纪行为，应当给予开除党籍处分的，党组织应当作出决定，开除其党籍；

（二）除前项规定的情况外，下落不明时间超过六个月的，党组织应当按照党章规定对其予以除名。

第三十八条　违纪党员在党组织作出处分决定前死亡，或者在死亡之后发现其曾有严重违纪行为，对于应当给予开除党籍处分的，开除其党籍；对于应当给予留党察看以下处分的，作出违犯党纪的书面结论和相应处理。

第三十九条　违纪行为有关责任人员的区分：

（一）直接责任者，是指在其职责范围内，不履行或者不正确履行自己的职责，对造成的损失或者后果起决定性作用的党员或者党员领导干部；

（二）主要领导责任者，是指在其职责范围内，对主管的工作不履行或者不正确履行职责，对造成的损失或者后果负直接领导责任的党员领导干部；

（三）重要领导责任者，是指在其职责范围内，对应管的工作或者参与决定的工作不履行或者不正确履行职责，对造成的损失或者后果负次要领导责任的党员领导干部。

本条例所称领导责任者，包括主要领导责任者和重要领导责任者。

第四十条　本条例所称主动交代，是指涉嫌违纪的党员在组织谈话函询、初步核实前向有关组织交代自己的问题，或者在谈话函询、初步核实和立案审查期间交代组织未掌握的问题。

第四十一条　担任职级、单独职务序列等级的党员干部违犯党纪受到处分，需要对其职级、单独职务序列等级进行调整的，参照本条例关于党外职务的规定执行。

第四十二条 计算经济损失应当计算立案时已经实际造成的全部财产损失，包括为挽回违纪行为所造成损失而支付的各种开支、费用。立案后至处理前持续发生的经济损失，应当一并计算在内。

第四十三条 对于违纪行为所获得的经济利益，应当收缴或者责令退赔。对于主动上交的违纪所得和经济损失赔偿，应当予以接收，并按照规定收缴或者返还有关单位、个人。

对于违纪行为所获得的职务、职级、职称、学历、学位、奖励、资格等其他利益，应当由承办案件的纪检机关或者由其上级纪检机关建议有关组织、部门、单位按照规定予以纠正。

对于依照本条例第三十七条、第三十八条规定处理的党员，经调查确属其实施违纪行为获得的利益，依照本条规定处理。

第四十四条 党纪处分决定作出后，应当在一个月内向受处分党员所在党的基层组织中的全体党员及其本人宣布，是领导班子成员的还应当向所在党组织领导班子宣布，并按照干部管理权限和组织关系将处分决定材料归入受处分者档案；对于受到撤销党内职务以上处分的，还应当在一个月内办理职务、工资、工作及其他有关待遇等相应变更手续；涉及撤销或者调整其党外职务的，应当建议党外组织及时撤销或者调整其党外职务。特殊情况下，经作出或者批准作出处分决定的组织批准，可以适当延长办理期限。办理期限最长不得超过六个月。

第四十五条 执行党纪处分决定的机关或者受处分党员所在单位，应当在六个月内将处分决定的执行情况向作出或者批准处分决定的机关报告。

党员对所受党纪处分不服的，可以依照党章及有关规定提出申诉。

第四十六条 党员因违犯党纪受到处分，影响期满后，党组织无需取消对其的处分。

第四十七条 本条例所称以上、以下，除有特别标明外均含本级、本数。

第四十八条 本条例总则适用于有党纪处分规定的其他党内法规，但是中共中央发布或者批准发布的其他党内法规有特别规定的除外。

第二编　分　　则

第六章　对违反政治纪律行为的处分

第四十九条 在重大原则问题上不同党中央保持一致且有实际言论、行为或者造成不良后果的，给予警告或者严重警告处分；情节较重的，给予撤销党内职务或者留党察看处分；情节严重的，给予开除党籍处分。

第五十条 通过网络、广播、电视、报刊、传单、书籍等，或者利用讲座、论坛、报告会、座谈会等方式，公开发表坚持资产阶级自由化立场、反对四项基本原则，反对党的改革开放决策的文章、演说、宣言、声明等的，给予开除党籍处分。

发布、播出、刊登、出版前款所列文章、演说、宣言、声明等或者为上述行为提供方便条件的，对直接责任者和领导责任者，给予严重警告或者撤销党内职务处分；情节严重的，给予留党察看或者开除党籍处分。

第五十一条 通过网络、广播、电视、报刊、传单、书籍等，或者利用讲座、论坛、报告会、座谈会等方式，有下列行为之一，情节较轻的，给予警告或者严重警告处分；情节较重的，给予撤销党内职务或者留党察看处分；情节严重的，给予开除党籍处分：

（一）公开发表违背四项基本原则，违背、歪曲党的改革开放决策，或者其他有严重政治问题的文章、演说、宣言、声明等；

（二）妄议党中央大政方针，破坏党的集中统一；

（三）丑化党和国家形象，或者诋毁、诬蔑党和国家领导人、英雄模范，或者歪曲党的历史、中华人民共和国历史、人民军队历史。

发布、播出、刊登、出版前款所列内容或者为上述行为提供方便条件的，对直接责任者和领导责任者，给予严重警告或者撤销党内职务处分；情节严重的，给予留党察看或者开除党籍处分。

第五十二条 制作、贩卖、传播第五十条、第五十一条所列内容之一的报刊、书籍、音像制品、电子读物，以及网络文本、图片、音频、视频资料等，情节较轻的，给予警告或者严重警告处分；情节较重的，给予撤销党内职务或者留党察看处分；情节严重的，给予开除党籍处分。

私自携带、寄递第五十条、第五十一条所列内容之一的报刊、书籍、音像制品、电子读物等入出境，情节较重的，给予警告或者严重警告处分；情节严重的，给予撤销党内职务、留党察看或者开除党籍处分。

私自阅看、浏览、收听第五十条、第五十一条所列内容之一的报刊、书籍、音像制品、电子读物，以及网络文本、图片、音频、视频资料等，情节严重的，给予警告、严重警告或者撤销党内职务处分。

第五十三条 在党内组织秘密集团或者组织其他分裂党的活动的，给予开除党籍处分。

参加秘密集团或者参加其他分裂党的活动的，给予留党察看或者开除党籍处分。

第五十四条 在党内搞团团伙伙、结党营私、拉帮结派、政治攀附、培植个人势力等非组织活动，或者通过搞利益交换、为自己营造声势等活动捞取政治资本的，给予严重警告或者撤销党内职务处分；导致本地区、本部门、本单位政治生态恶化的，给予留党察看或者开除党籍处分。

第五十五条 搞投机钻营，结交政治骗子或者被政治骗子利用的，给予严重警告或者撤销党内职务处分；情节严重的，给予留党察看或者开除党籍处分。

充当政治骗子的，给予撤销党内职务、留党察看或者开除党籍处分。

第五十六条 党员领导干部在本人主政的地方或者分管的部门自行其是，搞山头主义，拒不执行党中央确定的大政方针，甚至背着党中央另搞一套的，给予撤销党内职务、留党察看或者开除党籍处分。

贯彻党中央决策部署只表态不落实，或者落实党中央决策部署不坚决，打折扣、搞变通，在政治上造成不良影响或者严重后果的，给予警告或者严重警告处分；情节严重的，给予撤销党内职务、留党察看或者开除党籍处分。

不顾党和国家大局，搞部门或者地方保护主义的，依照前款规定处理。

第五十七条 党员领导干部政绩观错位，违背新发展理念、背离高质量发展要求，给党、国家和人民利益造成较大损失的，给予警告或者严重警告处分；情节较重的，给予撤销党内职务或者留党察看处分；情节严重的，给予开除党籍处分。

搞劳民伤财的“形象工程”、“政绩工程”的，从重或者加重处分。

第五十八条 对党不忠诚不老实，表里不一，阳奉阴违，欺上瞒下，搞两面派，做两面人，在政治上造成不良影响的，给予警告或者严重警告处分；情节较重的，给予撤销党内职务或者留党察看处分；情节严重的，给予开除党籍处分。

第五十九条 制造、散布、传播政治谣言，破坏党的团结统一的，给予警告或者严重警告处分；情节较重的，给予撤销党内职务或者留党察看处分；情节严重的，给予开除党籍处分。

政治品行恶劣，匿名诬告，有意陷害或者制造其他谣言，造成损害或者不良影响的，依照前款规定处理。

第六十条 擅自对应当由党中央决定的重大政策问题作出决定、对外发表主张的，对直接责任者和领导责任者，给予严重警告或者撤销党内职务处分；情节严重的，给予留党察看或者开除党籍处分。

第六十一条 不按照有关规定向组织请示、报告重大事项，对直接责任者和领导责任者，情节较重的，给予警告或者严重警告处分；情节严重的，给予撤销党内职务或者留党察看处分。

第六十二条 干扰巡视巡察工作或者不落实巡视巡察整改要求，对直接责任者和领导责任者，情节较轻的，给予警告或者严重警告处分；情节较重的，给予撤销党内职务或者留党察看处分；情节严重的，给予开除党籍处分。

第六十三条 对抗组织审查，有下列行为之一的，给予警告或者严重警告处分；情节较重的，给予撤销党内职务或者留党察看处分；情节严重的，给予开除党籍处分：

（一）串供或者伪造、销毁、转移、隐匿证据；

（二）阻止他人揭发检举、提供证据材料；

（三）包庇同案人员；

（四）向组织提供虚假情况，掩盖事实；

（五）其他对抗组织审查行为。

第六十四条 组织、参加反对党的基本理论、基本路线、基本方略或者重大方针政策的集会、游行、示威等活动的，或者以组织讲座、论坛、报告会、座谈会等方式，反对党的基本理论、基本路线、基本方略或者重大方针政策，造成严重不良影响的，对策划者、组织者和骨干分子，给予开除党籍处分。

对其他参加人员或者以提供信息、资料、财物、场地等方式支持上述活动者，情节较轻的，给予警告或者严重警告处分；情节较重的，给予撤销党内职务或者留党察看处分；情节严重的，给予开除党籍处分。

对不明真相被裹挟参加，经批评教育后确有悔改表现的，可以免予处分或者不予处分。

未经组织批准参加其他集会、游行、示威等活动，情节较轻的，给予警告或者严重警告处分；情节较重的，给予撤销党内职务或者留党察看处分；情节严重的，给予开除党籍处分。

第六十五条 组织、参加旨在反对党的领导、反对社会主义制度或者敌视政府等组织的，对策划者、组织者和骨干分子，给予开除党籍处分。

对其他参加人员，情节较轻的，给予警告或者严重警告处分；情节较重的，给予撤销党内职务或者留党察看处分；情节严重的，给予开除党籍处分。

第六十六条 组织、参加会道门或者邪教组织的，对策划者、组织者和骨干分子，给予开除党籍处分。

对其他参加人员，情节较轻的，给予警告或者严重警告处分；情节较重的，给予撤销党内职务或者留党察看处分；情节严重的，给予开除党籍处分。

对不明真相的参加人员，经批评教育后确有悔改表现的，可以免予处分或者不予处分。

第六十七条 从事、参与挑拨破坏民族关系制造事端或者参加民族分裂活动的，对策划者、组织者和骨干分子，给予开除党籍处分。

对其他参加人员，情节较轻的，给予警告或者严重警告处分；情节较重的，给予撤销党内职务或者留党察看处分；情节严重的，给予开除党籍处分。

对不明真相被裹挟参加，经批评教育后确有悔改表现的，可以免予处分或者不予处分。

有其他违反党和国家民族政策的行为，情节较轻的，给予警告或者严重警告处分；情节较重的，给予撤销党内职务或者留党察看处分；情节严重的，给予开除党籍处分。

第六十八条 组织、利用宗教活动反对党的理论、路线、方针、政策和决议，破坏民族团结的，对策划者、组织者和骨干分子，给予开除党籍处分。

对其他参加人员，给予撤销党内职务或者留党察看处分；情节严重的，给予开除党籍处分。

对不明真相被裹挟参加，经批评教育后确有悔改表现的，可以免予处分或者不予处分。

有其他违反党和国家宗教政策的行为，情节较轻的，给予警告或者严重警告处分；情节较重的，给予撤销党内职务或者留党察看处分；情节严重的，给予开除党籍处分。

第六十九条 对信仰宗教的党员，应当加强思想教育，要求其限期改正；经党组织帮助教育仍没有转变的，应当劝其退党；劝而不退的，予以除名；参与利用宗教搞煽动活动的，给予开除党籍处分。

第七十条 组织迷信活动的，给予撤销党内职务或者留党察看处分；情节严重的，给予开除党籍处分。

参加迷信活动或者个人搞迷信活动，造成不良影响的，给予警告或者严重警告处分；情节较重的，给予撤销党内职务或者留党察看处分；情节严重的，给予开除党籍处分。

对不明真相的参加人员，经批评教育后确有悔改表现的，可以免予处分或者不予处分。

第七十一条 组织、利用宗族势力对抗党和政府，妨碍党和国家的方针政策以及决策部署的实施，或者破坏党的基层组织建设的，对策划者、组织者和骨干分子，给予开除党籍处分。

对其他参加人员，给予撤销党内职务或者留党察看处分；情节严重的，给予开除党籍处分。

对不明真相被裹挟参加，经批评教育后确有悔改表现的，可以免予处分或者不予处分。

第七十二条 在国（境）外、外国驻华使（领）馆申请政治避难，或者违纪后逃往国（境）外、外国驻华使（领）馆的，给予开除党籍处分。

在国（境）外公开发表反对党和政府的文章、演说、宣言、声明等的，依照前款规定处理。

故意为上述行为提供方便条件的，给予留党察看或者开除党籍处分。

第七十三条 在涉外活动中，其言行在政治上造成恶劣影响，损害党和国家尊严、利益的，给予撤销党内职务或者留党察看处分；情节严重的，给予开除党籍处分。

第七十四条 不履行全面从严治党主体责任、监督责任或者履行全面从严治党主体责任、监督责任不力，给党组织造成严重损害或者严重不良影响的，对直接责任者和领导责任者，给予警告或者严重警告处分；情节严重的，给予撤销党内职务或者留党察看处分。

第七十五条 党员领导干部对违反政治纪律和政治规矩等错误思想和行为不报告、不抵制、不斗争，放任不管，搞无原则一团和气，造成不良影响的，给予警告或者严重警告处分；情节严重的，给予撤销党内职务或者留党察看处分。

第七十六条 违反党的优良传统和工作惯例等党的规矩，在政治上造成不良影响或者严重后果的，给予警告或者严重警告处分；情节较重的，给予撤销党内职务或者留党察看处分；情节严重的，给予开除党籍处分。

第七章 对违反组织纪律行为的处分

第七十七条 违反民主集中制原则，有下列行为之一的，给予警告或者严重警告处分；情节严重的，给予撤销党内职务或者留党察看处分：

（一）拒不执行或者擅自改变党组织作出的重大决定；

（二）违反议事规则，个人或者少数人决定重大问题；

（三）故意规避集体决策，决定重大事项、重要干部任免、重要项目安排和大额资金使用；

（四）借集体决策名义集体违规。

第七十八条 下级党组织拒不执行或者擅自改变上级党组织决定的，对直接责任者和领导责任者，给予警告或者严重警告处分；情节严重的，给予撤销党内职务或者留党察看处分。

第七十九条 拒不执行党组织的分配、调动、交流等决定的，给予警告、严重警告或者撤销党内职务处分。

在特殊时期或者紧急状况下，拒不执行党组织上述决定的，给予留党察看或者开除党籍处分。

第八十条 在党组织纪律审查中，依法依规负有作证义务的党员拒绝作证或者故意提供虚假情况，情节较重的，给予警告或者严重警告处分；情节严重的，给予撤销党内职务、留党察看或者开除党籍处分。

第八十一条 有下列行为之一，情节较重的，给予警告或者严重警告处分：

（一）违反个人有关事项报告规定，隐瞒不报；

（二）在组织进行谈话函询时，不如实向组织说明问题；

（三）不按要求报告或者不如实报告个人去向；

（四）不如实填报个人档案资料。

有前款第二项规定的行为，同时向组织提供虚假情况、掩盖事实的，依照本条例第六十三条规定处理。

篡改、伪造个人档案资料的，给予严重警告处分；情节严重的，给予撤销党内职务或者留党察看处分。

隐瞒入党前严重错误的，一般应当予以除名；对入党多年且一贯表现好，或者在工作中作出突出贡献的，给予严重警告、撤销党内职务或者留党察看处分。

第八十二条 党员领导干部违反有关规定组织、参加自发成立的老乡会、校友会、战友会等，情节严重的，给予警告、严重警告或者撤销党内职务处分。

第八十三条 有下列行为之一的，给予警告或者严重警告处分；情节较重的，给予撤销党内职务或者留党察看处分；情节严重的，给予开除党籍处分：

（一）在民主推荐、民主测评、组织考察和党内选举中搞拉票、助选等非组织活动；

（二）在法律规定的投票、选举活动中违背组织原则搞非组织活动，组织、怂恿、诱使他人投票、表决；

（三）在选举中进行其他违反党章、其他党内法规和有关章程活动。

搞有组织的拉票贿选，或者用公款拉票贿选的，从重或者加重处分。

第八十四条 在干部选拔任用工作中，有任人唯亲、排斥异己、封官许愿、说情干预、跑官要官、突击提拔或者调整干部等违反干部选拔任用规定行为，对直接责任者和领导责任者，情节较轻的，给予警告或者严重警告处分；情节较重的，给予撤销党内职务或者留党察看处分；情节严重的，给予开除党籍处分。

用人失察失误造成严重后果的，对直接责任者和领导责任者，依照前款规定处理。

第八十五条 在推进领导干部能上能下工作中，搞好人主义，有下列行为之一，对直接责任者和领导责任者，情节较重的，给予警告或者严重警告处分；情节严重的，给予撤销党内职务或者留党察看处分：

（一）以党纪政务等处分规避组织调整；

（二）以组织调整代替党纪政务等处分；

（三）其他避重就轻作出处理行为。

第八十六条 在干部、职工的录用、考核、职务职级晋升、职称评聘、荣誉表彰，授予学术称号和征兵、安置退役军人等工作中，隐瞒、歪曲事实真相，或者利用职权或者职务上的影响违反有关规定为本人或者其他人谋取利益的，给予警告或者严重警告处分;情节较重的,给予撤销党内职务或者留党察看处分;情节严重的,给予开除党籍处分。

弄虚作假,骗取职务、职级、职称、待遇、资格、学历、学位、荣誉、称号或者其他利益的,依照前款规定处理。

第八十七条 侵犯党员的表决权、选举权和被选举权,情节较重的,给予警告或者严重警告处分;情节严重的,给予撤销党内职务处分。

以强迫、威胁、欺骗、拉拢等手段,妨害党员自主行使表决权、选举权和被选举权的,给予撤销党内职务、留党察看或者开除党籍处分。

第八十八条 有下列行为之一的,对直接责任者和领导责任者,给予警告或者严重警告处分;情节较重的,给予撤销党内职务或者留党察看处分;情节严重的,给予开除党籍处分:

(一)对批评、检举、控告进行阻挠、压制,或者将批评、检举、控告材料私自扣压、销毁,或者故意将其泄露给他人;

(二)对党员的申辩、辩护、作证等进行压制,造成不良后果;

(三)压制党员申诉,造成不良后果,或者不按照有关规定处理党员申诉;

(四)其他侵犯党员权利行为,造成不良后果。

对批评人、检举人、控告人、证人及其他人员打击报复的,从重或者加重处分。

第八十九条 违反党章和其他党内法规的规定,采取弄虚作假或者其他手段把不符合党员条件的人发展为党员,或者为非党员出具党员身份证明的,对直接责任者和领导责任者,给予警告或者严重警告处分;情节严重的,给予撤销党内职务处分。

违反有关规定程序发展党员的,对直接责任者和领导责任者,依照前款规定处理。

第九十条 违反有关规定取得外国国籍或者获取国(境)外永久居留资格、长期居留许可的,给予撤销党内职务、留党察看或者开除党籍处分。

第九十一条 违反有关规定办理因私出国(境)证件、前往港澳通行证,或者未经批准出入国(边)境,情节较轻的,给予警告或者严重警告处分;情节较重的,给予撤销党内职务或者留党察看处分;情节严重的,给予开除党籍处分。

虽经批准因私出国(境)但存在擅自变更路线、无正当理由超期未归等超出批准范围出国(境)行为,情节较重的,给予警告或者严重警告处分;情节严重的,给予撤销党内职务处分。

第九十二条 驻外机构或者临时出国(境)团(组)中的党员擅自脱离组织,或者从事外事、机要、军事等工作的党员违反有关规定同国(境)外机构、人员联系和交往的，给予警告、严重警告或者撤销党内职务处分。

第九十三条 驻外机构或者临时出国（境）团（组）中的党员，脱离组织出走时间不满六个月又自动回归的，给予撤销党内职务或者留党察看处分；脱离组织出走时间超过六个月的，按照自行脱党处理，党内予以除名。

故意为他人脱离组织出走提供方便条件的，给予警告、严重警告或者撤销党内职务处分。

第八章 对违反廉洁纪律行为的处分

第九十四条 党员干部必须正确行使人民赋予的权力，清正廉洁，反对特权思想和特权现象，反对任何滥用职权、谋求私利的行为。

利用职权或者职务上的影响为他人谋取利益，本人的配偶、子女及其配偶等亲属和其他特定关系人收受对方财物，情节较重的，给予警告或者严重警告处分；情节严重的，给予撤销党内职务、留党察看或者开除党籍处分。

第九十五条 相互利用职权或者职务上的影响为对方及其配偶、子女及其配偶等亲属、身边工作人员和其他特定关系人谋取利益搞权权交易的，给予警告或者严重警告处分；情节较重的，给予撤销党内职务或者留党察看处分；情节严重的，给予开除党籍处分。

第九十六条 纵容、默许配偶、子女及其配偶等亲属、身边工作人员和其他特定关系人利用党员干部本人职权或者职务上的影响谋取私利，情节较轻的，给予警告或者严重警告处分；情节较重的，给予撤销党内职务或者留党察看处分；情节严重的，给予开除党籍处分。

党员干部的配偶、子女及其配偶等亲属和其他特定关系人不实际工作而获取薪酬或者虽实际工作但领取明显超出同职级标准薪酬，党员干部知情未予纠正的，依照前款规定处理。

第九十七条 收受可能影响公正执行公务的礼品、礼金、消费卡（券）和有价证券、股权、其他金融产品等财物，情节较轻的，给予警告或者严重警告处分；情节较重的，给予撤销党内职务或者留党察看处分；情节严重的，给予开除党籍处分。

收受其他明显超出正常礼尚往来的财物的，依照前款规定处理。

第九十八条 向从事公务的人员及其配偶、子女及其配偶等亲属和其他特定关系人赠送明显超出正常礼尚往来的礼品、礼金、消费卡（券）和有价证券、股权、其他金融产品等财物，情节较重的，给予警告或者严重警告处分；情节严重的，给予撤销党内职务或者留党察看处分。

以讲课费、课题费、咨询费等名义变相送礼的，依照前款规定处理。

第九十九条 借用管理和服务对象的钱款、住房、车辆等，可能影响公正执行公务，情节较重的，给予警告或者严重警告处分；情节严重的，给予撤销党内职务、留党察看或者开除党籍处分。

通过民间借贷等金融活动获取大额回报，可能影响公正执行公务的，依照前款规定处理。

第一百条 利用职权或者职务上的影响操办婚丧喜庆事宜，造成不良影响的，给予警告或者严重警告处分；情节严重的，给予撤销党内职务处分；借机敛财或者有其他侵犯国家、集体和人民利益行为的，从重或者加重处分，直至开除党籍。

第一百零一条 接受、提供可能影响公正执行公务的宴请或者旅游、健身、娱乐等活动安排，情节较重的，给予警告或者严重警告处分；情节严重的，给予撤销党内职务或者留党察看处分。

第一百零二条 违反有关规定取得、持有、实际使用运动健身卡、会所和俱乐部会员卡、高尔夫球卡等各种消费卡（券），或者违反有关规定出入私人会所，情节较重的，给予警告或者严重警告处分；情节严重的，给予撤销党内职务或者留党察看处分。

第一百零三条 违反有关规定从事营利活动，有下列行为之一，情节较轻的，给予警告或者严重警告处分；情节较重的，给予撤销党内职务或者留党察看处分；情节严重的，给予开除党籍处分：

（一）经商办企业；

（二）拥有非上市公司（企业）的股份或者证券；

（三）买卖股票或者进行其他证券投资；

（四）从事有偿中介活动；

（五）在国（境）外注册公司或者投资入股；

（六）其他违反有关规定从事营利活动的行为。

利用参与企业重组改制、定向增发、兼并投资、土地使用权出让等工作中掌握的信息买卖股票，利用职权或者职务上的影响通过购买信托产品、基金等方式非正常获利的，依照前款规定处理。

违反有关规定在经济组织、社会组织等单位中兼职，或者经批准兼职但获取薪酬、奖金、津贴等额外利益的，依照第一款规定处理。

第一百零四条 利用职权或者职务上的影响，为配偶、子女及其配偶等亲属和其他特定关系人在审批监管、资源开发、金融信贷、大宗采购、土地使用权出让、房地产开发、工程招投标以及公共财政收支等方面谋取利益，情节较轻的，给予警告或者严重警告处分；情节较重的，给予撤销党内职务或者留党察看处分；情节严重的，给予开除党籍处分。

利用职权或者职务上的影响，为配偶、子女及其配偶等亲属和其他特定关系人吸收存款、推销金融产品、经营名贵特产类特殊资源等提供帮助谋取利益的，依照前款规定处理。

第一百零五条 离职或者退（离）休后违反有关规定接受原任职务管辖的地区和业务范围内或者与原工作业务直接相关的企业和中介机构等单位的聘用，或者个人从事与原任职务管辖业务或者与原工作业务直接相关的营利活动，情节较轻的，给予警告或者严重警告处分；情节较重的，给予撤销党内职务处分；情节严重的，给予留党察看处分。

党员领导干部离职或者退（离）休后违反有关规定担任上市公司、基金管理公司独立董事、独立监事等职务，情节较轻的，给予警告或者严重警告处分；情节较重的，给予撤销党内职务处分；情节严重的，给予留党察看处分。

第一百零六条 离职或者退（离）休后利用原职权或者职务上的影响，为配偶、子女及其配偶等亲属和其他特定关系人从事经营活动谋取利益，情节较轻的，给予警告或者严重警告处分；情节较重的，给予撤销党内职务或者留党察看处分；情节严重的，给予开除党籍处分。

离职或者退（离）休后利用原职权或者职务上的影响为他人谋取利益，本人的配偶、子女及其配偶等亲属和其他特定关系人收受对方财物，情节较重的，给予警告或者严重警告处分；情节严重的，给予撤销党内职务、留党察看或者开除党籍处分。

第一百零七条 党员领导干部的配偶、子女及其配偶，违反有关规定在该党员领导干部管辖的地区和业务范围内从事可能影响其公正执行公务的经营活动，或者有其他违反经商办企业禁业规定行为的，该党员领导干部应当按照规定予以纠正；拒不纠正的，其本人应当辞去现任职务或者由组织予以调整职务；不辞去现任职务或者不服从组织调整职务的，给予撤销党内职务处分。

第一百零八条 党和国家机关违反有关规定经商办企业的，对直接责任者和领导责任者，给予警告或者严重警告处分；情节严重的，给予撤销党内职务处分。

第一百零九条 党员领导干部违反工作、生活保障制度，在交通、医疗、警卫等方面为本人、配偶、子女及其配偶等亲属、身边工作人员和其他特定关系人谋求特殊待遇，情节较重的，给予警告或者严重警告处分；情节严重的，给予撤销党内职务或者留党察看处分。

第一百一十条 在分配、购买住房中侵犯国家、集体利益，情节较轻的，给予警告或者严重警告处分；情节较重的，给予撤销党内职务或者留党察看处分；情节严重的，给予开除党籍处分。

第一百一十一条 利用职权或者职务上的影响，侵占非本人经管的公私财物，或者以象征性地支付钱款等方式侵占公私财物，或者无偿、象征性地支付报酬接受服务、使用劳务，情节较轻的，给予警告或者严重警告处分；情节较重的，给予撤销党内职务或者留党察看处分；情节严重的，给予开除党籍处分。

利用职权或者职务上的影响，将应当由本人、配偶、子女及其配偶等亲属、身边工作人员和其他特定关系人个人支付的费用，由下属单位、其他单位或者他人支付、报销的，依照前款规定处理。

第一百一十二条 利用职权或者职务上的影响，违反有关规定占用公物归个人使用，时间超过六个月，情节较重的，给予警告或者严重警告处分；情节严重的，给予撤销党内职务处分。

占用公物进行营利活动的，给予警告或者严重警告处分；情节较重的，给予撤销党内职务或者留党察看处分；情节严重的，给予开除党籍处分。

将公物借给他人进行营利活动的，依照前款规定处理。

第一百一十三条 违反有关规定组织、参加用公款支付的宴请、娱乐、健身活动，或者用公款购买赠送或者发放礼品、消费卡（券）等，对直接责任者和领导责任者，情节较轻的，给予警告或者严重警告处分；情节较重的，给予撤销党内职务或者留党察看处分；情节严重的，给予开除党籍处分。

第一百一十四条 违反有关规定自定薪酬或者滥发津贴、补贴、奖金、福利等，对直接责任者和领导责任者，情节较轻的，给予警告或者严重警告处分；情节较重的，给予撤销党内职务或者留党察看处分；情节严重的，给予开除党籍处分。

第一百一十五条 有下列行为之一，对直接责任者和领导责任者，情节较轻的，给予警告或者严重警告处分；情节较重的，给予撤销党内职务或者留党察看处分；情节严重的，给予开除党籍处分：

（一）公款旅游或者以学习培训、考察调研、职工疗养等为名变相公款旅游；

（二）改变公务行程，借机旅游；

（三）参加所管理企业、下属单位组织的考察活动，借机旅游。

以考察、学习、培训、研讨、招商、参展等名义变相用公款出国（境）旅游的，对直接责任者和领导责任者，依照前款规定处理。

第一百一十六条 违反接待管理规定，超标准、超范围接待或者借机大吃大喝，对直接责任者和领导责任者，情节较重的，给予警告或者严重警告处分；情节严重的，给予撤销党内职务处分。

第一百一十七条 违反有关规定配备、购买、更换、装饰、使用公务交通工具或者有其他违反公务交通工具管理规定的行为，对直接责任者和领导责任者，情节较重的，给予警告或者严重警告处分；情节严重的，给予撤销党内职务或者留党察看处分。

第一百一十八条 违反会议活动管理规定,有下列行为之一,对直接责任者和领导责任者,情节较重的,给予警告或者严重警告处分;情节严重的,给予撤销党内职务处分:

(一)到禁止召开会议的风景名胜区开会;

(二)决定或者批准举办各类节会、庆典活动;

(三)其他违反会议活动管理规定行为。

擅自举办评比达标表彰、创建示范活动或者借评比达标表彰、创建示范活动收取费用的,对直接责任者和领导责任者,依照前款规定处理。

第一百一十九条 违反办公用房管理等规定,有下列行为之一,对直接责任者和领导责任者,情节较重的,给予警告或者严重警告处分;情节严重的,给予撤销党内职务处分:

(一)决定或者批准兴建、装修办公楼、培训中心等楼堂馆所;

(二)超标准配备、使用办公用房;

(三)未经批准租用、借用办公用房;

(四)用公款包租、占用客房或者其他场所供个人使用;

(五)其他违反办公用房管理等规定行为。

第一百二十条 搞权色交易或者给予财物搞钱色交易的,给予警告或者严重警告处分;情节较重的,给予撤销党内职务或者留党察看处分;情节严重的,给予开除党籍处分。

第一百二十一条 有其他违反廉洁纪律规定行为的,应当视具体情节给予警告直至开除党籍处分。

第九章 对违反群众纪律行为的处分

第一百二十二条 有下列行为之一,对直接责任者和领导责任者,情节较轻的,给予警告或者严重警告处分;情节较重的,给予撤销党内职务或者留党察看处分;情节严重的,给予开除党籍处分:

(一)超标准、超范围向群众筹资筹劳、摊派费用,加重群众负担;

(二)违反有关规定扣留、收缴群众款物或者处罚群众;

(三)克扣群众财物,或者违反有关规定拖欠群众钱款;

(四)在管理、服务活动中违反有关规定收取费用;

(五)在办理涉及群众事务时刁难群众、吃拿卡要;

(六)其他侵害群众利益行为。

在乡村振兴领域有上述行为的,从重或者加重处分。

第一百二十三条 干涉生产经营自主权,致使群众财产遭受较大损失的,对直接责任者和领导责任者,给予警告或者严重警告处分;情节严重的,给予撤销党内职务或者留党察看处分。

第一百二十四条 在社会保障、社会救助、政策扶持、救灾救济款物分配等事项中优亲厚友、明显有失公平的,给予警告或者严重警告处分;情节较重的,给予撤销党内职务或者留党察看处分;情节严重的,给予开除党籍处分。

第一百二十五条 利用宗族或者黑恶势力等欺压群众,或者纵容涉黑涉恶活动、为黑恶势力充当“保护伞”的,给予撤销党内职务或者留党察看处分;情节严重的,给予开除党籍处分。

第一百二十六条 有下列行为之一,对直接责任者和领导责任者,情节较重的,给予警告或者严重警告处分;情节严重的,给予撤销党内职务或者留党察看处分:

(一)对涉及群众生产、生活等切身利益的问题依照政策或者有关规定能解决而不及时解决,庸懒无为、效率低下,造成不良影响;

(二)对符合政策的群众诉求消极应付、推诿扯皮,损害党群、干群关系;

(三)对待群众态度恶劣、简单粗暴,造成不良影响;

(四)弄虚作假,欺上瞒下,损害群众利益;

(五)其他不作为、乱作为、慢作为、假作为等损害群众利益行为。

第一百二十七条 遇到国家财产和群众生命财产受到严重威胁时,能救而不救,情节较重的,给予警告、严重警告或者撤销党内职务处分;情节严重的,给予留党察看或者开除党籍处分。

第一百二十八条 不按照规定公开党务、政务、厂务、村(居)务等,侵犯群众知情权,对直接责任者和领导责任者,情节较重的,给予警告或者严重警告处分;情节严重的,给予撤销党内职务或者留党察看处分。

第一百二十九条 有其他违反群众纪律规定行为的,应当视具体情节给予警告直至开除党籍处分。

第十章 对违反工作纪律行为的处分

第一百三十条 工作中不负责任或者疏于管理,贯彻执行、检查督促落实上级决策部署不力,给党、国家和人民利益以及公共财产造成较大损失的,对直接责任者和领导责任者,给予警告或者严重警告处分;造成重大损失的,给予撤销党内职务、留党察看或者开除党籍处分。

党员领导干部对于到任前已经存在且属于其职责范围内的问题,消极回避、推卸责任,造成严重损害或者严重不良影响的,依照前款规定处理。

第一百三十一条 工作中不敢斗争、不愿担当,面对重大矛盾冲突、危机困难临阵退缩,造成不良影响或者严重后果的,给予警告或者严重警告处分;情节严重的，给予撤销党内职务、留党察看或者开除党籍处分。

第一百三十二条 有下列行为之一，造成严重损害或者严重不良影响的，对直接责任者和领导责任者，给予警告或者严重警告处分；情节较重的，给予撤销党内职务或者留党察看处分；情节严重的，给予开除党籍处分：

（一）热衷于搞舆论造势、浮在表面；

（二）单纯以会议贯彻会议、以文件落实文件，在实际工作中不见诸行动；

（三）脱离实际，不作深入调查研究，搞随意决策、机械执行；

（四）违反精文减会有关规定搞文山会海；

（五）在督查检查考核等工作中搞层层加码、过度留痕，增加基层工作负担；

（六）工作中其他形式主义、官僚主义行为。

第一百三十三条 在公务活动用餐、单位食堂用餐管理工作中不履行或者不正确履行宣传教育、监督管理职责，导致餐饮浪费，造成严重不良影响的，对直接责任者和领导责任者，给予警告或者严重警告处分；情节严重的，给予撤销党内职务处分。

第一百三十四条 在机构编制工作中，有下列行为之一，造成不良影响或者严重后果的，对直接责任者和领导责任者，给予警告或者严重警告处分；情节较重的，给予撤销党内职务或者留党察看处分；情节严重的，给予开除党籍处分：

（一）擅自超出"三定"规定范围调整职责、设置机构、核定领导职数和配备人员；

（二）违规干预地方机构设置；

（三）其他违反机构编制管理规定行为。

第一百三十五条 在信访工作中，有下列行为之一，造成不良影响或者严重后果的，对直接责任者和领导责任者，给予警告或者严重警告处分；情节较重的，给予撤销党内职务或者留党察看处分；情节严重的，给予开除党籍处分：

（一）不按照规定受理、办理信访事项；

（二）对规模性集体访等处置不力，导致事态扩大；

（三）对党委和政府信访部门提出的改进工作、完善政策等建议重视不够、落实不力，导致问题长期得不到解决；

（四）其他不履行或者不正确履行信访工作职责行为。

不履行或者不正确履行职责，导致信访事项发生，造成不良影响或者严重后果的，对直接责任者和领导责任者，依照前款规定处理。

第一百三十六条 党组织有下列行为之一，对直接责任者和领导责任者，情节较重的，给予警告或者严重警告处分；情节严重的，给予撤销党内职务或者留党察看处分：

（一）党员被立案审查期间，擅自批准其出差、出国（境）、辞职，或者对其交流、提拔职务、晋升职级、进一步使用、奖励，或者办理退休手续；

（二）党员被依法追究刑事责任后，不按照规定给予党纪处分，或者对党员违反国家法律法规的行为，应当给予党纪处分而不处分；

（三）党纪处分决定或者申诉复查决定作出后，不按照规定落实决定中关于被处分人党籍、职务、职级、待遇等事项；

（四）党员受到党纪处分后，不按照干部管理权限和组织关系对受处分党员开展日常教育、管理和监督工作。

第一百三十七条 滥用问责，或者在问责工作中严重不负责任，造成不良影响的，对直接责任者和领导责任者，给予警告或者严重警告处分；情节严重的，给予撤销党内职务处分。

第一百三十八条 因工作不负责任致使所管理的人员叛逃的，对直接责任者和领导责任者，给予警告或者严重警告处分；情节严重的，给予撤销党内职务处分。

因工作不负责任致使所管理的人员出逃、出走，对直接责任者和领导责任者，情节较重的，给予警告或者严重警告处分；情节严重的，给予撤销党内职务处分。

第一百三十九条 进行统计造假，对直接责任者和领导责任者，情节较轻的，给予警告或者严重警告处分；情节较重的，给予撤销党内职务或者留党察看处分；情节严重的，给予开除党籍处分。

对统计造假失察，造成严重后果的，对直接责任者和领导责任者，给予警告或者严重警告处分；情节严重的，给予撤销党内职务、留党察看或者开除党籍处分。

第一百四十条 在上级检查、视察工作或者向上级汇报、报告工作时对应当报告的事项不报告或者不如实报告，造成严重损害或者严重不良影响的，对直接责任者和领导责任者，给予警告或者严重警告处分；情节严重的，给予撤销党内职务或者留党察看处分。

在上级检查、视察工作或者向上级汇报、报告工作时纵容、唆使、暗示、强迫下级说假话、报假情的，从重或者加重处分。

第一百四十一条 违反有关规定干预和插手市场经济活动，有下列行为之一，情节较轻的，给予警告或者严重警告处分；情节较重的，给予撤销党内职务或者留党察看处分；情节严重的，给予开除党籍处分：

（一）干预和插手建设工程项目承发包、土地使用权出让、政府采购、房地产开发与经营、矿产资源开发利用、中介机构服务等活动；

（二）干预和插手国有企业重组改制、兼并、破产、产权交易、清产核资、资产评估、资产转让、重大项目投资以及其他重大经营活动等事项；

（三）干预和插手批办各类行政许可和资金借贷等事项；

（四）干预和插手经济纠纷；

（五）干预和插手集体资金、资产和资源的使用、分配、承包、租赁等事项。

第一百四十二条 违反有关规定干预和插手司法活动、执纪执法活动，向有关地方或者部门打听案情、打招呼、说情，或者以其他方式对司法活动、执纪执法活动施加影响，情节较轻的，给予严重警告处分；情节较重的，给予撤销党内职务或者留党察看处分；情节严重的，给予开除党籍处分。

违反有关规定干预和插手公共财政资金分配、项目立项评审、功勋荣誉表彰奖励等活动，造成重大损失或者不良影响的，依照前款规定处理。

第一百四十三条 按照有关规定对干预和插手行为负有报告和登记义务的受请托人，不按照规定报告或者登记，情节较重的，给予警告或者严重警告处分；情节严重的，给予撤销党内职务处分。

第一百四十四条 泄露、扩散或者打探、窃取党组织关于干部选拔任用、纪律审查、巡视巡察等尚未公开事项或者其他应当保密的内容的，给予警告或者严重警告处分；情节较重的，给予撤销党内职务或者留党察看处分；情节严重的，给予开除党籍处分。

私自留存涉及党组织关于干部选拔任用、纪律审查、巡视巡察等方面资料，情节较重的，给予警告或者严重警告处分；情节严重的，给予撤销党内职务处分。

第一百四十五条 在考试、录取工作中，有泄露试题、考场舞弊、涂改考卷、违规录取等违反有关规定行为的，给予警告或者严重警告处分；情节较重的，给予撤销党内职务或者留党察看处分；情节严重的，给予开除党籍处分。

第一百四十六条 以不正当方式谋求本人或者其他人用公款出国（境），情节较轻的，给予警告处分；情节较重的，给予严重警告处分；情节严重的，给予撤销党内职务处分。

第一百四十七条 临时出国（境）团（组）或者人员中的党员，擅自延长在国（境）外期限，或者擅自变更路线的，对直接责任者和领导责任者，给予警告或者严重警告处分；情节严重的，给予撤销党内职务处分。

第一百四十八条 驻外机构或者临时出国（境）团（组）中的党员，触犯驻在国家、地区的法律、法令或者不尊重驻在国家、地区的宗教习俗，情节较重的，给予警告或者严重警告处分；情节严重的，给予撤销党内职务、留党察看或者开除党籍处分。

第一百四十九条 在党的纪律检查、组织、宣传、统一战线工作以及机关工作等其他工作中，不履行或者不正确履行职责，造成损失或者不良影响的，应当视具体情节给予警告直至开除党籍处分。

第十一章 对违反生活纪律行为的处分

第一百五十条 生活奢靡、铺张浪费、贪图享乐、追求低级趣味，造成不良影响的，给予警告或者严重警告处分；情节严重的，给予撤销党内职务处分。

第一百五十一条 与他人发生不正当性关系，造成不良影响的，给予警告或者严重警告处分；情节较重的，给予撤销党内职务或者留党察看处分；情节严重的，给予开除党籍处分。

利用职权、教养关系、从属关系或者其他相类似关系与他人发生性关系的，从重处分。

第一百五十二条 党员领导干部不重视家风建设，对配偶、子女及其配偶失管失教，造成不良影响或者严重后果的，给予警告或者严重警告处分；情节严重的，给予撤销党内职务处分。

第一百五十三条 违背社会公序良俗，在公共场所、网络空间有不当言行，造成不良影响的，给予警告或者严重警告处分；情节较重的，给予撤销党内职务或者留党察看处分；情节严重的，给予开除党籍处分。

第一百五十四条 有其他严重违反社会公德、家庭美德行为的，应当视具体情节给予警告直至开除党籍处分。

第三编 附 则

第一百五十五条 各省、自治区、直辖市党委可以根据本条例，结合各自工作的实际情况，制定单项实施规定。

第一百五十六条 中央军事委员会可以根据本条例，结合中国人民解放军和中国人民武装警察部队的实际情况，制定补充规定或者单项规定。

第一百五十七条 本条例由中央纪委负责解释。

第一百五十八条 本条例自 2024 年 1 月 1 日起施行。

本条例施行前，已结案的案件如需进行复查复议，适用当时的规定或者政策。尚未结案的案件，如果行为发生时的规定或者政策不认为是违纪，而本条例认为是违纪的，依照当时的规定或者政策处理；如果行为发生时的规定或者政策认为是违纪的，依照当时的规定或者政策处理，但是如果本条例不认为是违纪或者处理较轻的，依照本条例规定处理。

中国共产党问责条例

1. 2019年7月30日中共中央政治局会议审议批准
2. 2019年8月25日中共中央发布

第一条 为了坚持党的领导，加强党的建设，全面从严治党，保证党的路线方针政策和党中央重大决策部署贯彻落实，规范和强化党的问责工作，根据《中国共产党章程》，制定本条例。

第二条 党的问责工作坚持以马克思列宁主义、毛泽东思想、邓小平理论、“三个代表”重要思想、科学发展观、习近平新时代中国特色社会主义思想为指导，增强“四个意识”，坚定“四个自信”，坚决维护习近平总书记党中央的核心、全党的核心地位，坚决维护党中央权威和集中统一领导，围绕统筹推进“五位一体”总体布局和协调推进“四个全面”战略布局，落实管党治党政治责任，督促各级党组织、党的领导干部负责守责尽责，践行忠诚干净担当。

第三条 党的问责工作应当坚持以下原则：

（一）依规依纪、实事求是；
（二）失责必问、问责必严；
（三）权责一致、错责相当；
（四）严管和厚爱结合、激励和约束并重；
（五）惩前毖后、治病救人；
（六）集体决定、分清责任。

第四条 党委（党组）应当履行全面从严治党主体责任，加强对本地区本部门本单位问责工作的领导，追究在党的建设、党的事业中失职失责党组织和党的领导干部的主体责任、监督责任、领导责任。

纪委应当履行监督专责，协助同级党委开展问责工作。纪委派驻（派出）机构按照职责权限开展问责工作。

党的工作机关应当依据职能履行监督职责，实施本机关本系统本领域的问责工作。

第五条 问责对象是党组织、党的领导干部，重点是党委（党组）、党的工作机关及其领导成员，纪委、纪委派驻（派出）机构及其领导成员。

第六条 问责应当分清责任。党组织领导班子在职责范围内负有全面领导责任，领导班子主要负责人和直接主管的班子成员在职责范围内承担主要领导责任，参与决策和工作的班子成员在职责范围内承担重要领导责任。

对党组织问责的，应当同时对该党组织中负有责任的领导班子成员进行问责。

党组织和党的领导干部应当坚持把自己摆进去、把职责摆进去、把工作摆进去，注重从自身找问题、查原因，勇于担当、敢于负责，不得向下级党组织和干部推卸责任。

第七条 党组织、党的领导干部违反党章和其他党内法规，不履行或者不正确履行职责，有下列情形之一，应当予以问责：

（一）党的领导弱化，“四个意识”不强，“两个维护”不力，党的基本理论、基本路线、基本方略没有得到有效贯彻执行，在贯彻新发展理念，推进经济建设、政治建设、文化建设、社会建设、生态文明建设中，出现重大偏差和失误，给党的事业和人民利益造成严重损失，产生恶劣影响的；

（二）党的政治建设抓得不实，在重大原则问题上未能同党中央保持一致，贯彻落实党的路线方针政策和执行党中央重大决策部署不力，不遵守重大事项请示报告制度，有令不行、有禁不止，阳奉阴违、欺上瞒下，团团伙伙、拉帮结派问题突出，党内政治生活不严肃不健康，党的政治建设工作责任制落实不到位，造成严重后果或者恶劣影响的；

（三）党的思想建设缺失，党性教育特别是理想信念宗旨教育流于形式，意识形态工作责任制落实不到位，造成严重后果或者恶劣影响的；

（四）党的组织建设薄弱，党建工作责任制不落实，严重违反民主集中制原则，不执行领导班子议事决策规则，民主生活会、“三会一课”等党的组织生活制度不执行，领导干部报告个人有关事项制度执行不力，党组织软弱涣散，违规选拔任用干部等问题突出，造成恶劣影响的；

（五）党的作风建设松懈，落实中央八项规定及其实施细则精神不力，“四风”问题得不到有效整治，形式主义、官僚主义问题突出，执行党中央决策部署表态多调门高、行动少落实差，脱离实际、脱离群众，拖沓敷衍、推诿扯皮，造成严重后果的；

（六）党的纪律建设抓得不严，维护党的政治纪律、组织纪律、廉洁纪律、群众纪律、工作纪律、生活纪律不力，导致违规违纪行为多发，造成恶劣影响的；

（七）推进党风廉政建设和反腐败斗争不坚决、不扎实，削减存量、遏制增量不力，特别是对不收敛、不收手，问题线索反映集中、群众反映强烈，政治问题和经济问题交织的腐败案件放任不管，造成恶劣影响的；

（八）全面从严治党主体责任、监督责任落实不到位，对公权力的监督制约不力，好人主义盛行，不负责不担当，党内监督乏力，该发现的问题没有发现，发现问题不报告不处置，领导巡视巡察工作不力，落实巡视巡察整改要求走过场、不到位，该问责不问责，造成严重后果的；

（九）履行管理、监督职责不力，职责范围内发生重特大生产安全事故、群体性事件、公共安全事件，或者发生其他严重事故、事件，造成重大损失或者恶劣影响的；

（十）在教育医疗、生态环境保护、食品药品安全、扶贫脱贫、社会保障等涉及人民群众最关心最直接最现实的利益问题上不作为、乱作为、慢作为、假作为，损害和侵占群众利益问题得不到整治，以言代法、以权压法、徇私枉法问题突出，群众身边腐败和作风问题严重，造成恶劣影响的；

（十一）其他应当问责的失职失责情形。

第八条 对党组织的问责，根据危害程度以及具体情况，可以采取以下方式：

（一）检查。责令作出书面检查并切实整改。

（二）通报。责令整改，并在一定范围内通报。

（三）改组。对失职失责，严重违犯党的纪律、本身又不能纠正的，应当予以改组。

对党的领导干部的问责，根据危害程度以及具体情况，可以采取以下方式：

（一）通报。进行严肃批评，责令作出书面检查、切实整改，并在一定范围内通报。

（二）诫勉。以谈话或者书面方式进行诫勉。

（三）组织调整或者组织处理。对失职失责、危害较重，不适宜担任现职的，应当根据情况采取停职检查、调整职务、责令辞职、免职、降职等措施。

（四）纪律处分。对失职失责、危害严重，应当给予纪律处分的，依照《中国共产党纪律处分条例》追究纪律责任。

上述问责方式，可以单独使用，也可以依据规定合并使用。问责方式有影响期的，按照有关规定执行。

第九条 发现有本条例第七条所列问责情形，需要进行问责调查的，有管理权限的党委（党组）、纪委、党的工作机关应当经主要负责人审批，及时启动问责调查程序。其中，纪委、党的工作机关对同级党委直接领导的党组织及其主要负责人启动问责调查，应当报同级党委主要负责人批准。

应当启动问责调查未及时启动的，上级党组织应当责令有管理权限的党组织启动。根据问题性质或者工作需要，上级党组织可以直接启动问责调查，也可以指定其他党组织启动。

对被立案审查的党组织、党的领导干部问责的，不再另行启动问责调查程序。

第十条 启动问责调查后，应当组成调查组，依规依纪依法开展调查，查明党组织、党的领导干部失职失责问题，综合考虑主客观因素，正确区分贯彻执行党中央或者上级决策部署过程中出现的执行不当、执行不力、不执行等不同情况，精准提出处理意见，做到事实清楚、证据确凿、依据充分、责任分明、程序合规、处理恰当，防止问责不力或者问责泛化、简单化。

第十一条 查明调查对象失职失责问题后，调查组应当撰写事实材料，与调查对象见面，听取其陈述和申辩，并记录在案；对合理意见，应当予以采纳。调查对象应当在事实材料上签署意见，对签署不同意见或者拒不签署意见的，调查组应当作出说明或者注明情况。

调查工作结束后，调查组应当集体讨论，形成调查报告，列明调查对象基本情况、调查依据、调查过程，问责事实，调查对象的态度、认识及其申辩，处理意见以及依据，由调查组组长以及有关人员签名后，履行审批手续。

第十二条 问责决定应当由有管理权限的党组织作出。

对同级党委直接领导的党组织，纪委和党的工作机关报经同级党委或者其主要负责人批准，可以采取检查、通报方式进行问责。采取改组方式问责的，按照党章和有关党内法规规定的权限、程序执行。

对同级党委管理的领导干部，纪委和党的工作机关报经同级党委或者其主要负责人批准，可以采取通报、诫勉方式进行问责；提出组织调整或者组织处理的建议。采取纪律处分方式问责的，按照党章和有关党内法规规定的权限、程序执行。

第十三条 问责决定作出后，应当及时向被问责党组织、被问责领导干部及其所在党组织宣布并督促执行。有关问责情况应当向纪委和组织部门通报，纪委应当将问责决定材料归入被问责领导干部廉政档案，组织部门应当将问责决定材料归入被问责领导干部的人事档案，并报上一级组织部门备案；涉及组织调整或者组织处理的，相应手续应当在 1 个月内办理完毕。

被问责领导干部应当向作出问责决定的党组织写出书面检讨，并在民主生活会、组织生活会或者党的其他会议上作出深刻检查。建立健全问责典型问题通报曝光制度，采取组织调整或者组织处理、纪律处分方式问责的，应当以适当方式公开。

第十四条 被问责党组织、被问责领导干部及其所在党组织应当深刻汲取教训，明确整改措施。作出问责决定的党组织应当加强督促检查，推动以案促改。

第十五条 需要对问责对象作出政务处分或者其他处理的，作出问责决定的党组织应当通报相关单位，相关单位应当及时处理并将结果通报或者报告作出问责决定的党组织。

第十六条 实行终身问责,对失职失责性质恶劣、后果严重的,不论其责任人是否调离转岗、提拔或者退休等,都应当严肃问责。

第十七条 有下列情形之一的,可以不予问责或者免予问责:

(一)在推进改革中因缺乏经验、先行先试出现的失误,尚无明确限制的探索性试验中的失误,为推动发展的无意过失;

(二)在集体决策中对错误决策提出明确反对意见或者保留意见的;

(三)在决策实施中已经履职尽责,但因不可抗力、难以预见等因素造成损失的。

对上级错误决定提出改正或者撤销意见未被采纳,而出现本条例第七条所列问责情形的,依照前款规定处理。上级错误决定明显违法违规的,应当承担相应的责任。

第十八条 有下列情形之一,可以从轻或者减轻问责:

(一)及时采取补救措施,有效挽回损失或者消除不良影响的;

(二)积极配合问责调查工作,主动承担责任的;

(三)党内法规规定的其他从轻、减轻情形。

第十九条 有下列情形之一,应当从重或者加重问责:

(一)对党中央、上级党组织三令五申的指示要求,不执行或者执行不力的;

(二)在接受问责调查和处理中,不如实报告情况,敷衍塞责、推卸责任,或者唆使、默许有关部门和人员弄虚作假,阻扰问责工作的;

(三)党内法规规定的其他从重、加重情形。

第二十条 问责对象对问责决定不服的,可以自收到问责决定之日起1个月内,向作出问责决定的党组织提出书面申诉。作出问责决定的党组织接到书面申诉后,应当在1个月内作出申诉处理决定,并以书面形式告知提出申诉的党组织、领导干部及其所在党组织。

申诉期间,不停止问责决定的执行。

第二十一条 问责决定作出后,发现问责事实认定不清楚、证据不确凿、依据不充分、责任不清晰、程序不合规、处理不恰当,或者存在其他不应当问责、不精准问责情况的,应当及时予以纠正。必要时,上级党组织可以直接纠正或者责令作出问责决定的党组织予以纠正。

党组织、党的领导干部滥用问责,或者在问责工作中严重不负责任,造成不良影响的,应当严肃追究责任。

第二十二条 正确对待被问责干部,对影响期满、表现好的干部,符合条件的,按照干部选拔任用有关规定正常使用。

第二十三条 本条例所涉及的审批权限均指最低审批权限，工作中根据需要可以按照更高层级的审批权限报批。

第二十四条 纪委派驻（派出）机构除执行本条例外，还应当执行党中央以及中央纪委相关规定。

第二十五条 中央军事委员会可以根据本条例制定相关规定。

第二十六条 本条例由中央纪律检查委员会负责解释。

第二十七条 本条例自2019年9月1日起施行。2016年7月8日中共中央印发的《中国共产党问责条例》同时废止。此前发布的有关问责的规定，凡与本条例不一致的，按照本条例执行。

中国共产党处分违纪党员批准权限和程序规定

1. 2022年9月1日中共中央政治局常委会会议审议批准

2. 2022年9月22日中共中央发布

第一章 总 则

第一条 为了规范处分违纪党员批准权限和程序，根据《中国共产党章程》和有关党内法规，制定本规定。

第二条 坚持以习近平新时代中国特色社会主义思想为指导，坚持和加强党的全面领导，坚持党要管党，在党中央集中统一领导下，深入贯彻全面从严治党战略方针，严格按照处分违纪党员批准权限和程序实施党纪处分。

第三条 对违纪党员实施党纪处分实行分级负责制。处分违纪党员批准权限主要依据党员组织隶属关系和干部人事管理权限确定，其中系党员干部的，除本规定和有关党内法规规定的特殊情形外，优先依据干部人事管理权限确定。

第四条 对违纪党员实施党纪处分应当坚持党纪面前一律平等、实事求是、民主集中制和惩前毖后、治病救人原则，做到事实清楚、证据确凿、定性准确、处理恰当、手续完备、程序合规。

对违纪党员实施党纪处分应当按照规定程序，经党组织（含纪律检查机关，下同）集体讨论决定，不允许任何个人或者少数人擅自决定和批准。上级党组织对违纪党员作出的处理决定，下级党组织必须执行。

第五条 党纪处分决定自有处分批准权的党组织集体讨论决定之日起生效。

第二章 处分批准权限和程序一般规定

第六条 除本规定和有关党内法规另有规定外,给予各级党委管理的党员警告、严重警告处分,可以由同级纪委审查批准;给予其撤销党内职务、留党察看或者开除党籍处分,须经同级纪委审查同意后报请这一级党委审议批准。

第七条 给予担任两个以上职务(不含党代会代表)的违纪党员党纪处分,按照其中属于最高一级党组织管理的职务履行处分审批程序。

违纪党员所担任的职务中属于最高一级党组织管理的职务有两个以上的,区别下列情形履行处分审批程序:

(一)有一个职务系党的中央或者地方委员会(以下简称地方党委)委员、候补委员的,应当按照该职务对应的处分批准权限履行处分审批程序;

(二)除前项所列情形外,有一个职务系党的中央或者地方纪律检查委员会(以下简称地方纪委)委员的,应当按照该职务对应的处分批准权限履行处分审批程序;

(三)除前两项所列情形外,应当按照违纪党员所担任的最高一级党组织管理的多个职务分别对应的处分批准权限就高履行处分审批程序。

地方党委委员、候补委员或者地方纪委委员在接受审查期间,其所在的地方党委不得免去其上述职务,也不得接受其辞去上述职务的请求。

第八条 违纪党员系地方党委委员、候补委员或者地方纪委委员,同时担任上级党组织管理的职务的,由该上级党组织的同级纪委依照本规定履行处分审批程序。其中,受到撤销党内职务、留党察看或者开除党籍处分的,地方党委、纪委无需履行本规定第十八条第三款规定的追认程序。

第九条 对党员所作处分,需要变更或者撤销的,由原批准处分决定的党组织或者有处分批准权的党组织审批。原批准处分决定的党组织已撤销的,可以由继续行使其职权的党组织办理。

第十条 上级纪委提级审查的,经审理形成处置意见后,可以交由下级纪委履行处分审批程序;也可以经上级纪委常委会审议同意后,直接作出党纪处分决定,其中上级纪委拟给予提级审查的下级地方党委委员、候补委员撤销党内职务、留党察看或者开除党籍处分的,应当报请同级党委常委会审议批准。

上级纪委指定下级纪委审查的,被指定的下级纪委常委会审议后,按照程序将案件材料和处理意见转有监督执纪权限的纪委经审理后履行处分审批程序。

第十一条 对违纪党员免予党纪处分的,按照给予其警告处分的批准权限履行处分审批程序。

第十二条 对于应当受到撤销党内职务处分,但是本人没有担任党内职务的违纪党员，应当给予其严重警告处分，并按照给予其撤销党内职务处分的批准权限履行处分审批程序。

第十三条 对于各级纪委立案审查的党员，需要给予党纪处分的，除特殊情况外，一般由负责审查的纪委经审理后形成关于违纪事实和处分意见的通报材料，经下一级党组织交由被审查人所在党支部党员大会讨论形成决议，并由该下一级党组织报负责审查的纪委履行处分审批程序。被审查人所在党支部系负责审查的纪委下一级党组织的，由负责审查的纪委将关于违纪事实和处分意见的通报材料交由该党支部党员大会讨论形成决议后履行处分审批程序。

对各级纪委监委派出的纪检监察工作委员会（含纪律检查工作委员会，下同）以及未设立纪委的党的基层委员会审查的党员给予党纪处分的，参照前款规定履行处分审批程序。

被审查人所在党支部党员大会讨论给予其党纪处分时，实际到会有表决权的党员人数必须超过全部应到会有表决权的党员的半数，且表决时必须经过全部应到会有表决权的党员过半数赞成，方可形成决议；被审查人有权参加和进行申辩。被审查人应当在党支部党员大会决议上签写意见；拒不签写意见或者因其他原因不能签写意见的，支部委员会（含未设支部委员会的支部书记）应当在决议上注明。

处分决定所依据的事实材料必须同被审查人本人见面，听取其陈述和申辩，并如实记录、及时核实，合理的予以采纳；不予采纳的，应当说明理由。该事实材料应当由被审查人签写意见，对签写不同意见或者拒不签写意见的，应当作出说明或者注明情况。

第十四条 有下列特殊情况之一，县级以上各级党委和纪委可以直接决定给予违纪党员党纪处分：

（一）案情涉密、敏感的；

（二）违纪案件跨地区跨部门跨单位的；

（三）违纪党员系县级以上各级党委管理的党员干部的；

（四）违纪党员所在的基层党组织无法正常履行职责、不正确履行职责或者其负责人同违纪问题有关联的；

（五）违纪党员所在党支部党员大会经讨论无法及时形成决议，或者因可到会有表决权的党员人数未超过全部应到会有表决权的党员半数，不能及时召开党支部党员大会讨论表决的；

（六）县级以上纪委提级审查下级党委（党组）管理的党员的；

（七）党章和有关党内法规规定的其他情况。

除本规定第二十九条、第三十一条、第三十八条第三款另有规定外，给予违纪党员开除党籍处分，须经县级以上纪委审查批准，或者经县级以上纪委审查同意后报请有处分批准权的党组织依照本规定履行处分审批程序。

第十五条　各级纪委拟在给予同级党委管理的党员干部党纪处分的同时，建议给予其组织处理的，应当依照本规定履行处分审批程序，并将组织处理建议通报同级党委组织部门依照规定办理；必要时也可以在书面征求同级党委组织部门意见后，一并报请同级党委审议批准。

第十六条　县级以上纪委依照本规定第十四条第一款规定直接决定给予其审查的党员党纪处分，须报请同级党委或者上级党组织审批的，应当在报批前以纪委办公厅（室）名义书面征求同级党委组织部门和被审查人所在党委（党组）意见。

被审查人所在党组织系接受归口领导、管理，或者接受归口指导、协调或者监督的单位党组织的，前款规定中的被审查人所在党委（党组）是指归口领导、管理单位，或者负有指导、协调或者监督职责的单位党组织。

党组（党委）、党的工作机关、中央和地方党委直属事业单位、由党的工作机关管理的机关以及所在机关党的基层委员会（以下简称机关党委）、机关党的基层纪律检查委员会（以下简称机关纪委）在作出党纪处分决定前，应当征求派驻纪检监察组意见。

第十七条　给予违纪党员党纪处分，依照本规定应当由党委审批的，须经本级纪委常委会（未设常委会的应当召开纪委全体会议，下同）审议通过后于 15 日内报请这一级党委审议；依照本规定应当由上级党组织审批的，还须经同级党委审议同意后，按照程序于 15 日内呈报上一级纪委审查批准；党委应当及时审议处分事项，对处分意见分歧较大且确有必要的，也可以先通过召开书记专题会议等形式进行酝酿。

党员严重违纪涉嫌犯罪的，原则上先作出党纪处分决定，再移送司法机关依法处理。案情疑难、复杂，对事实证据、行为性质的认定把握困难或者有重大争议，可能影响党纪处理结果的，或者因留置期限即将届满等原因急需移送司法机关依法处理的，负责审查的纪委监委经本级纪委常委会审议同意后，可以先行移送司法机关，并及时报上一级纪委监委备案；其中给予其党纪处分须报请同级党委或者上级党组织审批的，应当在移送司法机关之日起 15 日内报请同级党委审议，至迟不晚于司法机关决定提起公诉或者作出不起诉决定前。

给予地方党委委员、候补委员和地方纪委委员、监委委员党纪处分，依照本规定须呈报上级党组织审批的，在报请同级党委审议前，有监督执纪权限的纪委常委会审议通过后，应当于 3 日内形成书面情况报告与上级纪委沟通；上级纪委应当基于该书面情况报告载明的违纪事实和处分意见进行审核，并及时反馈处理意见。上级纪委受理该案件后，应当认真审核，不受此前已反馈处理意见的限制。

第十八条 经中央委员会全体会议应到会委员三分之二以上的多数赞成，可以对中央政治局在中央委员会全体会议闭会期间先行作出的给予中央委员会委员、候补委员撤销党内职务、留党察看或者开除党籍处分的处理决定予以追认。

经中央纪委全体会议应到会委员三分之二以上的多数赞成，可以对中央纪委常委会在中央纪委全体会议闭会期间先行作出的给予中央纪委委员撤销党内职务、留党察看或者开除党籍处分的处理决定予以追认。

地方各级党委、纪委全体会议对本级地方党委、纪委常委会在全体会议闭会期间先行作出的给予本级党委委员、候补委员和纪委委员撤销党内职务、留党察看或者开除党籍处分的处理决定予以追认，分别参照前两款规定的程序执行。

追认须待对前三款所涉人员作出党纪处分决定后，在下一次相应中央委员会、中央纪委全体会议或者地方党委、纪委全体会议上进行。

前三款所涉人员严重触犯刑律的，必须开除党籍。中央政治局、地方党委常委会分别依照本规定第二十四条第二项、第二十七条第一款第二项规定作出的给予严重触犯刑律的中央委员会委员、候补委员和地方党委委员、候补委员开除党籍处分的处理决定，无须履行本条第一款、第三款规定的追认程序。

第十九条 各级纪委依照本规定呈报同级党委或者上级党组织批准后作出党纪处分决定的，处分决定执行完毕后，应当按照程序于每季度首月15日前将上一季度的处分决定执行（含处分宣布）情况汇总呈报同级党委或者上级党组织。

第二十条 党组织批准的下列处分事项，应当在作出党纪处分决定后按照下列要求予以备案：

（一）中央纪委批准本规定第三十四条第一项至第三项所涉处分事项后，由中央纪委报党中央备案；

（二）省、自治区、直辖市党委（以下简称省级党委）批准本规定第二十七条第三款所涉处分事项后，由省、自治区、直辖市纪委（以下简称省级纪委）报中央纪委备案；

（三）地方党委批准本规定第二十七条第一款第一项所涉处分事项后，被处分人系按照规定需要报上一级党委备案的在职正职领导干部的，由地方纪委报上一级纪委备案；

（四）地方纪委批准本规定第三十七条第一款第一项至第七项、第三款所涉处分事项后，由地方纪委报同级党委备案；其中本规定第三十七条第一款第三项所涉处分事项还须同时报上一级纪委备案；

（五）党的基层纪律检查委员会（以下简称基层纪委）、党的街道纪检监察工作委员会等审查批准本规定第三十八条第一款、第二款所涉处分事项后，相应报具有审批预备党员权限的同级党的基层委员会（以下简称基层党委）、党的街道工作委员会等备案；

（六）机关党委、机关纪委分别审议批准本规定第三十条第二款、第三十九条所涉处分事项后，相应报党组（党委）、党的工作机关备案；机关纪委审查批准本规定第三十九条所涉处分事项后，还须报机关党委备案。

前款规定中的备案工作，应当由负责报备的党组织于每季度首月 15 日前，将上一季度对在职党员干部已作出党纪处分决定的案件汇总报相应党组织。

第二十一条 受到留党察看处分的党员，确有悔改表现的，留党察看期满后，由其所在党支部党员大会讨论形成决议，经基层党委审议后层报原作出党纪处分决定的党组织的下一级党委（党组）审议批准。该党委（党组）同意按期恢复党员权利的，作出恢复党员权利决定并抄告原作出党纪处分决定的党组织。基层党委批准给予党员留党察看处分的，恢复党员权利由该基层党委批准，恢复党员权利决定由基层党委或者基层纪委下达。

受到留党察看处分一年的党员，留党察看期满后，原作出党纪处分决定的党组织的下一级党委（党组）审核认为其仍不符合恢复党员权利条件的，经报原作出党纪处分决定的党组织批准，作出延长一年留党察看期限的决定。

党员在留党察看期间，坚持不改或者又发现其他应当受到党纪处分的违纪行为的，应当开除党籍，并由有监督执纪权限的纪律检查机关履行处分审批程序。

受到留党察看处分的党员在留党察看期间转移党员组织关系的，由接收其党员组织关系的党组织分别参照本条第一款至第三款规定恢复其党员权利、延长一年留党察看期限或者给予其开除党籍处分，并抄告原作出党纪处分决定的党组织。

受到留党察看处分的党员所在党支部有本规定第十四条第一款第五项情形的，可以由基层党委直接审议后，依照本条第一款规定程序办理。

受到留党察看处分的党员组织关系隶属于党的工作委员会的，参照前五款规定执行。

第二十二条 党员经过留党察看，恢复党员权利后，又发现其在留党察看期间实施了新的应当受到党纪处分的违纪行为，或者发现其在受到留党察看处分前没有交代的其他应当受到党纪处分的违纪行为的，应当由作出恢复党员权利决定的党组织撤销原决定，由有监督执纪权限的纪律检查机关按照程序给予其开除党籍处分，并抄告原作出党纪处分决定的党组织。

第三章 党中央以及各级党委（党组）处分批准权限

第二十三条 在中央委员会全体会议期间，经中央委员会全体会议应到会委员三分之二以上的多数决定，可以给予中央委员会委员、候补委员撤销党内职务、留党察看或者开除党籍处分。

第二十四条 中央政治局批准下列处分事项：

（一）在中央委员会全体会议闭会期间，先行给予中央委员会委员、候补委员撤销党内职务、留党察看或者开除党籍处分；

（二）给予严重触犯刑律的中央委员会委员、候补委员开除党籍处分。

第二十五条 中央政治局常务委员会批准对有关党的领导干部的处分事项。

第二十六条 在地方党委全体会议期间，给予本级地方党委委员、候补委员撤销党内职务、留党察看或者开除党籍处分的，经地方党委全体会议应到会委员三分之二以上的多数决定，并按照程序呈报上一级纪委常委会审议同意后，由这一级纪委报同级党委常委会审议批准。

在地方党委全体会议闭会期间，地方党委常委会可以先行作出给予本级党委委员、候补委员撤销党内职务、留党察看或者开除党籍处分的处理决定，并依照前款规定履行处分审批程序。

第二十七条 地方党委常委会批准下列处分事项：

（一）给予本级党委讨论决定任免的党员干部撤销党内职务、留党察看或者开除党籍处分；

（二）给予严重触犯刑律的本级党委委员、候补委员开除党籍处分；

（三）给予严重触犯刑律的本级纪委委员开除党籍处分；

（四）给予下一级地方党委委员、候补委员撤销党内职务、留党察看或者开除党籍处分；

（五）给予下一级地方纪委书记、副书记撤销党内职务、留党察看或者开除党籍处分；

（六）党章和有关党内法规规定的其他处分事项。

党的地区委员会和相当于地区委员会的组织，以及设区的市级（不含直辖市的区，下同）以上地方党委在被赋予社会管理权限的开发区、国家级新区等特定地域派出的代表机关，参照前款规定行使处分违纪党员批准权限。

省级党委常委会批准给予省级纪委委员撤销党内职务、留党察看或者开除党籍处分。

新疆维吾尔自治区党委常委会批准给予新疆生产建设兵团党委委员、候补委员撤销党内职务、留党察看或者开除党籍处分。

第二十八条　经负责审查的基层纪委审议并报请，具有审批预备党员权限的基层党委可以批准给予被审查人留党察看以下处分，但被审查人涉及的问题比较重要或者复杂的除外。

党的街道工作委员会和县级地方党委在开发区等特定地域派出的代表机关，参照前款规定行使处分违纪党员批准权限。

第二十九条　基层党委具备下列条件之一，可以依照本规定第十四条规定直接决定给予违纪党员党纪处分，并可以批准给予违纪党员开除党籍处分：

（一）下级党组织具有审批预备党员权限的；

（二）所在党和国家机关机构规格为副厅局级以上的；

（三）上一级党委系设区的市级以上党委的。

第三十条　党组（党委）、党的工作机关根据干部人事管理权限对属于其管理的人员中的党员给予党纪处分，应当按照规定程序集体讨论决定。其中，党组（党委）会议、党的工作机关部（厅、室）务会或者委员会会议必须有三分之二以上成员到会，经超过应到会成员半数赞成为通过。

对未经党组（党委）会议、党的工作机关部（厅、室）务会或者委员会会议讨论决定任免，但属于党组（党委）、党的工作机关管理的人员中的党员给予党纪处分的，也可以由所在机关纪委报机关党委审议批准；给予开除党籍处分的，还须相应报党组（党委）会议、党的工作机关部（厅、室）务会或者委员会会议审议批准。

中央和地方党委直属事业单位、由党的工作机关管理的机关根据干部人事管理权限对属于其管理的人员中的党员给予党纪处分，参照前两款规定行使处分违纪党员批准权限。

中央和地方党委派出的代表机关中，不属于党的工作机关的，除本规定和有关党内法规另有规定外，可以参照党的工作机关行使处分违纪党员批准权限。

第三十一条　党组（党委）、党的工作机关、中央和地方党委直属事业单位、由党的工作机关管理的机关以及本规定第三十条第四款所涉中央和地方党委派出的代表机关，具备下列条件之一，可以依照本规定第十四条规定直接决定给予违纪党员党纪处分，并可以批准给予违纪党员开除党籍处分：

（一）所在单位基层党委具有审批预备党员权限的；

（二）所在党和国家机关机构规格为正县处级以上的；

（三）本级党委系设区的市级以上党委的。

第三十二条 实行党委领导下的行政领导人负责制的事业单位党委根据干部人事管理权限，可以批准给予其管理的人员中的党员党纪处分。

实行行政领导人负责制的事业单位党组织根据干部人事管理权限和党组织在选人用人中的职责作用，经党政主要领导充分沟通后，相应可以批准给予其管理的人员中的党员党纪处分。

事业单位未被赋予干部人事管理权限，由上级党组织统筹管理的，上级党组织可以批准给予该事业单位工作人员中的党员党纪处分。

本条第二款、第三款规定中的党组织，不含党总支和党支部。

第四章 纪律检查机关处分批准权限

第三十三条 在中央纪委全体会议期间，经中央纪委全体会议应到会委员三分之二以上的多数决定，可以作出给予中央纪委委员撤销党内职务、留党察看或者开除党籍处分的处理决定，并待报请中央政治局常务委员会批准后，由中央纪委作出党纪处分决定。

在中央纪委全体会议闭会期间，中央纪委常委会可以先行作出给予中央纪委委员撤销党内职务、留党察看或者开除党籍处分的处理决定，并待报请中央政治局常务委员会批准后，由中央纪委作出党纪处分决定。

第三十四条 中央纪委常委会批准下列处分事项：

（一）给予省部级以下（不含省部级）中管干部以及未明确行政级别的单位中的中管干部警告、严重警告处分；

（二）给予省级党委委员、候补委员警告、严重警告处分；

（三）给予省级纪委常委（不含书记、副书记，下同）、监委委员党纪处分；

（四）党章和有关党内法规规定的其他处分事项。

第三十五条 中央纪委办公会议批准下列处分事项：

（一）给予不是中管干部的中央纪委国家监委机关、直属单位的党员党纪处分；

（二）给予不是中管干部的中央纪委国家监委派驻、派出机构的党员党纪处分；

（三）给予不是中管干部且已离职的中央纪委国家监委机关、直属单位和派驻、派出机构的党员党纪处分。

前款第三项所涉人员违纪行为主要发生在其离职后，且与其离职前在前款所涉单位担任的职务没有关联的，依照本规定第三条规定履行处分审批程序。

第三十六条 在地方纪委全体会议期间，经地方纪委全体会议应到会委员三分之二以上的多数决定，可以作出给予本级纪委委员撤销党内职务、留党察看或者开除党籍处分的处理决定，并待报请本级地方党委常委会审议批准后，由地方纪委作出党纪处分决定，其中系设区的市级以下纪委委员的还须按照程序呈报上一级纪委常委会审查批准。

在地方纪委全体会议闭会期间，地方纪委常委会可以先行作出给予本级纪委委员撤销党内职务、留党察看或者开除党籍处分的处理决定，并依照前款规定履行处分审批程序后，由地方纪委作出党纪处分决定。

第三十七条 地方纪委常委会批准下列处分事项：

（一）给予本级地方党委讨论决定任免的党员干部警告、严重警告处分；

（二）给予未经本级地方党委讨论决定任免、但属于本级地方党委管理的党员干部党纪处分；

（三）给予本级纪委委员警告、严重警告处分；

（四）给予下一级地方党委委员、候补委员警告、严重警告处分；

（五）给予下一级地方纪委书记、副书记警告、严重警告处分；

（六）给予下一级地方纪委常委、监委委员党纪处分；

（七）给予下一级地方纪委委员撤销党内职务、留党察看或者开除党籍处分；

（八）给予本级纪委管理的纪委监委机关、直属单位和派驻、派出机构的党员党纪处分；

（九）党章和有关党内法规规定的其他处分事项。

地区纪委和相当于地区纪委的其他纪律检查机关，以及设区的市级以上地方纪委监委在被赋予社会管理权限的开发区、国家级新区等特定地域派出的纪检监察工作委员会，参照前款规定行使处分违纪党员批准权限。

新疆维吾尔自治区纪委常委会批准给予新疆生产建设兵团党委委员、候补委员警告、严重警告处分，新疆生产建设兵团纪委委员撤销党内职务、留党察看或者开除党籍处分，新疆生产建设兵团纪委常委、监委委员党纪处分。

第三十八条 基层纪委可以批准给予其审查的案件中的被审查人警告、严重警告处分；如果涉及的问题比较重要或者复杂的，应当经同级党委审议同意后，按照程序报有处分批准权的县级以上纪委审查批准。

党的街道纪检监察工作委员会和县级纪委监委在开发区等特定地域派出的纪检监察工作委员会，参照前款规定行使处分违纪党员批准权限。

符合本规定第二十九条规定的基层党委，其同级纪委可以依照本规定第十四条规定直接决定给予违纪党员党纪处分，并可以批准给予违纪党员开除党籍处分。

第三十九条 对未经党组(党委)会议、党的工作机关部(厅、室)务会或者委员会会议讨论决定任免,但属于党组(党委)、党的工作机关管理的人员中的党员给予警告、严重警告处分的,可以由机关纪委审查批准。

第五章 处分批准权限和程序特殊情形

第四十条 违纪党员系实行垂直管理或者实行双重领导并以上级单位领导为主的单位的干部,同时担任地方党委委员、候补委员或者地方纪委委员职务的,由地方纪委依照本规定履行处分审批程序,并将党纪处分决定抄告主管单位党组(党委)。其中,地方纪委立案审查的,应当通过有监督执纪权限的相应派驻纪检监察组或者主管单位内设纪检组织征求主管单位党组(党委)意见后履行处分审批程序。

第四十一条 给予党员组织关系转入援派或者挂职单位,但不改变与原单位人事关系的违纪党员干部党纪处分的,一般应当按照所任原单位职务、职级等对应的干部人事管理权限确定处分批准权限、履行处分审批程序。违纪问题与援派或者挂职期间挂任职务有密切关联的,必要时也可以按照该职务对应的干部人事管理权限确定处分批准权限、履行处分审批程序,但在作出处分决定前,应当按照所任原单位职务、职级等对应的干部人事管理权限征求原单位意见。

给予上级党委委托下级党委管理的党员干部党纪处分的,下级党委、纪委可以依照本规定履行处分审批程序。

第四十二条 给予组织关系转出但尚未被接收的党员党纪处分,由其原所在党组织依照本规定履行处分审批程序。该党组织已撤销的,由继续行使其职权的党组织或者其上一级党组织办理。

给予没有转移组织关系的流动党员和已停止党籍的党员党纪处分,由其组织关系所在党组织依照本规定履行处分审批程序。

第四十三条 给予辞去公职等原因离开公职岗位或者退休的党员干部党纪处分,一般按照其在职时的干部人事管理权限确定处分批准权限、履行处分审批程序。违纪问题发生在离开公职岗位后,且与所任原单位职务、职级等没有关联的,由其组织关系所在党组织依照本规定履行处分审批程序。离开公职岗位后又重新担任公职的,依照本规定第三条规定履行处分审批程序。党纪处分决定作出后,应当抄告违纪党员所在党组织予以执行。

第四十四条 给予党员组织关系转入相应党的街道工作委员会和所辖社区(村)党组织并实行社会化管理的国有企业退休人员党纪处分,按照党员组织隶属关系,由党的街道纪检监察工作委员会审查批准,其中给予撤销党内职务、留党察看或者开除党籍处分的还须报同级党的街道工作委员会审议批准。给予开除党籍处分的还须依照本规定呈报派出党的街道纪检监察工作委员会的地方纪委常委会审查批准。

前款规定的国有企业退休人员，其违纪行为主要发生在在职期间或者与在职期间的职务有密切关联的，有监督执纪权限的相应纪委监委、派驻纪检监察组或者国有企业内设纪检组织审查后认为应当给予党纪处分的，可以按照其退休前的干部人事管理权限确定处分批准权限、履行处分审批程序。党纪处分决定作出后，应当抄告相应党的街道工作委员会、党的街道纪检监察工作委员会予以执行。对于受到留党察看处分的，由党的街道纪检监察工作委员会依照本规定第二十一条第一款至第三款规定的条件，经其所在党支部党员大会讨论形成决议，报请党的街道工作委员会审议同意后，作出恢复其党员权利、延长一年留党察看期限或者给予其开除党籍处分的决定，并抄告原作出党纪处分决定的党组织；其中给予开除党籍处分的还须依照本规定呈报派出党的街道纪检监察工作委员会的地方纪委常委会审查批准。

给予党员组织关系转入相应乡镇（街道）党委和所辖村（社区）党组织并实行社会化管理的国有企业退休人员党纪处分，参照前两款规定执行。

第四十五条 给予以退休方式移交人民政府安置的退役军官中的党员党纪处分，一般可以根据其退役前的职级或者军衔等级（适用于实行军衔主导的军官等级制度改革后的退役军官，下同），由相应的地方纪委常委会审查批准，其中给予撤销党内职务、留党察看或者开除党籍处分的还须报同级地方党委常委会审议批准。

退役前系师职军官（大校军官以及相应职级文职干部）、团职军官（上校、中校军官以及相应职级文职干部）的，一般应当分别由省级纪委、设区的市级纪委负责履行处分审批程序；系营职以下军官（少校以下军官以及相应职级文职干部）的，由县级纪委负责履行处分审批程序。

第四十六条 给予以逐月领取退役金或者自主择业方式安置且未被停发退役金的退役军官中的党员党纪处分，由其组织关系所在地的县级纪委常委会审查批准，其中拟给予撤销党内职务、留党察看或者开除党籍处分的还须报同级地方党委常委会审议批准。

给予以复员方式退役的退役军官，以及采取以逐月领取退役金、自主就业、退休或者供养方式安置的退役军士中的党员党纪处分，由其组织关系所在党组织依照本规定履行处分审批程序。

第四十七条 本规定第四十五条、第四十六条规定中的退役军官、军士的违纪行为主要发生在服役期间或者与服役期间的职务有密切关联，由军队纪律检查机关审查的，军队纪律检查机关可以依照其退役前的职务对应的处分批准权限履行处分审批程序并作出党纪处分决定，抄告退役军官、军士组织关系所在地县级党委、纪委予以执行。

前款规定中的违纪行为由地方纪律检查机关立案审查的，地方纪律检查机关可以依照本规定第四十五条、第四十六条规定履行处分审批程序。

第四十八条 有监督执纪权限的纪律检查机关审查认为预备党员违犯党纪，情节较轻，可以保留预备党员资格的，可以直接给予其批评教育或者按照程序延长一次预备期；情节较重的，应当按照程序取消其预备党员资格。

延长预备期、取消预备党员资格，由有监督执纪权限的纪律检查机关向预备党员所在党组织提出书面建议，预备党员所在党组织无正当理由应当采纳并交由预备党员所在党支部党员大会讨论形成决议，呈报有审批预备党员权限的基层党委批准后作出处理决定。

预备党员组织关系隶属于党的工作委员会的，参照前款规定执行。

第六章 附 则

第四十九条 本规定所确定的权限，均系应当遵照的最低权限。

第五十条 本规定所称以上、以下，除有特别标明外均含本级、本数。

第五十一条 本规定所称严重触犯刑律，是指因犯罪被人民法院判处刑罚。

第五十二条 本规定所称履行处分审批程序，是指依照本规定确定的处分批准权限和程序，对处分事宜进行审议、报批并按照程序作出党纪处分决定。

第五十三条 本规定所称有监督执纪权限，是指按照监督执纪工作实行分级负责制的规定，对涉嫌违纪党员有权行使监督执纪职责，有权对其违纪问题予以立案审查，有权对其提出党纪处分建议或者按照程序作出党纪处分决定。

第五十四条 军队处分违纪党员批准权限和程序规定，由中央军委根据本规定制定。

第五十五条 本规定由中央纪委负责解释。

第五十六条 本规定自发布之日起施行。中央纪委 1983 年 7 月 6 日印发的《关于处分违犯党纪的党员批准权限的具体规定》和 1987 年 3 月 28 日印发的《关于修改〈关于处分违犯党纪的党员批准权限的具体规定〉的通知》同时废止。此前有关规定与本规定不一致的，以本规定为准。

·法律法规·

中华人民共和国公职人员政务处分法

1. 2020年6月20日第十三届全国人民代表大会常务委员会第十九次会议通过
2. 2020年6月20日中华人民共和国主席令第46号公布
3. 自2020年7月1日起施行

目　　录

第一章　总　　则

第一条　为了规范政务处分,加强对所有行使公权力的公职人员的监督,促进公职人员依法履职、秉公用权、廉洁从政从业、坚持道德操守,根据《中华人民共和国监察法》,制定本法。

第二条　本法适用于监察机关对违法的公职人员给予政务处分的活动。

本法第二章、第三章适用于公职人员任免机关、单位对违法的公职人员给予处分。处分的程序、申诉等适用其他法律、行政法规、国务院部门规章和国家有关规定。

本法所称公职人员,是指《中华人民共和国监察法》第十五条规定的人员。

第三条　监察机关应当按照管理权限,加强对公职人员的监督,依法给予违法的公职人员政务处分。

公职人员任免机关、单位应当按照管理权限,加强对公职人员的教育、管理、监督,依法给予违法的公职人员处分。

监察机关发现公职人员任免机关、单位应当给予处分而未给予,或者给予的处分违法、不当的,应当及时提出监察建议。

第四条　给予公职人员政务处分,坚持党管干部原则,集体讨论决定;坚持法律面前一律平等,以事实为根据,以法律为准绳,给予的政务处分与违法行为的性质、情节、危害程度相当；坚持惩戒与教育相结合，宽严相济。

第五条 给予公职人员政务处分，应当事实清楚、证据确凿、定性准确、处理恰当、程序合法、手续完备。

第六条 公职人员依法履行职责受法律保护，非因法定事由、非经法定程序，不受政务处分。

第二章 政务处分的种类和适用

第七条 政务处分的种类为：

（一）警告；

（二）记过；

（三）记大过；

（四）降级；

（五）撤职；

（六）开除。

第八条 政务处分的期间为：

（一）警告，六个月；

（二）记过，十二个月；

（三）记大过，十八个月；

（四）降级、撤职，二十四个月。

政务处分决定自作出之日起生效，政务处分期自政务处分决定生效之日起计算。

第九条 公职人员二人以上共同违法，根据各自在违法行为中所起的作用和应当承担的法律责任，分别给予政务处分。

第十条 有关机关、单位、组织集体作出的决定违法或者实施违法行为的，对负有责任的领导人员和直接责任人员中的公职人员依法给予政务处分。

第十一条 公职人员有下列情形之一的，可以从轻或者减轻给予政务处分：

（一）主动交代本人应当受到政务处分的违法行为的；

（二）配合调查，如实说明本人违法事实的；

（三）检举他人违纪违法行为，经查证属实的；

（四）主动采取措施，有效避免、挽回损失或者消除不良影响的；

（五）在共同违法行为中起次要或者辅助作用的；

（六）主动上交或者退赔违法所得的；

（七）法律、法规规定的其他从轻或者减轻情节。

第十二条 公职人员违法行为情节轻微，且具有本法第十一条规定的情形之一的，可以对其进行谈话提醒、批评教育、责令检查或者予以诫勉，免予或者不予政务处分。

公职人员因不明真相被裹挟或者被胁迫参与违法活动，经批评教育后确有悔改表现的，可以减轻、免予或者不予政务处分。

第十三条 公职人员有下列情形之一的，应当从重给予政务处分：

（一）在政务处分期内再次故意违法，应当受到政务处分的；

（二）阻止他人检举、提供证据的；

（三）串供或者伪造、隐匿、毁灭证据的；

（四）包庇同案人员的；

（五）胁迫、唆使他人实施违法行为的；

（六）拒不上交或者退赔违法所得的；

（七）法律、法规规定的其他从重情节。

第十四条 公职人员犯罪，有下列情形之一的，予以开除：

（一）因故意犯罪被判处管制、拘役或者有期徒刑以上刑罚（含宣告缓刑）的；

（二）因过失犯罪被判处有期徒刑，刑期超过三年的；

（三）因犯罪被单处或者并处剥夺政治权利的。

因过失犯罪被判处管制、拘役或者三年以下有期徒刑的，一般应当予以开除；案件情况特殊，予以撤职更为适当的，可以不予开除，但是应当报请上一级机关批准。

公职人员因犯罪被单处罚金，或者犯罪情节轻微，人民检察院依法作出不起诉决定或者人民法院依法免予刑事处罚的，予以撤职；造成不良影响的，予以开除。

第十五条 公职人员有两个以上违法行为的，应当分别确定政务处分。应当给予两种以上政务处分的，执行其中最重的政务处分；应当给予撤职以下多个相同政务处分的，可以在一个政务处分期以上、多个政务处分期之和以下确定政务处分期，但是最长不得超过四十八个月。

第十六条 对公职人员的同一违法行为，监察机关和公职人员任免机关、单位不得重复给予政务处分和处分。

第十七条 公职人员有违法行为，有关机关依照规定给予组织处理的，监察机关可以同时给予政务处分。

第十八条 担任领导职务的公职人员有违法行为，被罢免、撤销、免去或者辞去领导职务的，监察机关可以同时给予政务处分。

第十九条 公务员以及参照《中华人民共和国公务员法》管理的人员在政务处分期内，不得晋升职务、职级、衔级和级别；其中，被记过、记大过、降级、撤职的，不得晋升工资档次。被撤职的，按照规定降低职务、职级、衔级和级别，同时降低工资和待遇。

第二十条 法律、法规授权或者受国家机关依法委托管理公共事务的组织中从事公务的人员，以及公办的教育、科研、文化、医疗卫生、体育等单位中从事管理的人员，在政务处分期内，不得晋升职务、岗位和职员等级、职称；其中，被记过、记大过、降级、撤职的，不得晋升薪酬待遇等级。被撤职的，降低职务、岗位或者职员等级，同时降低薪酬待遇。

第二十一条 国有企业管理人员在政务处分期内，不得晋升职务、岗位等级和职称；其中，被记过、记大过、降级、撤职的，不得晋升薪酬待遇等级。被撤职的，降低职务或者岗位等级，同时降低薪酬待遇。

第二十二条 基层群众性自治组织中从事管理的人员有违法行为的，监察机关可以予以警告、记过、记大过。

基层群众性自治组织中从事管理的人员受到政务处分的，应当由县级或者乡镇人民政府根据具体情况减发或者扣发补贴、奖金。

第二十三条 《中华人民共和国监察法》第十五条第六项规定的人员有违法行为的，监察机关可以予以警告、记过、记大过。情节严重的，由所在单位直接给予或者监察机关建议有关机关、单位给予降低薪酬待遇、调离岗位、解除人事关系或者劳动关系等处理。

《中华人民共和国监察法》第十五条第二项规定的人员，未担任公务员、参照《中华人民共和国公务员法》管理的人员、事业单位工作人员或者国有企业人员职务的，对其违法行为依照前款规定处理。

第二十四条 公职人员被开除，或者依照本法第二十三条规定，受到解除人事关系或者劳动关系处理的，不得录用为公务员以及参照《中华人民共和国公务员法》管理的人员。

第二十五条 公职人员违法取得的财物和用于违法行为的本人财物，除依法应当由其他机关没收、追缴或者责令退赔的，由监察机关没收、追缴或者责令退赔；应当退还原所有人或者原持有人的，依法予以退还；属于国家财产或者不应当退还以及无法退还的，上缴国库。

公职人员因违法行为获得的职务、职级、衔级、级别、岗位和职员等级、职称、待遇、资格、学历、学位、荣誉、奖励等其他利益，监察机关应当建议有关机关、单位、组织按规定予以纠正。

第二十六条 公职人员被开除的，自政务处分决定生效之日起，应当解除其与所在机关、单位的人事关系或者劳动关系。

公职人员受到开除以外的政务处分，在政务处分期内有悔改表现，并且没有再发生应当给予政务处分的违法行为的，政务处分期满后自动解除，晋升职务、职级、衔级、级别、岗位和职员等级、职称、薪酬待遇不再受原政务处分影响。但是,解除降级、撤职的,不恢复原职务、职级、衔级、级别、岗位和职员等级、职称、薪酬待遇。

第二十七条 已经退休的公职人员退休前或者退休后有违法行为的,不再给予政务处分,但是可以对其立案调查;依法应当予以降级、撤职、开除的,应当按照规定相应调整其享受的待遇,对其违法取得的财物和用于违法行为的本人财物依照本法第二十五条的规定处理。

已经离职或者死亡的公职人员在履职期间有违法行为的,依照前款规定处理。

第三章 违法行为及其适用的政务处分

第二十八条 有下列行为之一的,予以记过或者记大过;情节较重的,予以降级或者撤职;情节严重的,予以开除:

(一)散布有损宪法权威、中国共产党领导和国家声誉的言论的;

(二)参加旨在反对宪法、中国共产党领导和国家的集会、游行、示威等活动的;

(三)拒不执行或者变相不执行中国共产党和国家的路线方针政策、重大决策部署的;

(四)参加非法组织、非法活动的;

(五)挑拨、破坏民族关系,或者参加民族分裂活动的;

(六)利用宗教活动破坏民族团结和社会稳定的;

(七)在对外交往中损害国家荣誉和利益的。

有前款第二项、第四项、第五项和第六项行为之一的,对策划者、组织者和骨干分子,予以开除。

公开发表反对宪法确立的国家指导思想,反对中国共产党领导,反对社会主义制度,反对改革开放的文章、演说、宣言、声明等的,予以开除。

第二十九条 不按照规定请示、报告重大事项,情节较重的,予以警告、记过或者记大过;情节严重的,予以降级或者撤职。

违反个人有关事项报告规定,隐瞒不报,情节较重的,予以警告、记过或者记大过。

篡改、伪造本人档案资料的,予以记过或者记大过;情节严重的,予以降级或者撤职。

第三十条 有下列行为之一的,予以警告、记过或者记大过;情节严重的,予以降级或者撤职:

(一)违反民主集中制原则,个人或者少数人决定重大事项,或者拒不执行、擅自改变集体作出的重大决定的;

（二）拒不执行或者变相不执行、拖延执行上级依法作出的决定、命令的。

第三十一条 违反规定出境或者办理因私出境证件的，予以记过或者记大过；情节严重的，予以降级或者撤职。

违反规定取得外国国籍或者获取境外永久居留资格、长期居留许可的，予以撤职或者开除。

第三十二条 有下列行为之一的，予以警告、记过或者记大过；情节较重的，予以降级或者撤职；情节严重的，予以开除：

（一）在选拔任用、录用、聘用、考核、晋升、评选等干部人事工作中违反有关规定的；

（二）弄虚作假，骗取职务、职级、衔级、级别、岗位和职员等级、职称、待遇、资格、学历、学位、荣誉、奖励或者其他利益的；

（三）对依法行使批评、申诉、控告、检举等权利的行为进行压制或者打击报复的；

（四）诬告陷害，意图使他人受到名誉损害或者责任追究等不良影响的；

（五）以暴力、威胁、贿赂、欺骗等手段破坏选举的。

第三十三条 有下列行为之一的，予以警告、记过或者记大过；情节较重的，予以降级或者撤职；情节严重的，予以开除：

（一）贪污贿赂的；

（二）利用职权或者职务上的影响为本人或者他人谋取私利的；

（三）纵容、默许特定关系人利用本人职权或者职务上的影响谋取私利的。

拒不按照规定纠正特定关系人违规任职、兼职或者从事经营活动，且不服从职务调整的，予以撤职。

第三十四条 收受可能影响公正行使公权力的礼品、礼金、有价证券等财物的，予以警告、记过或者记大过；情节较重的，予以降级或者撤职；情节严重的，予以开除。

向公职人员及其特定关系人赠送可能影响公正行使公权力的礼品、礼金、有价证券等财物，或者接受、提供可能影响公正行使公权力的宴请、旅游、健身、娱乐等活动安排，情节较重的，予以警告、记过或者记大过；情节严重的，予以降级或者撤职。

第三十五条 有下列行为之一，情节较重的，予以警告、记过或者记大过；情节严重的，予以降级或者撤职：

（一）违反规定设定、发放薪酬或者津贴、补贴、奖金的；

（二）违反规定，在公务接待、公务交通、会议活动、办公用房以及其他工作生活保障等方面超标准、超范围的；

（三）违反规定公款消费的。

第三十六条 违反规定从事或者参与营利性活动，或者违反规定兼任职务、领取报酬的，予以警告、记过或者记大过；情节较重的，予以降级或者撤职；情节严重的，予以开除。

第三十七条 利用宗族或者黑恶势力等欺压群众，或者纵容、包庇黑恶势力活动的，予以撤职；情节严重的，予以开除。

第三十八条 有下列行为之一，情节较重的，予以警告、记过或者记大过；情节严重的，予以降级或者撤职：

（一）违反规定向管理服务对象收取、摊派财物的；

（二）在管理服务活动中故意刁难、吃拿卡要的；

（三）在管理服务活动中态度恶劣粗暴，造成不良后果或者影响的；

（四）不按照规定公开工作信息，侵犯管理服务对象知情权，造成不良后果或者影响的；

（五）其他侵犯管理服务对象利益的行为，造成不良后果或者影响的。

有前款第一项、第二项和第五项行为，情节特别严重的，予以开除。

第三十九条 有下列行为之一，造成不良后果或者影响的，予以警告、记过或者记大过；情节较重的，予以降级或者撤职；情节严重的，予以开除：

（一）滥用职权，危害国家利益、社会公共利益或者侵害公民、法人、其他组织合法权益的；

（二）不履行或者不正确履行职责，玩忽职守，贻误工作的；

（三）工作中有形式主义、官僚主义行为的；

（四）工作中有弄虚作假，误导、欺骗行为的；

（五）泄露国家秘密、工作秘密，或者泄露因履行职责掌握的商业秘密、个人隐私的。

第四十条 有下列行为之一的，予以警告、记过或者记大过；情节较重的，予以降级或者撤职；情节严重的，予以开除：

（一）违背社会公序良俗，在公共场所有不当行为，造成不良影响的；

（二）参与或者支持迷信活动，造成不良影响的；

（三）参与赌博的；

（四）拒不承担赡养、抚养、扶养义务的；

（五）实施家庭暴力，虐待、遗弃家庭成员的；

（六）其他严重违反家庭美德、社会公德的行为。

吸食、注射毒品，组织赌博，组织、支持、参与卖淫、嫖娼、色情淫乱活动的，予以撤职或者开除。

第四十一条 公职人员有其他违法行为，影响公职人员形象，损害国家和人民利益的，可以根据情节轻重给予相应政务处分。

第四章 政务处分的程序

第四十二条 监察机关对涉嫌违法的公职人员进行调查，应当由二名以上工作人员进行。监察机关进行调查时，有权依法向有关单位和个人了解情况，收集、调取证据。有关单位和个人应当如实提供情况。

严禁以威胁、引诱、欺骗及其他非法方式收集证据。以非法方式收集的证据不得作为给予政务处分的依据。

第四十三条 作出政务处分决定前，监察机关应当将调查认定的违法事实及拟给予政务处分的依据告知被调查人，听取被调查人的陈述和申辩，并对其陈述的事实、理由和证据进行核实，记录在案。被调查人提出的事实、理由和证据成立的，应予采纳。不得因被调查人的申辩而加重政务处分。

第四十四条 调查终结后，监察机关应当根据下列不同情况，分别作出处理：

（一）确有应受政务处分的违法行为的，根据情节轻重，按照政务处分决定权限，履行规定的审批手续后，作出政务处分决定；

（二）违法事实不能成立的，撤销案件；

（三）符合免予、不予政务处分条件的，作出免予、不予政务处分决定；

（四）被调查人涉嫌其他违法或者犯罪行为的，依法移送主管机关处理。

第四十五条 决定给予政务处分的，应当制作政务处分决定书。

政务处分决定书应当载明下列事项：

（一）被处分人的姓名、工作单位和职务；

（二）违法事实和证据；

（三）政务处分的种类和依据；

（四）不服政务处分决定，申请复审、复核的途径和期限；

（五）作出政务处分决定的机关名称和日期。

政务处分决定书应当盖有作出决定的监察机关的印章。

第四十六条 政务处分决定书应当及时送达被处分人和被处分人所在机关、单位，并在一定范围内宣布。

作出政务处分决定后，监察机关应当根据被处分人的具体身份书面告知相关的机关、单位。

第四十七条 参与公职人员违法案件调查、处理的人员有下列情形之一的，应当自行回避，被调查人、检举人及其他有关人员也有权要求其回避：

（一）是被调查人或者检举人的近亲属的；

（二）担任过本案的证人的；

（三）本人或者其近亲属与调查的案件有利害关系的；

（四）可能影响案件公正调查、处理的其他情形。

第四十八条 监察机关负责人的回避，由上级监察机关决定；其他参与违法案件调查、处理人员的回避，由监察机关负责人决定。

监察机关或者上级监察机关发现参与违法案件调查、处理人员有应当回避情形的，可以直接决定该人员回避。

第四十九条 公职人员依法受到刑事责任追究的，监察机关应当根据司法机关的生效判决、裁定、决定及其认定的事实和情节，依照本法规定给予政务处分。

公职人员依法受到行政处罚，应当给予政务处分的，监察机关可以根据行政处罚决定认定的事实和情节，经立案调查核实后，依照本法给予政务处分。

监察机关根据本条第一款、第二款的规定作出政务处分后，司法机关、行政机关依法改变原生效判决、裁定、决定等，对原政务处分决定产生影响的，监察机关应当根据改变后的判决、裁定、决定等重新作出相应处理。

第五十条 监察机关对经各级人民代表大会、县级以上各级人民代表大会常务委员会选举或者决定任命的公职人员予以撤职、开除的，应当先依法罢免、撤销或者免去其职务，再依法作出政务处分决定。

监察机关对经中国人民政治协商会议各级委员会全体会议或者其常务委员会选举或者决定任命的公职人员予以撤职、开除的，应当先依章程免去其职务，再依法作出政务处分决定。

监察机关对各级人民代表大会代表、中国人民政治协商会议各级委员会委员给予政务处分的，应当向有关的人民代表大会常务委员会，乡、民族乡、镇的人民代表大会主席团或者中国人民政治协商会议委员会常务委员会通报。

第五十一条 下级监察机关根据上级监察机关的指定管辖决定进行调查的案件，调查终结后，对不属于本监察机关管辖范围内的监察对象，应当交有管理权限的监察机关依法作出政务处分决定。

第五十二条 公职人员涉嫌违法，已经被立案调查，不宜继续履行职责的，公职人员任免机关、单位可以决定暂停其履行职务。

公职人员在被立案调查期间，未经监察机关同意，不得出境、辞去公职；被调查公职人员所在机关、单位及上级机关、单位不得对其交流、晋升、奖励、处分或者办理退休手续。

第五十三条 监察机关在调查中发现公职人员受到不实检举、控告或者诬告陷害，造成不良影响的，应当按照规定及时澄清事实，恢复名誉，消除不良影响。

第五十四条 公职人员受到政务处分的，应当将政务处分决定书存入其本人档案。对于受到降级以上政务处分的，应当由人事部门按照管理权限在作出政务处分决定后一个月内办理职务、工资及其他有关待遇等的变更手续；特殊情况下，经批准可以适当延长办理期限，但是最长不得超过六个月。

第五章 复审、复核

第五十五条 公职人员对监察机关作出的涉及本人的政务处分决定不服的，可以依法向作出决定的监察机关申请复审；公职人员对复审决定仍不服的，可以向上一级监察机关申请复核。

监察机关发现本机关或者下级监察机关作出的政务处分决定确有错误的，应当及时予以纠正或者责令下级监察机关及时予以纠正。

第五十六条 复审、复核期间，不停止原政务处分决定的执行。

公职人员不因提出复审、复核而被加重政务处分。

第五十七条 有下列情形之一的，复审、复核机关应当撤销原政务处分决定，重新作出决定或者责令原作出决定的监察机关重新作出决定：

（一）政务处分所依据的违法事实不清或者证据不足的；

（二）违反法定程序，影响案件公正处理的；

（三）超越职权或者滥用职权作出政务处分决定的。

第五十八条 有下列情形之一的，复审、复核机关应当变更原政务处分决定，或者责令原作出决定的监察机关予以变更：

（一）适用法律、法规确有错误的；

（二）对违法行为的情节认定确有错误的；

（三）政务处分不当的。

第五十九条 复审、复核机关认为政务处分决定认定事实清楚，适用法律正确的，应当予以维持。

第六十条 公职人员的政务处分决定被变更，需要调整该公职人员的职务、职级、衔级、级别、岗位和职员等级或者薪酬待遇等的，应当按照规定予以调整。政务处分决定被撤销的，应当恢复该公职人员的级别、薪酬待遇，按照原职务、职级、衔级、岗位和职员等级安排相应的职务、职级、衔级、岗位和职员等级，并在原政务处分决定公布范围内为其恢复名誉。没收、追缴财物错误的，应当依法予以返还、赔偿。

公职人员因有本法第五十七条、第五十八条规定的情形被撤销政务处分或者减轻政务处分的，应当对其薪酬待遇受到的损失予以补偿。

第六章 法律责任

第六十一条 有关机关、单位无正当理由拒不采纳监察建议的，由其上级机关、主管部门责令改正，对该机关、单位给予通报批评，对负有责任的领导人员和直接责任人员依法给予处理。

第六十二条 有关机关、单位、组织或者人员有下列情形之一的，由其上级机关，主管部门，任免机关、单位或者监察机关责令改正，依法给予处理：

（一）拒不执行政务处分决定的；

（二）拒不配合或者阻碍调查的；

（三）对检举人、证人或者调查人员进行打击报复的；

（四）诬告陷害公职人员的；

（五）其他违反本法规定的情形。

第六十三条 监察机关及其工作人员有下列情形之一的，对负有责任的领导人员和直接责任人员依法给予处理：

（一）违反规定处置问题线索的；

（二）窃取、泄露调查工作信息，或者泄露检举事项、检举受理情况以及检举人信息的；

（三）对被调查人或者涉案人员逼供、诱供，或者侮辱、打骂、虐待、体罚或者变相体罚的；

（四）收受被调查人或者涉案人员的财物以及其他利益的；

（五）违反规定处置涉案财物的；

（六）违反规定采取调查措施的；

（七）利用职权或者职务上的影响干预调查工作、以案谋私的；

（八）违反规定发生办案安全事故，或者发生安全事故后隐瞒不报、报告失实、处置不当的；

（九）违反回避等程序规定，造成不良影响的；

（十）不依法受理和处理公职人员复审、复核的；

（十一）其他滥用职权、玩忽职守、徇私舞弊的行为。

第六十四条 违反本法规定，构成犯罪的，依法追究刑事责任。

第七章 附 则

第六十五条 国务院及其相关主管部门根据本法的原则和精神，结合事业单位、国有企业等的实际情况，对事业单位、国有企业等的违法的公职人员处分事宜作出具体规定。

第六十六条 中央军事委员会可以根据本法制定相关具体规定。

第六十七条 本法施行前，已结案的案件如果需要复审、复核，适用当时的规定。尚未结案的案件，如果行为发生时的规定不认为是违法的，适用当时的规定；如果行为发生时的规定认为是违法的，依照当时的规定处理，但是如果本法不认为是违法或者根据本法处理较轻的，适用本法。

第六十八条 本法自 2020 年 7 月 1 日起施行。

事业单位工作人员处分规定

1. 2023年11月6日中共中央组织部、人力资源社会保障部印发
2. 人社部发〔2023〕58号

第一章 总 则

第一条 为严明事业单位纪律规矩,规范事业单位工作人员行为,保证事业单位及其工作人员依法履职,根据《中华人民共和国公职人员政务处分法》和《事业单位人事管理条例》,制定本规定。

第二条 事业单位工作人员违规违纪违法,应当承担纪律责任的,依照本规定给予处分。

任免机关、事业单位对事业单位中从事管理的人员给予处分,适用《中华人民共和国公职人员政务处分法》第二章、第三章规定。处分的程序、申诉等适用本规定。

第三条 给予事业单位工作人员处分,应当坚持党管干部、党管人才原则;坚持公正、公平;坚持惩治与教育相结合。

给予事业单位工作人员处分,应当与其违规违纪违法行为的性质、情节、危害程度相适应。

给予事业单位工作人员处分,应当事实清楚、证据确凿、定性准确、处理恰当、程序合法、手续完备。

第二章 处分的种类和适用

第四条 事业单位工作人员处分的种类为:

(一)警告;

(二)记过;

(三)降低岗位等级;

(四)开除。

第五条 事业单位工作人员受处分的期间为:

(一)警告,六个月;

(二)记过,十二个月;

(三)降低岗位等级,二十四个月。

处分决定自作出之日起生效,处分期自处分决定生效之日起计算。

第六条 事业单位工作人员受到警告处分的,在作出处分决定的当年,参加年度考核,不能确定为优秀档次;受到记过处分的当年,受到降低岗位等级处分的当年及第二年,参加年度考核,只写评语,不确定档次。

事业单位工作人员受到降低岗位等级处分的,自处分决定生效之日起降低一个以上岗位和职员等级聘用,按照事业单位收入分配有关规定确定其工资待遇;对同时在管理和专业技术两类岗位任职的事业单位工作人员发生违规违纪违法行为的,给予降低岗位等级处分时,应当同时降低两类岗位的等级,并根据违规违纪违法的情形与岗位性质的关联度确定降低岗位类别的主次。

事业单位工作人员在受处分期间,不得聘用到高于现聘岗位和职员等级。受到开除处分的,自处分决定生效之日起,终止其与事业单位的人事关系。

第七条 事业单位工作人员受到记过以上处分的,在受处分期间不得参加专业技术职称评审或者工勤技能人员职业技能等级认定。

第八条 事业单位工作人员同时有两种以上需要给予处分的行为的,应当分别确定其处分。应当给予的处分种类不同的,执行其中最重的处分;应当给予开除以外多个相同种类处分的,执行该处分,处分期应当按照一个处分期以上、多个处分期之和以下确定,但是最长不得超过四十八个月。

事业单位工作人员在受处分期间受到新的处分的,其处分期为原处分期尚未执行的期限与新处分期限之和,但是最长不得超过四十八个月。

第九条 事业单位工作人员二人以上共同违规违纪违法,需要给予处分的,按照各自应当承担的责任,分别给予相应的处分。

第十条 有下列情形之一的,应当从重处分:

(一)在处分期内再次故意违规违纪违法,应当受到处分的;

(二)在二人以上的共同违规违纪违法行为中起主要作用的;

(三)隐匿、伪造、销毁证据的;

(四)串供或者阻止他人揭发检举、提供证据材料的;

(五)包庇同案人员的;

(六)胁迫、唆使他人实施违规违纪违法行为的;

(七)拒不上交或者退赔违规违纪违法所得的;

(八)法律、法规、规章规定的其他从重情节。

第十一条 有下列情形之一的,可以从轻或者减轻给予处分:

(一)主动交代本人应当受到处分的违规违纪违法行为的;

(二)配合调查,如实说明本人违规违纪违法事实的;

(三)主动采取措施,有效避免、挽回损失或者消除不良影响的;

(四)检举他人违规违纪违法行为,情况属实的;

（五）在共同违规违纪违法行为中起次要或者辅助作用的；

（六）主动上交或者退赔违规违纪违法所得的；

（七）其他从轻或者减轻情节。

第十二条 违规违纪违法行为情节轻微，且具有本规定第十一条的情形之一的，可以对其进行谈话提醒、批评教育、责令检查或者予以诫勉，免予或者不予处分。

事业单位工作人员因不明真相被裹挟或者被胁迫参与违规违纪违法活动，经批评教育后确有悔改表现的，可以减轻、免予或者不予处分。

第十三条 事业单位工作人员违规违纪违法取得的财物和用于违规违纪违法的财物，除依法应当由其他机关没收、追缴或者责令退赔的，由处分决定单位没收、追缴或者责令退赔；应当退还原所有人或者原持有人的，依法予以退还；属于国家财产或者不应当退还以及无法退还的，上缴国库。

第十四条 已经退休的事业单位工作人员退休前或者退休后有违规违纪违法行为应当受到处分的，不再作出处分决定，但是可以对其立案调查；依规依纪依法应当给予降低岗位等级以上处分的，应当按照规定相应调整其享受的待遇。

第十五条 事业单位有违规违纪违法行为，应当追究纪律责任的，依规依纪依法对负有责任的领导人员和直接责任人员给予处分。

第三章 违规违纪违法行为及其适用的处分

第十六条 有下列行为之一的，给予记过处分；情节较重的，给予降低岗位等级处分；情节严重的，给予开除处分：

（一）散布有损宪法权威、中国共产党领导和国家声誉的言论的；

（二）参加旨在反对宪法、中国共产党领导和国家的集会、游行、示威等活动的；

（三）拒不执行或者变相不执行中国共产党和国家的路线方针政策、重大决策部署的；

（四）参加非法组织、非法活动的；

（五）利用宗教活动破坏民族团结和社会稳定的；挑拨、破坏民族关系，或者参加民族分裂活动的；

（六）在对外交往中损害国家荣誉和利益的；

（七）携带含有依法禁止内容的书刊、音像制品、电子出版物进入境内的；

（八）其他违反政治纪律的行为。

有前款第二项、第四项、第五项行为之一的，对策划者、组织者和骨干分子，给予开除处分。

公开发表反对宪法确立的国家指导思想，反对中国共产党领导，反对社会主义制度，反对改革开放的文章、演说、宣言、声明等的，给予开除处分。

第十七条 有下列行为之一的，给予警告或者记过处分；情节较重的，给予降低岗位等级处分；情节严重的，给予开除处分：

（一）采取不正当手段为本人或者他人谋取岗位；

（二）在事业单位选拔任用、公开招聘、考核、培训、回避、奖励、申诉、职称评审等人事管理工作中有违反组织人事纪律行为的；

（三）其他违反组织人事纪律的行为。

篡改、伪造本人档案资料的，给予记过处分；情节严重的，给予降低岗位等级处分。

违反规定出境或者办理因私出境证件的，给予记过处分；情节严重的，给予降低岗位等级处分。

违反规定取得外国国籍或者获取境外永久居留资格、长期居留许可的，给予降低岗位等级以上处分。

第十八条 有下列行为之一的，给予警告或者记过处分；情节较重的，给予降低岗位等级处分；情节严重的，给予开除处分：

（一）在执行国家重要任务、应对公共突发事件中，不服从指挥、调遣或者消极对抗的；

（二）破坏正常工作秩序，给国家或者公共利益造成损失的；

（三）违章指挥、违规操作，致使人民生命财产遭受损失的；

（四）发生重大事故、灾害、事件，擅离职守或者不按规定报告、不采取措施处置或者处置不力的；

（五）在项目评估评审、产品认证、设备检测检验等工作中徇私舞弊，或者违反规定造成不良影响的；

（六）泄露国家秘密，或者泄露因工作掌握的内幕信息、个人隐私，造成不良后果的；

（七）其他违反工作纪律失职渎职的行为。

第十九条 有下列行为之一的，给予警告或者记过处分；情节较重的，给予降低岗位等级处分；情节严重的，给予开除处分：

（一）贪污、索贿、受贿、行贿、介绍贿赂、挪用公款的；

（二）利用工作之便为本人或者他人谋取不正当利益的；

（三）在公务活动或者工作中接受礼品、礼金、各种有价证券、支付凭证的；

（四）利用知悉或者掌握的内幕信息谋取利益的；

（五）用公款旅游或者变相用公款旅游的；

（六）违反国家规定，从事、参与营利性活动或者兼任职务领取报酬的；

（七）其他违反廉洁从业纪律的行为。

第二十条 有下列行为之一的，给予警告或者记过处分；情节较重的，给予降低岗位等级处分；情节严重的，给予开除处分：

（一）违反国家财政收入上缴有关规定的；

（二）违反规定使用、骗取财政资金或者违反规定使用、骗取、隐匿、转移、侵占、挪用社会保险基金的；

（三）擅自设定收费项目或者擅自改变收费项目的范围、标准和对象的；

（四）挥霍、浪费国家资财或者造成国有资产流失的；

（五）违反国有资产管理规定，擅自占有、使用、处置国有资产的；

（六）在招标投标和物资采购工作中违反有关规定，造成不良影响或者损失的；

（七）其他违反财经纪律的行为。

第二十一条 有下列行为之一的，给予警告或者记过处分；情节较重的，给予降低岗位等级处分；情节严重的，给予开除处分：

（一）利用专业技术或者技能实施违规违纪违法行为的；

（二）有抄袭、剽窃、侵吞他人学术成果，伪造、篡改数据文献，或者捏造事实等学术不端行为的；

（三）利用职业身份进行利诱、威胁或者误导，损害他人合法权益的；

（四）利用权威、地位或者掌控的资源，压制不同观点，限制学术自由，造成重大损失或者不良影响的；

（五）在申报岗位、项目、荣誉等过程中弄虚作假的；

（六）工作态度恶劣，造成不良社会影响的；

（七）其他严重违反职业道德的行为。

有前款第一项规定行为的，给予记过以上处分。

第二十二条 有下列行为之一的，给予警告或者记过处分；情节较重的，给予降低岗位等级处分；情节严重的，给予开除处分：

（一）违背社会公序良俗，在公共场所有不当行为，造成不良影响的；

（二）制造、传播违法违禁物品及信息的；

（三）参与赌博活动的；

（四）有实施家庭暴力，虐待、遗弃家庭成员，或者拒不承担赡养、抚养、扶养义务等的；

（五）其他严重违反公共秩序、社会公德的行为。

吸食、注射毒品，组织赌博，组织、支持、参与卖淫、嫖娼、色情淫乱活动的，给予降低岗位等级以上处分。

第二十三条 事业单位工作人员犯罪,有下列情形之一的,给予开除处分:

(一)因故意犯罪被判处管制、拘役或者有期徒刑以上刑罚(含宣告缓刑)的;

(二)因过失犯罪被判处有期徒刑,刑期超过三年的;

(三)因犯罪被单处或者并处剥夺政治权利的。

因过失犯罪被判处管制、拘役或者三年以下有期徒刑的,一般应当给予开除处分;案件情况特殊,给予降低岗位等级处分更为适当的,可以不予开除,但是应当报请事业单位主管部门批准,并报同级事业单位人事综合管理部门备案。

事业单位工作人员因犯罪被单处罚金,或者犯罪情节轻微,人民检察院依法作出不起诉决定或者人民法院依法免予刑事处罚的,给予降低岗位等级处分;造成不良影响的,给予开除处分。

第四章 处分的权限和程序

第二十四条 对事业单位工作人员的处分,按照干部人事管理权限,由事业单位或者事业单位主管部门决定。

开除处分由事业单位主管部门决定,并报同级事业单位人事综合管理部门备案。

对中央和地方直属事业单位工作人员的处分,按照干部人事管理权限,由本单位或者有关部门决定;其中,由本单位作出开除处分决定的,报同级事业单位人事综合管理部门备案。

第二十五条 对事业单位工作人员的处分,按照以下程序办理:

(一)对事业单位工作人员违规违纪违法行为初步调查后,需要进一步查证的,应当按照干部人事管理权限,经事业单位负责人批准或者有关部门同意后立案;

(二)对被调查的事业单位工作人员的违规违纪违法行为作进一步调查,收集、查证有关证据材料,并形成书面调查报告;

(三)将调查认定的事实及拟给予处分的依据告知被调查的事业单位工作人员,听取其陈述和申辩,并对其所提出的事实、理由和证据进行复核,记录在案。被调查的事业单位工作人员提出的事实、理由和证据成立的,应予采信;

(四)按照处分决定权限,作出对该事业单位工作人员给予处分、免予不予处分或者撤销案件的决定;

(五)处分决定单位印发处分决定;

(六)将处分决定以书面形式通知受处分事业单位工作人员本人和有关单位,并在一定范围内宣布;

（七）将处分决定存入受处分事业单位工作人员的档案。

第二十六条 事业单位工作人员已经被立案调查，不宜继续履职的，可以按照干部人事管理权限，由事业单位或者有关部门暂停其职责。

被调查的事业单位工作人员在案件立案调查期间，不得解除聘用合同、出境，所在单位不得对其交流、晋升、奖励或者办理退休手续。

第二十七条 对事业单位工作人员案件进行调查，应当由二名以上办案人员进行；接受调查的单位和个人应当如实提供情况。

以暴力、威胁、引诱、欺骗等非法方式收集的证据不得作为定案的根据。

在调查中发现事业单位工作人员受到不实检举、控告或者诬告陷害，造成不良影响的，应当按照规定及时澄清事实，恢复名誉，消除不良影响。

第二十八条 参与事业单位工作人员案件调查、处理的人员应当回避的，执行《事业单位人事管理回避规定》等有关规定。

第二十九条 给予事业单位工作人员处分，应当自批准立案之日起六个月内作出决定；案情复杂或者遇有其他特殊情形的可以延长，但是办案期限最长不得超过十二个月。

第三十条 处分决定应当包括下列内容：

（一）受处分事业单位工作人员的姓名、工作单位、原所聘岗位（所任职务）名称及等级、职员等级等基本情况；

（二）经查证的违规违纪违法事实；

（三）处分的种类、受处分的期间和依据；

（四）不服处分决定的申诉途径和期限；

（五）处分决定单位的名称、印章和作出决定的日期。

第三十一条 事业单位工作人员受到处分，应当办理岗位、职员等级、工资及其他有关待遇等的变更手续的，由人事部门按照管理权限在作出处分决定后一个月内办理；特殊情况下，经批准可以适当延长办理期限，但是最长不得超过六个月。

第三十二条 事业单位工作人员受开除以外的处分，在受处分期间有悔改表现，并且没有再出现违规违纪违法情形的，处分期满后自动解除处分。

处分解除后，考核及晋升岗位和职员等级、职称、工资待遇按照国家有关规定执行，不再受原处分的影响。但是，受到降低岗位等级处分的，不恢复受处分前的岗位、职员等级、工资待遇；无岗位、职员等级可降而降低薪级工资的，处分解除后，不恢复受处分前的薪级工资。

第三十三条 事业单位工作人员受到开除处分后，事业单位应当及时办理档案和社会保险关系转移手续，具体办法按照有关规定执行。

第五章 复核和申诉

第三十四条 受到处分的事业单位工作人员对处分决定不服的，可以自知道或者应当知道该处分决定之日起三十日内向原处分决定单位申请复核。对复核结果不服的，可以自接到复核决定之日起三十日内，按照《事业单位工作人员申诉规定》等有关规定向原处分决定单位的主管部门或者同级事业单位人事综合管理部门提出申诉。

受到处分的中央和地方直属事业单位工作人员的申诉，按照干部人事管理权限，由同级事业单位人事综合管理部门受理。

第三十五条 原处分决定单位应当自接到复核申请后的三十日内作出复核决定。受理申诉的单位应当自受理之日起六十日内作出处理决定；案情复杂的，可以适当延长，但是延长期限最多不超过三十日。

复核、申诉期间不停止处分的执行。

事业单位工作人员不因提出复核、申诉而被加重处分。

第三十六条 有下列情形之一的，受理处分复核、申诉的单位应当撤销处分决定，重新作出决定或者责令原处分决定单位重新作出决定：

（一）处分所依据的事实不清、证据不足的；

（二）违反规定程序，影响案件公正处理的；

（三）超越职权或者滥用职权作出处分决定的。

第三十七条 有下列情形之一的，受理复核、申诉的单位应当变更处分决定或者责令原处分决定单位变更处分决定：

（一）适用法律、法规、规章错误的；

（二）对违规违纪违法行为的情节认定有误的；

（三）处分不当的。

第三十八条 事业单位工作人员的处分决定被变更，需要调整该工作人员的岗位、职员等级或者工资待遇的，应当按照规定予以调整；事业单位工作人员的处分决定被撤销的，需要恢复该工作人员的岗位、职员等级、工资待遇的，按照原岗位、职员等级安排相应的岗位、职员等级，恢复相应的工资待遇，并在原处分决定公布范围内为其恢复名誉。

被撤销处分或者被减轻处分的事业单位工作人员工资待遇受到损失的，应当予以补偿。没收、追缴财物错误的，应当依规依纪依法予以返还、赔偿。

第六章 附 则

第三十九条 对事业单位工作人员处分工作中有滥用职权、玩忽职守、徇私舞弊、收受贿赂等违规违纪违法行为的工作人员，按照有关规定给予处分；涉嫌犯罪的，依法追究刑事责任。

第四十条 对机关工勤人员给予处分，参照本规定执行。

第四十一条 教育、科研、文化、医疗卫生、体育等部门，可以依据本规定，结合自身工作的实际情况，与中央事业单位人事综合管理部门联合制定具体办法。

第四十二条 本规定实施前，已经结案的案件如果需要复核、申诉，适用当时的规定。尚未结案的案件，如果行为发生时的规定不认为是违规违纪违法的，适用当时的规定；如果行为发生时的规定认定是违规违纪违法的，依照当时的规定处理，但是如果本规定不认为是违规违纪违法的或者根据本规定处理较轻的，适用本规定。

第四十三条 本规定所称以上、以下，包括本数。

第四十四条 本规定由中共中央组织部、人力资源社会保障部负责解释。

第四十五条 本规定自发布之日起施行。

国有企业管理人员处分条例

1. 2024年5月21日中华人民共和国国务院令第781号公布
2. 自2024年9月1日起施行

第一章 总 则

第一条 为了规范对国有企业管理人员的处分，加强对国有企业管理人员的监督，根据《中华人民共和国公职人员政务处分法》(以下简称公职人员政务处分法)等法律，制定本条例。

第二条 本条例所称国有企业管理人员，是指国家出资企业中的下列公职人员：

(一)在国有独资、全资公司、企业中履行组织、领导、管理、监督等职责的人员；

(二)经党组织或者国家机关，国有独资、全资公司、企业，事业单位提名、推荐、任命、批准等，在国有控股、参股公司及其分支机构中履行组织、领导、管理、监督等职责的人员；

(三)经国家出资企业中负有管理、监督国有资产职责的组织批准或者研究决定，代表其在国有控股、参股公司及其分支机构中从事组织、领导、管理、监督等工作的人员。

国有企业管理人员任免机关、单位(以下简称任免机关、单位)对违法的国有企业管理人员给予处分，适用公职人员政务处分法第二章、第三章和本条例的规定。

第三条 国有企业管理人员处分工作坚持中国共产党的领导，坚持党管干部原则，加强国有企业管理人员队伍建设，推动国有企业高质量发展。

第四条 任免机关、单位加强对国有企业管理人员的教育、管理、监督。给予国有企业管理人员处分，应当坚持公正公平，集体讨论决定；坚持宽严相济，惩戒与教育相结合；坚持法治原则，以事实为根据，以法律为准绳，依法保障国有企业管理人员以及相关人员的合法权益。

第五条 履行出资人职责的机构或者有干部管理权限的部门依照法律、法规和国家有关规定，指导国有企业整合优化监督资源，推动出资人监督与纪检监察监督、巡视监督、审计监督、财会监督、社会监督等相衔接，健全协同高效的监督机制，建立互相配合、互相制约的内部监督管理制度，增强对国有企业及其管理人员监督的系统性、针对性、有效性。

第六条 给予国有企业管理人员处分，应当事实清楚、证据确凿、定性准确、处理恰当、程序合法、手续完备，与其违法行为的性质、情节、危害程度相适应。

第二章　处分的种类和适用

第七条 处分的种类为：

（一）警告；

（二）记过；

（三）记大过；

（四）降级；

（五）撤职；

（六）开除。

第八条 处分的期间为：

（一）警告，6 个月；

（二）记过，12 个月；

（三）记大过，18 个月；

（四）降级、撤职，24 个月。

处分决定自作出之日起生效，处分期自处分决定生效之日起计算。

第九条 国有企业管理人员同时有两个以上需要给予处分的违法行为的，应当分别确定其处分。应当给予的处分种类不同的，执行其中最重的处分；应当给予撤职以下多个相同种类处分的，可以在一个处分期以上、多个处分期之和以下确定处分期，但是最长不得超过 48 个月。

第十条 国有企业实施违法行为或者国有企业管理人员集体作出的决定违法，应当追究法律责任的，对负有责任的领导人员和直接责任人员中的国有企业管理人员给予处分。

国有企业管理人员2人以上共同违法,需要给予处分的,按照各自应当承担的责任,分别给予相应的处分。

第十一条 国有企业管理人员有下列情形之一的,可以从轻或者减轻给予处分:

(一)主动交代本人应当受到处分的违法行为;

(二)配合调查,如实说明本人违法事实;

(三)检举他人违法行为,经查证属实;

(四)主动采取措施,有效避免、挽回损失或者消除不良影响;

(五)在共同违法行为中起次要或者辅助作用;

(六)主动上交或者退赔违法所得;

(七)属于推进国有企业改革中因缺乏经验、先行先试出现的失误错误;

(八)法律、法规规定的其他从轻或者减轻情节。

从轻给予处分,是指在本条例规定的违法行为应当受到的处分幅度以内,给予较轻的处分。

减轻给予处分,是指在本条例规定的违法行为应当受到的处分幅度以外,减轻一档给予处分。

第十二条 国有企业管理人员违法行为情节轻微,且具有本条例第十一条第一款规定情形之一的,可以对其进行谈话提醒、批评教育、责令检查或者予以诫勉,免予或者不予处分。

国有企业管理人员因不明真相被裹挟或者被胁迫参与违法活动,经批评教育后确有悔改表现的,可以减轻、免予或者不予处分。

第十三条 国有企业管理人员有下列情形之一的,应当从重给予处分:

(一)在处分期内再次故意违法,应当受到处分;

(二)阻止他人检举、提供证据;

(三)串供或者伪造、隐匿、毁灭证据;

(四)包庇同案人员;

(五)胁迫、唆使他人实施违法行为;

(六)拒不上交或者退赔违法所得;

(七)法律、法规规定的其他从重情节。

从重给予处分,是指在本条例规定的违法行为应当受到的处分幅度以内,给予较重的处分。

第十四条 国有企业管理人员在处分期内,不得晋升职务、岗位等级和职称;其中,被记过、记大过、降级、撤职的,不得晋升薪酬待遇等级。被撤职的,降低职务或者岗位等级,同时降低薪酬待遇。被开除的,用人单位依法解除劳动合同。

第十五条 国有企业管理人员违法取得的财物和用于违法行为的本人财物，除依法应当由有关机关没收、追缴或者责令退赔的外，应当退还原所有人或者原持有人。

国有企业管理人员因违法行为获得的职务、职级、级别、岗位和职员等级、职称、待遇、资格、学历、学位、荣誉、奖励等其他利益，任免机关、单位应当予以纠正或者建议有关机关、单位、组织按规定予以纠正。

第十六条 已经退休的国有企业管理人员退休前或者退休后有违法行为应当受到处分的，不再作出处分决定，但是可以对其立案调查；依法应当给予降级、撤职、开除处分的，应当按照规定相应调整其享受的待遇，对其违法取得的财物和用于违法行为的本人财物依照本条例第十五条的规定处理。

第三章 违法行为及其适用的处分

第十七条 国有企业管理人员有下列行为之一的，依据公职人员政务处分法第二十八条的规定，予以记过或者记大过；情节较重的，予以降级或者撤职；情节严重的，予以开除：

（一）散布有损坚持和完善社会主义基本经济制度的言论；

（二）拒不执行或者变相不执行国有企业改革发展和党的建设有关决策部署；

（三）在对外经济合作、对外援助、对外交流等工作中损害国家安全和国家利益。

公开发表反对宪法确立的国家指导思想，反对中国共产党领导，反对社会主义制度，反对改革开放的文章、演说、宣言、声明等的，予以开除。

第十八条 国有企业管理人员有下列行为之一的，依据公职人员政务处分法第三十条的规定，予以警告、记过或者记大过；情节严重的，予以降级或者撤职：

（一）违反规定的决策程序、职责权限决定国有企业重大决策事项、重要人事任免事项、重大项目安排事项、大额度资金运作事项；

（二）故意规避、干涉、破坏集体决策，个人或者少数人决定国有企业重大决策事项、重要人事任免事项、重大项目安排事项、大额度资金运作事项；

（三）拒不执行或者擅自改变国有企业党委（组）会、股东（大）会、董事会、职工代表大会等集体依法作出的重大决定；

（四）拒不执行或者变相不执行、拖延执行履行出资人职责的机构、行业管理部门等有关部门依法作出的决定。

第十九条 国有企业管理人员有下列行为之一的，依据公职人员政务处分法第三十三条的规定，予以警告、记过或者记大过；情节较重的，予以降级或者撤职；情节严重的，予以开除：

（一）利用职务上的便利，侵吞、窃取、骗取或者以其他手段非法占有、挪用本企业以及关联企业的财物、客户资产等；

（二）利用职务上的便利，索取他人财物或者非法收受他人财物，为他人谋取利益；

（三）为谋取不正当利益，向国家机关、国家出资企业、事业单位、人民团体，或者向国家工作人员、企业或者其他单位的工作人员，外国公职人员、国际公共组织官员行贿；

（四）利用职权或者职务上的影响，违反规定在企业关系国有资产出资人权益的重大事项以及工程建设、资产处置、出版发行、招标投标等活动中为本人或者他人谋取私利；

（五）纵容、默许特定关系人利用本人职权或者职务上的影响，在企业关系国有资产出资人权益的重大事项以及企业经营管理活动中谋取私利；

（六）违反规定，以单位名义将国有资产集体私分给个人。

拒不纠正特定关系人违反规定任职、兼职或者从事经营活动，且不服从职务调整的，予以撤职。

第二十条 国有企业管理人员有下列行为之一，依据公职人员政务处分法第三十五条的规定，情节较重的，予以警告、记过或者记大过；情节严重的，予以降级或者撤职：

（一）超提工资总额或者超发工资，或者在工资总额之外以津贴、补贴、奖金等其他形式设定和发放工资性收入；

（二）未实行工资总额预算管理，或者未按规定履行工资总额备案或者核准程序；

（三）违反规定，自定薪酬、奖励、津贴、补贴和其他福利性货币收入；

（四）在培训活动、办公用房、公务用车、业务招待、差旅费用等方面超过规定的标准、范围；

（五）公款旅游或者以学习培训、考察调研、职工疗养等名义变相公款旅游。

第二十一条 国有企业管理人员有下列行为之一的，依据公职人员政务处分法第三十六条的规定，予以警告、记过或者记大过；情节较重的，予以降级或者撤职；情节严重的，予以开除：

（一）违反规定，个人经商办企业、拥有非上市公司（企业）股份或者证券、从事有偿中介活动、在国（境）外注册公司或者进行投资入股等营利性活动；

（二）利用职务上的便利，为他人经营与所任职企业同类经营的企业；

（三）违反规定，未经批准在本企业所出资企业或者其他企业、事业单位、社会组织、中介机构、国际组织等兼任职务；

（四）经批准兼职，但是违反规定领取薪酬或者获取其他收入；

（五）利用企业内幕信息或者其他未公开的信息、商业秘密、无形资产等谋取私利。

第二十二条 国有企业管理人员在履行提供社会公共服务职责过程中，侵犯服务对象合法权益或者社会公共利益，被监管机构查实并提出处分建议的，依据公职人员政务处分法第三十八条的规定，情节较重的，予以警告、记过或者记大过；情节严重的，予以降级或者撤职；情节特别严重的，予以开除。

第二十三条 国有企业管理人员有下列行为之一，造成国有资产损失或者其他严重不良后果的，依据公职人员政务处分法第三十九条的规定，予以警告、记过或者记大过；情节较重的，予以降级或者撤职；情节严重的，予以开除：

（一）截留、占用、挪用或者拖欠应当上缴国库的预算收入；

（二）违反规定，不履行或者不正确履行经营投资职责；

（三）违反规定，进行关联交易，开展融资性贸易、虚假交易、虚假合资、挂靠经营等活动；

（四）在国家规定期限内不办理或者不如实办理企业国有资产产权登记，或者伪造、涂改、出租、出借、出售国有资产产权登记证（表）；

（五）拒不提供有关信息资料或者编制虚假数据信息，致使国有企业绩效评价结果失真；

（六）掩饰企业真实状况，不如实向会计师事务所、律师事务所、资产评估机构等中介服务机构提供有关情况和资料，或者与会计师事务所、律师事务所、资产评估机构等中介服务机构串通作假。

第二十四条 国有企业管理人员有下列行为之一的，依据公职人员政务处分法第三十九条的规定，予以警告、记过或者记大过；情节较重的，予以降级或者撤职；情节严重的，予以开除：

（一）洗钱或者参与洗钱；

（二）吸收客户资金不入账，非法吸收公众存款或者变相吸收公众存款，违反规定参与或者变相参与民间借贷；

（三）违反规定发放贷款或者对贷款本金减免、停息、减息、缓息、免息、展期等，进行呆账核销，处置不良资产；

（四）违反规定出具金融票证、提供担保，对违法票据予以承兑、付款或者保证；

（五）违背受托义务，擅自运用客户资金或者其他委托、信托的资产；

（六）伪造、变造货币、贵金属、金融票证或者国家发行的有价证券；

（七）伪造、变造、转让、出租、出借金融机构经营许可证或者批准文件，未经批准擅自设立金融机构、发行股票或者债券；

（八）编造并且传播影响证券、期货交易的虚假信息，操纵证券、期货市场，提供虚假信息或者伪造、变造、销毁交易记录，诱骗投资者买卖证券、期货合约；

（九）进行虚假理赔或者参与保险诈骗活动；

（十）窃取、收买或者非法提供他人信用卡信息及其他公民个人信息资料。

第二十五条 国有企业管理人员有下列行为之一，造成不良后果或者影响的，依据公职人员政务处分法第三十九条的规定，予以警告、记过或者记大过；情节较重的，予以降级或者撤职；情节严重的，予以开除：

（一）泄露企业内幕信息或者商业秘密；

（二）伪造、变造、转让、出租、出借行政许可证件、资质证明文件，或者出租、出借国有企业名称或者企业名称中的字号；

（三）违反规定，举借或者变相举借地方政府债务；

（四）在中华人民共和国境外违反规定造成重大工程质量问题、引起重大劳务纠纷或者其他严重后果；

（五）不履行或者不依法履行安全生产管理职责，导致发生生产安全事故；

（六）在工作中有敷衍应付、推诿扯皮，或者片面理解、机械执行党和国家路线方针政策、重大决策部署等形式主义、官僚主义行为；

（七）拒绝、阻挠、拖延依法开展的出资人监督、审计监督、财会监督工作，或者对出资人监督、审计监督、财会监督发现的问题拒不整改、推诿敷衍、虚假整改；

（八）不依法提供有关信息、报送有关报告或者履行信息披露义务，或者配合其他主体从事违法违规行为；

（九）不履行法定职责或者违法行使职权，侵犯劳动者合法权益；

（十）违反规定，拒绝或者延迟支付中小企业款项、农民工工资等；

（十一）授意、指使、强令、纵容、包庇下属人员违反法律法规规定。

第四章 处分的程序

第二十六条 任免机关、单位按照干部管理权限对有公职人员政务处分法和本条例规定违法行为的国有企业管理人员依法给予处分，保障国有企业管理人员以及相关人员的合法权益。

任免机关、单位应当结合国有企业的组织形式、组织机构等实际情况，明确承担国有企业管理人员处分工作的内设部门或者机构（以下称承办部门）及其职责权限、运行机制等。

第二十七条 对涉嫌违法的国有企业管理人员进行调查、处理,应当由2名以上工作人员进行,按照下列程序办理:

（一）经任免机关、单位负责人同意,由承办部门对需要调查处理的问题线索进行初步核实;

（二）经初步核实,承办部门认为该国有企业管理人员涉嫌违反公职人员政务处分法和本条例规定,需要进一步查证的,经任免机关、单位主要负责人批准同意后立案,书面告知被调查的国有企业管理人员本人(以下称被调查人)及其所在单位,并向有管理权限的监察机关通报;

（三）承办部门负责对被调查人的违法行为作进一步调查,收集、查证有关证据材料,向有关单位和人员了解情况,并形成书面调查报告,向任免机关、单位负责人报告,有关单位和个人应当如实提供情况;

（四）承办部门将调查认定的事实以及拟给予处分的依据告知被调查人,听取其陈述和申辩,并对其提出的事实、理由和证据进行核实,记录在案,被调查人提出的事实、理由和证据成立的,应予采纳;

（五）承办部门经审查提出处理建议,按程序报任免机关、单位领导成员集体讨论,作出对被调查人给予处分、免予处分、不予处分或者撤销案件的决定,并向有管理权限的监察机关通报;

（六）任免机关、单位应当自本条第一款第五项决定作出之日起1个月以内,将处分、免予处分、不予处分或者撤销案件的决定以书面形式通知被调查人及其所在单位,并在一定范围内宣布,涉及国家秘密、商业秘密或者个人隐私的,按照国家有关规定办理;

（七）承办部门应当将处分有关决定及执行材料归入被调查人本人档案,同时汇集有关材料形成该处分案件的工作档案。

严禁以威胁、引诱、欺骗等非法方式收集证据。以非法方式收集的证据不得作为给予处分的依据。不得因被调查人的申辩而加重处分。

第二十八条 重大违法案件调查过程中,确有需要的,可以商请有管理权限的监察机关提供必要支持。

违法情形复杂、涉及面广或者造成重大影响,由任免机关、单位调查核实存在困难的,经任免机关、单位负责人同意,可以商请有管理权限的监察机关处理。

第二十九条 给予国有企业管理人员处分,应当自立案之日起6个月内作出决定;案情复杂或者遇有其他特殊情形的,经任免机关、单位主要负责人批准可以适当延长,但是延长期限不得超过6个月。

第三十条 决定给予处分的,应当制作处分决定书。

处分决定书应当载明下列事项：

（一）受到处分的国有企业管理人员（以下称被处分人）的姓名、工作单位和职务；

（二）违法事实和证据；

（三）处分的种类和依据；

（四）不服处分决定，申请复核、申诉的途径和期限；

（五）作出处分决定的机关、单位名称和日期。

处分决定书应当盖有作出决定的机关、单位印章。

第三十一条 参与国有企业管理人员违法案件调查、处理的人员有下列情形之一的，应当自行回避，被调查人、检举人以及其他有关人员可以要求其回避：

（一）是被调查人或者检举人的近亲属；

（二）担任过本案的证人；

（三）本人或者其近亲属与调查的案件有利害关系；

（四）可能影响案件公正调查、处理的其他情形。

任免机关、单位主要负责人的回避，由上一级机关、单位负责人决定；其他参与违法案件调查、处理人员的回避，由任免机关、单位负责人决定。

任免机关、单位发现参与处分工作的人员有应当回避情形的，可以直接决定该人员回避。

第三十二条 国有企业管理人员被依法追究刑事责任的，任免机关、单位应当根据司法机关的生效判决、裁定、决定及其认定的事实和情节，依法给予处分。

国有企业管理人员依法受到行政处罚，应当给予处分的，任免机关、单位可以根据生效的行政处罚决定认定的事实和情节，经核实后依法给予处分。

任免机关、单位根据本条第一款、第二款规定作出处分决定后，司法机关、行政机关依法改变原生效判决、裁定、决定等，对原处分决定产生影响的，任免机关、单位应当根据改变后的判决、裁定、决定等重新作出相应处理。

第三十三条 任免机关、单位对担任各级人民代表大会代表或者中国人民政治协商会议各级委员会委员的国有企业管理人员给予处分的，应当向有关的人民代表大会常务委员会，乡、民族乡、镇的人民代表大会主席团或者中国人民政治协商会议委员会常务委员会通报。

第三十四条 国有企业管理人员涉嫌违法，已经被立案调查，不宜继续履行职责的，任免机关、单位可以决定暂停其履行职务。国有企业管理人员在被立案调查期间，未经决定立案的任免机关、单位同意，不得出境、辞去公职；其任免机关、单位以及上级机关、单位不得对其交流、晋升、奖励或者办理退休手续。

第三十五条 调查中发现国有企业管理人员因依法履行职责遭受不实举报、诬告陷害、侮辱诽谤，造成不良影响的，任免机关、单位应当按照规定及时澄清事实，恢复名誉，消除不良影响。

第三十六条 国有企业管理人员受到降级、撤职、开除处分的，应当在处分决定作出后 1 个月内，由相应人事部门等按照管理权限办理岗位、职务、工资和其他有关待遇等变更手续，并依法变更或者解除劳动合同；特殊情况下，经任免机关、单位主要负责人批准可以适当延长办理期限，但是最长不得超过 6 个月。

第三十七条 国有企业管理人员受到开除以外的处分，在受处分期间有悔改表现，并且没有再出现应当给予处分的违法情形的，处分期满后自动解除处分。

处分解除后，考核以及晋升职务、职级、级别、岗位和职员等级、职称、薪酬待遇等级等不再受原处分影响。但是，受到降级、撤职处分的，不恢复受处分前的职务、职级、级别、岗位和职员等级、职称、薪酬待遇等级等。

任免机关、单位应当按照国家有关规定正确对待、合理使用受处分的国有企业管理人员，坚持尊重激励与监督约束并重，营造干事创业的良好环境。

第五章 复核、申诉

第三十八条 被处分人对处分决定不服的，可以自收到处分决定书之日起 1 个月内，向作出处分决定的任免机关、单位（以下称原处分决定单位）申请复核。原处分决定单位应当自接到复核申请后 1 个月以内作出复核决定。

被处分人因不可抗拒的事由或者其他正当理由耽误复核申请期限的，在障碍消除后的 10 个工作日内，可以申请顺延期限；是否准许，由原处分决定单位决定。

第三十九条 被处分人对复核决定仍不服的，可以自收到复核决定之日起 1 个月内按照管理权限向上一级机关、单位申诉。受理申诉的机关、单位（以下称申诉机关）应当自受理之日起 2 个月以内作出处理决定；案情复杂的，可以适当延长，但是延长期限最多不超过 1 个月。

被处分人因不可抗拒的事由或者其他正当理由耽误申诉申请期限的，在障碍消除后的 10 个工作日内，可以申请顺延期限；是否准许，由申诉机关决定。

第四十条 原处分决定单位接到复核申请、申诉机关受理申诉后，相关承办部门应当成立工作组，调阅原案材料，必要时可以进行调查，收集、查证有关证据材料，向有关单位和人员了解情况。工作组应当集体研究，提出办理意见，按程序报原处分决定单位、申诉机关领导成员集体讨论作出复核、申诉决定，并向有管理权限的监察机关通报。复核、申诉决定应当自作出之日起 1 个月以内以书面形式通知被处分人及其所在单位，并在一定范围内宣布；涉及国家秘密、商业秘密或者个人隐私的,按照国家有关规定办理。

复核、申诉期间,不停止原处分决定的执行。

国有企业管理人员不因提出复核、申诉而被加重处分。

坚持复核、申诉与原案调查相分离,原案调查、承办人员不得参与复核、申诉。

第四十一条 任免机关、单位发现本机关、本单位或者下级机关、单位作出的处分决定确有错误的,应当及时予以纠正或者责令下级机关、单位及时予以纠正。

监察机关发现任免机关、单位应当给予处分而未给予,或者给予的处分违法、不当,依法提出监察建议的,任免机关、单位应当采纳并将执行情况函告监察机关,不采纳的应当说明理由。

第四十二条 有下列情形之一的,原处分决定单位、申诉机关应当撤销原处分决定,重新作出决定或者由申诉机关责令原处分决定单位重新作出决定:

(一)处分所依据的违法事实不清或者证据不足;

(二)违反本条例规定的程序,影响案件公正处理;

(三)超越职权或者滥用职权作出处分决定。

第四十三条 有下列情形之一的,原处分决定单位、申诉机关应当变更原处分决定,或者由申诉机关责令原处分决定单位予以变更:

(一)适用法律、法规确有错误;

(二)对违法行为的情节认定确有错误;

(三)处分不当。

第四十四条 原处分决定单位、申诉机关认为处分决定认定事实清楚,适用法律正确的,应当予以维持。

第四十五条 国有企业管理人员的处分决定被变更,需要调整该国有企业管理人员的职务、岗位等级、薪酬待遇等级等的,应当按照规定予以调整。国有企业管理人员的处分决定被撤销,需要恢复该国有企业管理人员的职务、岗位等级、薪酬待遇等级等的,应当按照原职务和岗位等级安排相应的职务和岗位,并在原处分决定公布范围内为其恢复名誉。

国有企业管理人员因有本条例第四十二条、第四十三条规定情形被撤销处分或者减轻处分的,应当结合其实际履职、业绩贡献等情况对其薪酬待遇受到的损失予以适当补偿。

维持、变更、撤销处分的决定应当在作出后1个月内按照本条例第二十七条第一款第六项规定予以送达、宣布,并存入被处分人本人档案。

第六章 法律责任

第四十六条 任免机关、单位及其工作人员在国有企业管理人员处分工作中有公职人员政务处分法第六十一条、第六十三条规定情形的，依据公职人员政务处分法的规定对负有责任的领导人员和直接责任人员给予处理。

第四十七条 有关机关、单位、组织或者人员拒不执行处分决定或者有公职人员政务处分法第六十二条规定情形的，由其上级机关、主管部门、履行出资人职责的机构或者任免机关、单位依据公职人员政务处分法的规定给予处理。

第四十八条 相关单位或者个人利用举报等方式歪曲捏造事实，诬告陷害国有企业管理人员的，应当依法承担法律责任。

第四十九条 违反本条例规定，构成犯罪的，依法追究刑事责任。

第七章 附 则

第五十条 国家对违法的金融、文化国有企业管理人员追究责任另有规定的，同时适用。

第五十一条 本条例施行前，已经结案的案件如果需要复核、申诉，适用当时的规定。尚未结案的案件，如果行为发生时的规定不认为是违法的，适用当时的规定；如果行为发生时的规定认为是违法的，依照当时的规定处理，但是如果本条例不认为是违法或者根据本条例处理较轻的，适用本条例。

第五十二条 本条例自 2024 年 9 月 1 日起施行。

附录

典型案例

中央纪委国家监委公开通报七起违反中央八项规定精神典型问题[①]

（2023 年 9 月 20 日）

中秋、国庆节假将至，落实中央八项规定精神必须严字当头、毫不松懈。日前，中央纪委国家监委对 7 起违反中央八项规定精神典型问题进行公开通报。具体如下：

国家发展改革委评估督导司原党支部书记、司长王某云违规收受礼品、礼金，接受可能影响公正执行公务的宴请等问题。2013 年至 2021 年，王某云多次收受管理和服务对象所送高档白酒、书法作品等礼品和消费卡，多次接受管理和服务对象安排的宴请。王某云还存在其他违纪违法问题，受到撤销党内职务、政务撤职处分。

上海期货交易所原党委书记、理事长姜某违规收受礼品，接受可能影响公正执行公务的宴请，违规发放和领取补贴等问题。2017 年至 2021 年，姜某多次收受管理和服务对象通过快递寄送的月饼、茶叶等礼品，部分违纪行为发生在中秋节等节日前后；多次接受管理和服务对象在高档酒店、公司内部食堂安排的宴请；违规发放易地调动干部购房补贴，且本人违规领取补贴。姜某还存在其他违纪违法问题，受到撤销党内职务、政务撤职处分。

中国五矿集团中冶华天工程技术有限公司原党委书记、董事长田某违规公款送礼，提供可能影响公正执行公务的宴请等问题。2019 年至 2022 年，为承揽某项目，田某默许下属向有关单位违规赠送高档白酒价值 3 万元，提供可能影响公正执行公务的宴请并饮用高档白酒。在多次商务接待中，违规提供和饮用高档白酒。田某还存在其他违纪违法问题，受到撤销党内职务、政务撤职处分。

甘肃省兰州市政协人口资源环境委员会主任、二级巡视员杨某泉违规借用下属单位车辆，接受可能影响公正执行公务的宴请等问题。2018 年至 2022 年，杨某泉任兰州市粮食局局长、市政协人口资源环境委员会主任期间，违规借用下

---

① 案例来源：中央纪委国家监委网，https://www.ccdi.gov.cn/jdjbnew/index.html，下同。

属单位公务用车供其上下班使用;2021 年五一节前,违规接受管理和服务对象安排的宴请。杨某泉还存在其他违纪问题,受到党内严重警告、政务记大过处分。

安徽省阜阳市委编办原主任顾某伟、市财政局局长笪某胜在培训期间接受可能影响公正执行公务的宴请问题。2022 年 12 月,顾某伟、笪某胜在参加市委党校举办的领导干部学习贯彻党的二十大精神培训班期间,未经批准擅自外出,接受可能影响公正执行公务的宴请,并饮用高档酒水,顾某伟还邀请其他公职人员参加宴请。顾某伟受到党内严重警告处分、调整职务处理,笪某胜受到党内警告处分,其他人员分别受到相应处理。

原江苏省淮海剧团党支部书记、团长陈某宏违规公款吃喝、违规公款送礼等问题。2016 年至 2021 年,陈某宏安排下属通过虚开发票、虚增福利费、套取项目资金等方式套取公款,违规购买烟酒共计 40.36 万元,陈某宏个人使用香烟 20 条,通过虚增接待人数超标准公务接待,多次在中秋节、春节等节日期间公款购买并向有关单位赠送购物卡、加油卡、提货券等。陈某宏还存在其他违纪违法问题,受到党内严重警告、政务降级处分。

山西省临汾市安泽县人大常委会副主任李某萍举办“乔迁宴”违规收受礼金问题。2022 年 10 月,李某萍举办个人“乔迁宴”,违规收受管理和服务对象等人员礼金 5.01 万元。李某萍受到党内严重警告处分。

中央纪委国家监委指出,制定实施中央八项规定是我们党在新时代的徙木立信之举,“十年磨一剑”取得显著成效,但顶风违纪现象时有发生,隐形变异行为潜滋暗长,必须始终保持清醒坚定,严抓不放、常抓不懈。上述通报的 7 起案例,均是因违反中央八项规定精神受到党纪政务处分的问题,是不收敛不收手的典型,责任人员大部分是本单位的“一把手”。严肃查处这些问题,充分彰显了党中央一以贯之从严推动落实中央八项规定精神的坚定意志。各级党组织和领导干部要自觉对标对表,深入落实抓作风建设的政治责任,把严的态度亮出来、严的标准立起来、严的纪律执行起来,以彻底的自我革命精神筑牢中央八项规定堤坝。各级纪检监察机关要将决心下到底,把查处案件摆在更加突出位置,对违反中央八项规定精神行为零容忍,无论职务高低,谁违反了规定就严肃处理谁,对享乐奢靡歪风露头就打,对隐形变异新动向时刻防范,对顶风违纪行为从严查处,不断强化警示震慑。要把握新形势下作风建设的规律特点,紧盯普遍发生、反复出现的作风顽疾,紧盯问题突出、工作薄弱的领域和地区,靶向发力、重点突破。要坚持纠树并举,教育引导党员干部从思想上固本培元,把遵规守纪刻印在心,大兴务实之风,弘扬清廉之风,养成简朴之风。

中央纪委国家监委强调,节日期间往往是“四风”问题易发多发期,各级纪检监察机关要坚守中秋、国庆节点，迅速行动起来，强化监督执纪，持续净化节日风气。要盯住“节日病”，严肃查处公款吃喝、在隐蔽场所违规接受宴请、违规收送礼品礼金、借操办婚丧喜庆之机敛财、公款旅游、公车私用等节日多发问题，坚决防止“四风”问题反弹。要抓住节日特点，大力纠治高价月饼、蟹卡蟹券、过度包装等问题背后的享乐奢靡现象，抓早抓小、防微杜渐，防止成风成势。要加大监督查处力度，加强监督检查、明察暗访，对节日“四风”问题彻查严处，对典型案例及时通报曝光，持续释放严的强烈信号。

中央纪委国家监委公开通报
六起形式主义、官僚主义典型问题

（2023 年 12 月 27 日）

中央经济工作会议对广大党员干部涵养优良作风、推动高质量发展提出明确要求，强调要不折不扣抓落实、雷厉风行抓落实、求真务实抓落实、敢作善为抓落实。形式主义、官僚主义是实现新时代新征程党的使命任务的大敌，必须动真碰硬、靶向纠治。日前，中央纪委国家监委对 6 起形式主义、官僚主义典型问题进行公开通报。具体如下：

河南省信阳市息县在农村人居环境整治中层层加码、检查考评过多过频、搞“面子工程”等问题。息县在推进人居环境整治工作中，脱离实际、违背干部群众意愿随意决策，出台文件“一刀切”要求定期清理本地区国道、省道、县道等主干路两侧野树杂草，留茬高度在 10 厘米左右。只顾“面子”、不顾“里子”，对主干路两侧可视范围和领导干部调研检查经常走的线路整治标准要求过高，这些公路两侧反复割草、干净整洁，但村内环境特别是背街小巷脏乱差；对公路沿线某村庄 12 户房屋“刷白墙”“加青瓦”，但对村内其他房屋未作任何整修，形成鲜明反差，整治工作变形走样。检查考评过多过频、层层加码，信阳市实行“每月一暗访一通报、一季度一考评”，息县实行“每日一通报、每周一排序、每半月一评比、每月一奖惩”，项店镇频繁开展督导检查、观摩评比，采取贴照片等方式通报排名靠前、靠后的村党支部书记，增加基层干部和群众负担。信阳市副市长、息县县委原书记汪某君受到党内严重警告处分；息县县委书记管某臣，县民政局局长、项店镇党委原书记陈某受到党内警告处分；息县农业农村局党组书记、局长黄某伟受到党内严重警告处分，其他责任人员受到相应处理。

新疆维吾尔自治区墨玉县委原书记张某军乱作为、假作为，搞“形象工程”“政绩工程”问题。2017 年至 2023 年，张某军在乡村振兴迎检等工作中弄虚作假

搞“面子工程”，花费大量财政资金在农业园区大门等位置安装大型电子显示屏、建设参观通道，多次组织养殖户临时集中以制造市场繁荣、交易活跃假象；在项目推进中重规模、轻效益，重立项、轻管理，导致大量资产长期闲置，浪费巨额财政资金。张某军还存在其他违纪违法问题，被开除党籍、开除公职，涉嫌犯罪问题被移送检察机关依法审查起诉。

江西省文化和旅游厅原党组书记、厅长李某豹政绩观扭曲，急功近利、层层加码、脱离实际设定目标问题。2013 年至 2021 年，李某豹在担任萍乡市市长、市委书记期间，不顾实际在萍乡经济技术开发区大肆上马房地产项目，把经开区变成“房地产开发区”；盲目追求政绩，要求全市在 3 年内建成全国第一个全域“海绵城市”，工程质量问题频发，干部群众反映强烈；急功近利，为全市项目观摩考核设定不切实际的目标，导致一些县区脱离实际花巨资“堆盆景”，甚至弄虚作假造项目。李某豹还存在其他严重违纪违法问题，被开除党籍、开除公职，2023 年 3 月因受贿罪被判处有期徒刑十二年。

贵州省政协原党组副书记、副主席周某琨在调研中搞形式主义、官僚主义，热衷舆论造势、做表面文章问题。2016 年至 2021 年，周某琨在任毕节市委书记期间，搞“打卡式”“作秀式”调研，有时一天要调研十多个点，到调研点与基层干部握握手、说两句话、拍几张照后即离开，不深入群众了解、解决实际困难。在调研过程中挑剔吃住、专车开道，增加基层负担。热衷搞舆论造势，支持他人写书宣扬其“功绩”，并安排财政资金购买该书，分发给干部学习。周某琨还存在其他严重违纪违法问题，被开除党籍、开除公职，涉嫌犯罪问题被移送检察机关依法审查起诉。

黑龙江省财政厅原党组成员、副厅长薛某杰等人不作为、慢作为、抓落实不力问题。2020 年至 2021 年，薛某杰等人落实上级决策部署不力，未按规定及时分解下达中央财政拨付的部分玉米、大豆等补贴资金，致使巨额补贴资金闲置超 1 年，其中部分资金闲置超 2 年，严重影响中央补贴资金使用质效。薛某杰受到党内严重警告处分，其他责任人员受到相应处理。

重庆市沙坪坝区中梁镇党委原书记梁某丹等人贯彻耕地保护政策打折扣、乱作为问题。2020 年至 2021 年，沙坪坝区中梁镇党委、政府在未办理农用地转用审批手续的情况下，违法占用耕地 442 亩（含永久基本农田 275 亩），用于建设斐然湖绿化景观项目。2020 年，国务院对坚决制止耕地“非农化”作出明确部署后，中梁镇有禁不止，仍继续推动项目建设，建成步道、绿化景观等。梁某丹受到党内警告处分，其他责任人员受到相应处理。

中央纪委国家监委指出，把中国式现代化宏伟蓝图一步步变成美好现实，必须真抓实干、狠抓落实，坚决反对形式主义、官僚主义。当前一些地方和干部口号响落实差、不作为乱作为等问题依然存在，影响党中央决策部署落地，侵蚀干部群众获得感，必须严纠严治。中央经济工作会议对高质量落实党中央决策部署，纠治形式主义、官僚主义提出明确要求。各级党组织和领导干部要认真学习领会、自觉对标对表，深入检视在落实党中央决策部署上是否做到了不折不扣、雷厉风行、求真务实、敢作善为，力戒形式主义、官僚主义，统筹把握时度效，聚焦、聚神、聚力抓落实，以担当诠释忠诚，用实干推动发展。

中央纪委国家监委强调，各级纪检监察机关要把推进中国式现代化作为最大的政治，把坚持高质量发展作为新时代的硬道理，充分履行职能职责，坚决纠治形式主义、官僚主义，确保党中央决策部署落实见效。要紧跟党中央因时因势作出的决策部署，把纠治形式主义、官僚主义作为一项重要工作，聚焦重点岗位、重点领域、重要环节，加强监督检查，打通落实中的堵点淤点难点，纠正执行中的温差落差偏差，确保最终效果符合党中央决策意图。要坚持严的基调、严的氛围、严的措施，强化问题导向，坚决纠治落实党中央决策部署做选择、搞变通、打折扣，不作为、慢作为、乱作为，搞“政绩工程”、做表面文章，抓工作简单机械、层层加码，以及加重基层负担的形式主义、官僚主义等问题，切实把严的标准立起来，把实的作风树起来。要强化系统施治，紧盯领导机关和领导干部，紧盯党性党悟根源，紧盯政绩观、权力观，科学精准靶向施策，大力发扬真抓实干、担当作为、团结奋斗的时代新风，凝聚磅礴的奋进力量。

中央纪委国家监委公开通报
七起违反中央八项规定精神典型问题

（2024 年 1 月 29 日）

二十届中央纪委三次全会对突出常态长效深化落实中央八项规定精神作出部署。春节假期将至，必须以严抓不放的实际行动落实新部署新要求，推动新一年作风建设实现良好开局。日前，中央纪委国家监委对 7 起违反中央八项规定精神典型问题进行公开通报。具体如下：

宁夏回族自治区党委原副书记、银川市委原书记姜某刚接受可能影响公正执行公务的宴请和旅游安排，违规使用财政资金建设楼堂馆所等问题。2017 年至 2023 年，姜某刚多次组织与其关系密切的国有企业负责人、私营企业主等，在住宅小区、高档酒店等场所，违规接受私营企业主安排的宴请；以探亲或调研为名，接受私营企业主安排到多地旅游，并多次带私营企业主约见有关地方领导干部、国有企业负责人，相关费用均由私营企业主支付；违规使用财政资金建设楼堂馆所。姜某刚还存在其他严重违纪违法问题，被开除党籍、开除公职，涉嫌犯罪问题被移送检察机关依法审查起诉。

国家药品监督管理局医疗器械技术审评中心审评六部原部长董某春违规收受购物卡，接受可能影响公正执行公务的宴请和旅游安排等问题。2018 年至 2022 年，董某春多次收受私营企业主赠送的购物卡；多次接受私营企业主安排，携带家人到多地旅游，入住高档酒店，接受宴请，饮用高档酒水，相关费用均由私营企业主支付。董某春还存在其他违规违纪问题，受到留党察看一年、政务撤职处分。

广西壮族自治区投资促进局党组成员、副局长谢某违规收受礼品、礼金等问题。2018 年至 2022 年，谢某多次收受私营企业主所送礼金和高档烟酒等礼品，违纪行为大部分发生在春节、中秋节前后。谢某还存在其他违纪问题，受到党内严重警告处分。

西藏自治区发展改革委经济运行调节处原副处长王某违规收受礼品、礼金，违规借用管理和服务对象车辆，借操办婚礼之机敛财等问题。2017 年至 2022 年，王某多次收受管理和服务对象所送礼品、礼金；多次接受管理和服务对象提供的娱乐活动，以及在春节期间供其无偿使用的车辆；借举办婚礼之机，违规收受礼金。王某还存在其他违纪违法问题，受到留党察看二年、政务撤职处分，降为一级科员。

天津市滨海新区新北街道办事处原副主任包某违规收受礼品，接受可能影响公正执行公务的宴请、健身、娱乐活动安排等问题。2021 年至 2022 年，包某违规收受管理和服务对象赠送的手机，多次违规接受健身、娱乐活动等安排；多次违规接受管理和服务对象安排的宴请。包某受到党内严重警告处分、免职处理。

湖北洪湖国家级自然保护区管理局原党组成员、副局长郭某安“吃公函”问题。2021 年至 2022 年，郭某安多次组织或参与超标准、超范围公务接待，并通过向有关单位索要空白公函、虚构接待事项等方式，套取公款冲销超标准费用。郭某安受到党内警告处分。

国家管网集团北京管道有限公司原党委委员、副总经理、安全总监崔某辉违规收受礼品、违规接受宴请、借操办丧事违规收受礼金等问题。2019 年至 2023 年，崔某辉多次接受管理和服务对象通过快递等方式赠送的礼品，部分违纪行为发生在春节前后；到所属分公司指导、检查工作期间，多次违规接受宴请并饮酒，有的发生在其个人提拔公示期间；在为其父操办丧事期间，违规收受管理和服务对象所送礼金。崔某辉还存在其他违规违纪问题，受到撤销党内职务、政务撤职处分。

中央纪委国家监委指出，中央纪委三次全会宣示了党在新征程上持续深化落实中央八项规定精神的坚定意志，要求常抓不懈、久久为功，坚决筑牢中央八项规定堤坝。加强正风肃纪，是推进党的自我革命的重要举措，是各级党组织的共同政治责任。各级党组织和领导干部要深入学习、准确把握习近平总书记关于党的自我革命的重要思想，内化转化为带头改作风、严肃抓作风的自觉行动，拧紧责任链条、强化压力传导，不断凝聚严管严治合力。各级纪检监察机关必须把落实中央八项规定精神作为一项重要任务，突出常态长效深化纠治不正之风。要聚焦违规吃喝等顽瘴痼疾，开展专项整治，对顶风违纪行为下狠手、出重拳，对作风和腐败交织问题同查同治，让反复发作的老问题逐渐减少。要紧盯“四风”新情况新动向和隐形变异现象，一个一个攻山头，一场一场打硬仗，让新出现的问题难以蔓延。要下大气力铲除作风问题产生的土壤和条件，坚持标本兼治、系统施治，坚持党性党风党纪一起抓，坚持纠树并举，不断把作风建设向纵深推进。

中央纪委国家监委强调，每一个节点都是对作风建设的一次考验，必须坚守节点、寸步不让，积小胜为大胜，推动党风政风持续向好。春节将至，各级纪检监察机关要盯住节日期间易发多发的“四风”问题，加强监督检查、明察暗访，严肃查处“吃公函”、“吃食堂”、“吃老板”、“吃下级”、在会议和培训期间违规吃喝等问题，精准发现、从严处理“快递送礼”、以培训考察和党建活动为名公款旅游、借婚宴之机违规收礼、违规借用管理和服务对象车辆等问题，加大典型案例通报力度，坚决遏制不正之风，着力营造风清气正的节日氛围。

中央纪委国家监委公开通报
八起违反中央八项规定精神典型问题

（2024 年 9 月 12 日）

中秋、国庆节假将至，落实中央八项规定精神必须严抓不放、常抓不懈。日前，中央纪委国家监委对 8 起违反中央八项规定精神典型问题进行公开通报。具体如下：

1. 西藏自治区政府原党组成员、副主席王某接受可能影响公正执行公务的宴请，违规收受礼品、礼金，违规借用车辆等问题。2013 年至 2024 年，王某多次接受私营企业主安排的宴请，食用高档菜肴，饮用高档白酒，相关费用均由私营企业主支付；多次收受私营企业主所送礼金和高档手表、首饰、高档白酒等礼品；长期无偿借用多名私营企业主提供的车辆，并接受私营企业主安排司机为其出行提供接送服务。王某还存在其他严重违纪违法问题，被开除党籍、开除公职，涉嫌犯罪问题被移送检察机关依法审查起诉。

2. 国家金融监督管理总局稽查局一级巡视员贾某文接受可能影响公正执行公务的宴请，违规收受礼品问题。2019 年至 2022 年，贾某文多次接受可能影响公正执行公务的宴请，餐后违规收受高档白酒。贾某文受到党内警告处分。

3. 上海市政协原党组成员、秘书长黄某平接受可能影响公正执行公务的宴请，违规收受礼金问题。2022 年至 2023 年，黄某平多次接受私营企业主和下属安排的高档宴请，收受下属所送礼金。黄某平受到党内严重警告、政务记大过处分。

4. 中国电子信息产业集团所属中国瑞达投资发展集团有限公司原党委副书记、总经理张某勇违规公款吃喝问题。2023 年 9 月，张某勇组织本企业有关人员聚餐，相关费用先以业务招待费名义公款报销，后续为进一步掩盖公款吃喝问题，又将餐饮发票替换为办公用品发票，将业务招待费名义更改为办公用品费用名义。张某勇受到党内严重警告处分、调整职务处理。

5. 广东省中山市住房和城乡建设局党组成员、副局长黄某强违规收受礼品、礼金，接受可能影响公正执行公务的宴请问题。2013 年至 2023 年，黄某强多次收受私营企业主所送礼金以及高档烟酒等礼品；多次接受私营企业主在企业内部食堂等场所安排的宴请，费用均由私营企业主支付。黄某强受到党内严重警告处分。

6. 宁夏回族自治区固原市卫生健康委党组成员、副主任杨某平在组织开展创建国家卫生城市工作中下达不切实际的任务，加重基层负担问题。2024 年 1 月，固原市卫生健康委在组织开展创卫城市工作满意度网上问卷调查工作中，为确保问卷调查满意度达到 90% 以上，以固原市爱卫办的名义，向原州区和市直相关部门下达不切实际的任务指标，并分别明确了公务员、教师、学生、医务人员的填卷比例。原州区为完成考核任务再次下发通知，要求各单位按照指标完成问卷调查、截图留痕，部分学校还通知学生家长参与问卷调查。杨某平受到党内严重警告处分。

7. 河南省商丘市梁园区环境卫生事务中心副主任吕某兵违规组织开展生活垃圾分类考核评比，加重基层负担问题。2022 年 6 月至 2024 年 5 月，吕某兵在梁园区生活垃圾分类考核事项没有列入全区督查检查考核事项、没有按程序报批的情况下，定期对有关单位进行随机抽查考核，共违规组织开展考核 7 次；其间，还擅自组织 4 次城市生活垃圾分类考核评比活动，加重基层负担。吕某兵受到党内警告处分。

8. 新疆维吾尔自治区霍尔果斯市伊车嘎善锡伯族乡卫生院院长于某组织会议过多过频，加重基层负担问题。于某落实基层减负要求不到位，大搞文山会海，2023 年召开晨会和午会共计 200 余次，要求全体医护人员参加，影响医护人员接诊。于某还存在其他违纪问题，受到党内严重警告处分。

中央纪委国家监委指出，落实中央八项规定精神，必须始终坚持严的基调，强化问题导向，以解决问题实效持续擦亮作风建设“金色名片”。通报的上述问题是当前作风顽疾，损害党的形象、影响党的事业，干部群众反映强烈。各级党组织必须保持高度警醒，牢牢扛起作风建设主体责任，紧盯领导干部、新提拔干部、年轻干部等关键群体，聚焦作决策、定政策、审批监管等关键环节，锲而不舍纠“四风”、树新风，把作风要求传导给每一名同志、落实到每一项工作中。各级纪检监察机关要以铁的纪律狠刹享乐奢靡歪风，对违规吃喝、违规收送礼品礼金等顽瘴痼疾出重拳、下狠手，一体推进不正之风和腐败问题同查同治，让违规违纪者知痛知止。要以改革精神、严的要求纠治形式主义、官僚主义，加强对《整治形式主义为基层减负若干规定》执行情况的监督检查，真抓真管、严抓严管，确保各项规定落地见效，激励广大干部担当作为。中秋、国庆节假将至，要坚持和深化运用节点监督的有效经验做法，打好教育提醒、通报曝光，监督检查、明察暗访，严查快处、督促整改的“组合拳”，坚决遏制节日期间易发多发的“四风”问题，推动风气持续向好，不断加固中央八项规定堤坝。

中央纪委国家监委公开通报
七起违反中央八项规定精神典型问题

（2024 年 12 月 26 日）

元旦、春节将至，必须坚守节点，以严的标准深入落实中央八项规定精神。日前，中央纪委国家监委对 7 起违反中央八项规定精神典型问题进行公开通报。具体如下：

四川省政协原党组成员、副主席杨某宁接受可能影响公正执行公务的宴请和旅游活动安排，违规收受礼品、礼金，违规操办其子婚宴问题。杨某宁多次接受私营企业主安排的高档宴请，饮用高档白酒、食用高档菜肴；杨某宁及其家人接受私营企业主安排的旅游活动，相关费用由私营企业主支付；先后收受多名私营企业主所送礼金和高档白酒；2019 年 5 月，为其子举办婚宴期间，邀请私营企业主等人参加，并收受大额财物。杨某宁还存在其他严重违纪违法问题，被开除党籍、开除公职，涉嫌犯罪问题被移送检察机关依法审查起诉。

甘肃省政府原党组成员、副省长杨某兴违规接受宴请和旅游活动安排，违规公款吃喝等问题。杨某兴多次接受私营企业主安排的宴请，饮用高档白酒，相关费用由私营企业主支付；杨某兴及其亲属多次接受私营企业主安排的旅游活动，相关费用由私营企业主支付；2023 年，杨某兴及其亲属在旅游期间，接受原下属提供的宴请和住宿安排，相关费用公款报销。杨某兴还存在其他严重违纪违法问题，被开除党籍，涉嫌犯罪问题被移送检察机关依法审查起诉。

黑龙江省齐齐哈尔市人大常委会原党组成员、副主任刘某违规收受礼金，违规出入私人会所，接受可能影响公正执行公务的宴请和旅游活动安排等问题。刘某多次收受管理和服务对象所送礼金；多次出入私人会所，接受私营企业主安排的宴请，食用高档食材，饮用高档白酒；刘某及其家人接受私营企业主安排的旅游活动，相关费用由私营企业主支付。刘某还存在其他严重违纪违法问题，被开除党籍、开除公职，涉嫌犯罪问题被移送检察机关依法审查起诉。

国家林业和草原局林草调查规划院原副院长唐某平长期违规收受礼品、礼金问题。唐某平长期收受多名下属所送礼金；对某工程项目进行评估过程中，收受管理和服务对象以“评估费”名义所送礼金；多次收受私营企业主所送大额礼金和高档酒水、茶叶等礼品。唐某平受到留党察看一年、政务撤职处分。

湖北省仙桃市委原常委、原副市长吴某垚违规组织公款吃喝，违规出入私人会所等问题。2023 年 11 月，吴某垚在仙桃市政府驻武汉办事处组织私人聚餐，费用由驻武汉办事处承担；在公务活动中，接受超标准、超范围接待；违规出入私人会所，接受私营企业主宴请；多次将应由个人支付的餐费，交由私营企业主支付。吴某垚受到党内严重警告处分、免职处理。

中国移动广西公司原党委委员、副总经理陈某接受可能影响公正执行公务的宴请，违规收受礼品问题。2019 年至 2022 年，陈某多次接受私营企业主在企业内部食堂安排的宴请；多次收受管理和服务对象所送的高档白酒、贵重药品、高档服饰等礼品。陈某受到撤销党内职务、撤职处分。

中国农业发展银行辽宁省分行营业部原党委委员、副总经理颜某违规操办婚丧喜庆问题。2020 年 7 月，时任中国农业发展银行辽宁省营口市分行党委书记、行长颜某在操办其父丧事期间，违规收受下属所送礼金；2023 年 8 月，颜某在操办其女儿婚宴期间，未按规定向组织报备，违规收受下属等人所送礼金。颜某受到党内严重警告、降级处分，免职处理。

中央纪委国家监委指出，中央八项规定是铁规矩、硬杠杠，必须一刻不松、寸步不让，零容忍纠治“四风”，坚决反对特权思想和特权现象，不断培土加固中央八项规定堤坝。各级党组织和领导干部要时刻保持清醒坚定，深刻认识不正之风的严重危害，高度警惕风腐交织的现实风险，毫不松懈抓好干部教育管理监督，坚决打掉一些人降调变调的错误期待，坚决斩断由风及腐的链条，不断以作风建设新成效赢得群众支持、促进事业发展。各级纪检监察机关要把严的基调一贯到底，聚焦领导干部、新提拔干部、年轻干部等关键群体，紧盯违规吃喝、违规收送礼品礼金等突出问题，对顶风违纪行为严查快处，形成强大震慑。要坚持风腐同查同治，以同查破解不正之风隐形变异发现难问题，以同治铲除风腐问题滋生的土壤和条件，一体推进整饬作风、惩治腐败。元旦、春节将至，要盯牢节日期间易发多发的老问题，瞄准隐形变异的新苗头，拓宽畅通举报渠道，用好大数据手段，加强监督检查、明察暗访，及时发现、严肃查处违规违纪行为，通报曝光典型案例，激浊扬清、扶正祛邪，切实让干部群众感受到新气象。